의도의 힘

THE POWER OF INTENTION

의도의 힘

당신이 이미 가지고 있는 성공의 능력

웨인 다이어
박선주 옮김

billybutton
빌리버튼

"인간의 관점으로 보는 지상의 아름다움은
우리 모두의 고향인 천상의 근원을 닮아 있다……"

미켈란젤로Michelangelo

"자기 실현이란 우리가 존재의 근원과
의식적으로 연결됨을 의미한다.
일단 이렇게 연결되면 아무것도 잘못될 수 없다……"

스와미 파라마난다 Swami Paramananda

내 딸 스카이 다이어Skye Dyer에게.

너의 꾀꼬리 같은 목소리는

천사 같은 네 영혼과 완벽하게 어울린단다.

사랑한다, 내 딸!

머리말

당신이 지금 손에 들고 있는 책과 그 안에 있는 모든 정보는 한 때 '의도의 영역'이라는 보이지 않는 영역에 형태가 없는 관념으로만 존재했다. 이 책《의도의 힘》은 의도에 대해 쓰인 모든 원리를 적용함으로써 물질세계로 의도되었다. 나는 나 자신의 진동 에너지를 모든 창조의 근원과 조화시키기 위해 무척 애를 썼고, 이 글과 아이디어가 내게서 당신에게로 흘러가게 했다. 지금 당신은 우리가 생각하는 것은 무엇이든 그대로 실현될 수 있고, 반드시 실현된다는 증거를 쥐고 있다. 만물을 창조하는 보편적 근원과 조화를 이루는 상태에 있다면 말이다.

이 책이 당신에게 어떻게 영향을 미칠지, 그리고 책을 읽은 다음 어떻게 이 책의 메시지를 적용하여 생각하고 느끼고 함께 창조할 수 있는지 알고 싶다면, 책을 처음부터 읽는 대신에 마지막 장 '의도의 영역에 연결된 사람의 모습'을 먼저 읽기를 권한다. 당신과 모든 사람은 모든 생명체와 마찬가지로 만물을 창조하는 보편적인 의도의 영역에서 나왔다. 이러한 관점에서 살라. 그러면 의도의 힘을 깨닫고 삶에 적용하게 될 것이다. 당신 앞에 청신호들이 끊임없이 켜질 것이다.

하와이 마우이에서 웨인 W. 다이어 박사

차례

2부 | 의도가 작용하게 하는 법

아래 여덟 장에는 의도를 활용하는 법을 일상생활에 적용하기 위한 구체적인 정보와 단계적인 지침이 담겨 있다.

|1부|

의도의 본질

THE POWER OF

INTENTION

"강 옆에 거룩한 생명의 나무가 있다.
그곳에 나의 아버지가 거하며, 나의 집은 그의 안에 있다.
하나님 아버지와 나는 하나라."

에세네 평화의 복음 The Essene Gospel of Peace

1
의도를 새로운 관점에서 보기

"우주에는 마법사들이 '의도'라 부르는 헤아릴 수도,
표현할 수도 없는 힘이 있다.
그리고 우주에 존재하는 만물이 이 의지와 하나의 고리로 연결되어 있다."
카를로스 카스타네다 Carlos Castaneda

지난 몇 년 동안 나는 '의도' 연구에 무척 강하게 끌렸다. 심리학자와 사회학자, 영성 분야 저자들을 비롯해 고대와 현대 학자들, 그리고 학계 연구자들의 책을 수백 권이나 읽을 정도였다. 연구 끝에 나는 의도를 '일반적으로 원하는 결과를 만들어내겠다는 투지를 동반한 강한 목적 또는 목표'로 정의했다. 의도가 있는 사람들에게는 내면의 갈망을 이루기 위해 어떠한 방해도 허용하지 않는 강한 의지가 있다고 한다. 이 설명을 들으면 상당히 공격적인 결의나 결단이 떠오른다. 만일 당신이 꿈을 이루게 만드는 상상을 마음속에 품고 절대 포기하지 않는 태도를 취하고 있다면, 당신은 이 설명에 꼭 들어맞는다. 당신은 분명 대단한 성취가일 것이고, 떠오르는 기회를 알아보고 활용하는 능력에 대한 자부심이 클 것이다.

여러 해 동안 나 역시 의도란 이런 것이라고 생각했다. 사실은 의도의 힘에 대해 말할 때마다 위와 똑같이 이야기해 왔다. 그러나 지난 25년 동안 나는 심리적 혹은 개인적 성장을 강조하는 쪽에서, 치유와 기적, 현시, 신성한 지성과의 연결이 정말로 가능하다는 쪽으로 생각을 바꾸었다.

나의 학문적이고 전문적인 배경에서 일부러 벗어나려고 한 것은 아니었다. 오히려 영혼과 좀 더 의식적으로 접촉하는 과정에서 이루어진 자연스러운 발전에 가까웠다. 나는 우리가 좀 더 높은 수준에서 살며 좀 더 빠른 에너지를 불러들인다면 문제에 대한 정신적인 해결책을 찾을 수 있을 것이라 생각한다. 내 생각에 의도란 확고한 자아나 개인의 의지보다 훨씬 큰 무언가다. 아니, 그런 것과 거의 정반대다. 아마도 이는 내 삶의 여러 겹의 자아를 버린 덕에 얻은 깨달음이겠지만, 카를로스 카스타네다의 책에서 읽은 두 문장의 영향을 강하게 받은 듯도 하다. 나는 종종 책을 읽다가 내 마음속 생각의 싹을 틔우고 결국 새 책을 쓸 수밖에 없게 하는 무언가를 발견하곤 한다. 아무튼 나는 심장으로 이어지는 동맥이 막혀 심근경색을 일으키는 바람에 동맥을 뚫는 수술을 기다리며 책을 읽다가 그 두 문장을 보았다. 그 책은 바로 카스타네다의 마지막 책 《무한의 적극적 측면The Active Side of Infinity》이었다.

카스타네다는 이렇게 말했다. "의도는 우주에 존재하는 하나의 힘이다. 마법사들(근원을 이용해 살아가는 사람들)이 의도를 부르면 의도는 그들에게로 와서 그들의 뜻을 실행하기 위해 길을 준비하는데, 이는 마법사들이 하려고 한 일을 항상 이뤄낸다는 뜻이다."

이 두 문장에서 나는 의도의 힘에 대한 명쾌한 깨달음과 통찰을 얻고 크게 감명받았다. 의도가 당신이 행하는 것이 아니라 보이지 않는 에너지장의 형태로 우주에 존재하는 하나의 힘이라고 생각해 보라! 카스타네다의 글을 읽기 전에는 의도가 이런 것이라고 생각해본 적이 없었다.

나는 이 두 문장을 적어서 카드에 인쇄하고 코팅했다. 그리고 코팅한 종이를 도뇨관 검사실까지 가지고 가서는, 내 말을 들을 수 있는 모든 이에게 가능한 한 빠르게 의도의 힘에 대해 이야기하기 시작했다. 나는 말을 할 때마다 의도를 언급했다. 의도를 쓰려 집중했다. 나 자신을 치유해줄 뿐 아니라 다른 사람들도 충분히 도달할 수 있는 곳으로 데려다줄 의도의 힘을 쓰게 하기 위해서 말이다. 나는 '사토리satori' 또는 찰나의 깨달음을 경험했고, 이 통찰을 다른 사람들에게 알려주기 바빴다. 의도의 힘에 접근하면, 바라는 바를 이루겠다고 인간 의지의 힘으로 이룰 수 없는 일에 매달릴 일은 없을 것이 분명했다.

이 결정적인 순간 이후 나는 사실상 깨어 있는 내내 의도의 힘에 대해 생각했다. 책과 기사, 대화, 전화 통화, 우편함에 도착하는 물품, 서점에서 우연히 본 작품들이 전부 짜고 이 길을 계속 가게끔 하는 듯했다. 그 결과가 바로 이 책《의도의 힘》이다. 당신이 의도를 새로운 시각에서 보고, 스스로를 정의하는 데 도움이 되었으면 좋겠다. 20세기도 전에 파탄잘리Patañjali가 말했듯이 말이다. "잠자는 힘과 능력과 재능이 살아나며, 꿈꾸던 모습보다 훨씬 더 위대해진 자신을 발견하리라."

파탄잘리의 두 마디, "잠자는 힘" 때문에 의도에 관한 글을 쓰게 됐다. 그는 존재하지 않거나 죽은 것처럼 보이는 힘은 물론, 인간이 영감을 받았을 때 느끼는 강력한 에너지에 대해 언급했다. 어떤 목적이나 부름에 의해 영감 받은 적이 있다면 영혼이 당신을 통해 작용할 때의 느낌이 어떤지 알 것이다. '영감 받았다'란 '기운이 충만하다'를 우리 식으로 표현한 말이다. 나는 삶의 중요한 시기에 열렬히 불타는 내적 갈망을 이루도록 도와줄 잠자는 힘 같은 것에 접근하려고 한참을 열심히 고민했다. 잠자는 힘이란 무엇일까? 그 힘은 도대체 어디에 있을까? 어떤 사람이 그 힘을 이용하고 또 그 힘에 거부당할까? 그 이유는 무엇일까? 나는 이러한 의문을 동력 삼아 연구하고 이 책을 썼다. 그리고 결국 의도에 대한 완전히 새로운 관점에 도달하게 되었다.

오래도록 가려져 있던 진실을 깨달아 흥분한 지금, 나는 의도가 우리 모두의 내면에 있는 힘이라는 사실을 안다. 의도는 평범한 일상의 습관적 양식을 초월한, 보이지 않게 흐르는 에너지장이다. 그것은 현재 우리가 이해하기 전에도 그곳에 있었다. 우리에게는 이 에너지를 끌어당겨 새롭고 흥미진진한 삶을 살 방법이 있다.

의도는 어디에 있는가

몇몇 탁월한 연구자들은 우리의 지성과 창의성, 상상력은 뇌에서 일어나는 생각이나 뇌의 요소라기보다는 의도라는 에너지장과 상호작용하는 것이라고 믿는다. 《전체와 접힌 질서Wholeness and the Implicate Order》를 쓴 뛰어난 과학자 데이비드 봄David Bohm은 모든 정리된 영향력과 정보는 보이지 않는 영역 또는 좀 더 고차원적인 현실에 존재하며, 필요할 때 불러낼 수 있음을 암시했다. 나는 연구와 독서를 통해 이와 같은 결론에 이른 사례를 수도 없이 발견했다. 과학적 근거에 관심이 있다면 린 맥타가트Lynne McTaggart의 《필드: 우주 비밀의 힘을 찾아서The Field: The Quest for the Secret Force of the Universe》를 읽어보길 권한다. 그의 책은 누구나 접촉하고 이용할 수 있는 더 높고 빠른 에너지 차원 또는 의도의 영역이 존재함을 뒷받침하는 연구들로 가득하다.

그렇다면 의도의 영역은 어디인가? 이 질문에 대한 답은 "의도의 영역이 아닌 곳은 없다."이다. 왜냐하면 우주의 모든 것은 의도로 창조되었기 때문이다. 영양이든 장미 덤불이든 산이든, 모든 형태의 생물이 마찬가지다. 모기의 존재와 생애에는 의도가 들어가 있다. 자신의 미래를 생각하거나 계획할 능력이 없는 아주 작은 도토리 한 알에도 보이지 않는 영역에서 나온 의도가 들어가 있다. 도토리를 쪼갠다고 커다란 떡갈나무가 보이지는 않지만, 그 안에 나무가 숨어 있다는 사실을 당신은 안다. 봄에 피는 사과꽃은 아주 작아 보이지만 여름이 되면 사과를 맺으며 그 안에 있는 의도를 드러낼 것이다. 의도는 실수하는 법이 없다. 도토리가 호박으로 변하거나 사과꽃이 오렌지로 변하는 일은 결코 없다. 자연의 모든 것은 예외 없이 의도를 가지며, 우리가 아는 한 자연의 어떤 것도 의도의 방식에 이의를 제기하지 않는다. 자연은 의도의 영역과 그저 조화를 이루며 나아갈 뿐이다. 우리 역시 의도의 영역의 에너지에서 의도적으로 창조되었다.

우리 모두의 DNA에는 태생부터 갖고 있는 퓨처 풀future-pull(미래 견인-역자)이라는 것이 있다. 우리가 수태되는 순간, 즉 극히 작은 인간의 정자가 난자와 결합하는 순간 물리적 형태를 지닌 생명이 시작되고, 의도의 지휘 아래 성장한다. 우리 몸의 골격과 육체적 특징, 성장과 노화가 수태되는 그 한순간에 의도되는 것이다. 처진 피부와 주름, 심지어 죽음까지 말이다. 하지만 수태의 순간 정확히 무슨 일이 일어나는 것일까? 의도에서 생겨난 이 생명은 어디에서 시작되었을까?

정자와 난자가 추는 춤의 기원을 찾아 천지창조의 순간으로 거슬러 올라가면 처음에는 분자를, 그다음에는 원자를, 이어 전자와 아원자 입자를, 그다음에는 아-아원자 입자를 발견한다. 생명의 근원을 밝혀내기 위해 이 양자 아원자 입자를 입자가속기에 넣어 충돌시키면 알베르트 아인슈타인Albert Einstein과 그의 동료들이 발견한 사실, 즉 생명의 근원에는 아무것도 없으며, 입자에서 입자가 더 생겨나지 않는다는 사실을 발견할 것이다. 근원, 즉 의도는 측량과 관찰이 불가능할 정도로 매우 빠르게 진동하는 순수하고 무한한 에너지이다. 형태나 경계가 없어서 눈에 보이지도 않는다. 이처럼 우리는 원래부터 형태가 없는 에너지이다. 그리고 이 진동하는 무형의 정신적 에너지장에 의도가 존재한다. 쉽게 이야기하면, 의도가 존재한다는 것을 나는 안다. 의도는 어떻게든 정액 한 방울과 난자 하나에 들어가 내 털이 25년 뒤에는 더 자라지 않고…… 50년 후에는 코와 귀에서 자랄 것이라 결정했기 때문이다. 그리고 관찰자인 나는 그저 지켜보다가 털을 깎을 수밖에 없다!

의도의 영역은 말로 설명할 수 없다. 말도 질문처럼 이 의도의 영역에서 나오기 때문이다. 의도는 공간 없는 공간이며, 우리의 모든 것을 조정한다. 내 손톱을 자라게 하고, 심장을 뛰게 하며, 음식을 소화시키고, 내 책을 쓰게 하는 등 우주의 만물을 위해 이 모든 일을 한다. 말하고 보니 내가 좋아하는 고대 중국의 장자가 한 이야기가 떠오른다.

옛날에 후이라는 외다리 용이 있었다.

"자네는 어떻게 그 많은 다리를 다 관리하나?"

용이 지네에게 물었다.

"나는 하나 있는 것도 관리가 잘 안 되는데."

"사실," 지네가 대답했다. "난 관리하지 않네."

보이지도 않고, 형태도 없지만 모든 것을 주관하는 영역이 있다. 우주의 의도는 물질세계에 무수히 많은 방식으로 나타난다. 그리고 당신의 영혼과 생각, 감정, 당신이 차지한 육체를 비롯한 당신의 모든 부분은 이 의도의 일부이다. 이처럼 의도가 우주의 모든 것을 결정하며 우주 어디에나 있다면, 즉 의도가 없는 곳이 없다면, 그렇다면 왜 그토록 많은 사람이 그렇게 자주 의도와 끊어졌다고 느끼는 것일까? 더욱 중요한 것은, 의도가 모든 것을 결정한다면 왜 그토록 많은 사람이 갖고 싶어하는 것을 거의 갖지 못할까?

어디에나 있는 의도

어디에나 존재하는 힘을 상상해 보라. 당신이 갈 수 있는 곳 중 그 힘이 없는 곳은 없다. 의도의 힘은 나누어지지 않으며, 당신이 보거나 만지는 모든 것에 존재한다. 이제 물질과 경계로 이루어진 세상을 초월하는 무한한 에너지장으로 당신의 의식을 확장해 보라. 이 보이지 않는 무한한 힘은 어디에나 있으므로, 물질세계에도 비물질 세계에도 존재한다. 당신의 육체는 이 에너지에서 나온 당신이라는 총체의 한 부분이다. 당신이 수태되는 순간, 의도는 당신이 어떤 모습의 육체를 취할지, 어떻게 자라고 늙어갈지 정한다. 당신의 감정과 생각, 기질을 포함한 비육체적인 측면도 결정한다. 이 순간, 의도는 당신의 물질 및 비물질적 모습을 지상에 구현하는 무한한 가능성이다. 당신은 에너지장에서 형태를 갖추고 나와 이 시공간에 존재하게 되었다. 그리고 의도의 에너지장은 어디에나 있기에 당신의 육체가 지구에 온 뒤에도 당신은 의도와 접촉할 수 있다! 이 잠자는 힘을 멈출 유일한 방법은 당신이 이 힘과 떨어져 있다고 믿는 것뿐이다.

의도를 깨운다는 것은 근원에 다시 합류해 현대의 마법사가 된다는 의미이다. 마법사가 된다는 것은 이전에는 상상도 하지 못한 것을 인식하는 수준에 도달한다는 뜻이다. 카를로스 카스타네다가 설명했듯 "마법사들의 소임은 무한의도과 마주하는 것이요," "어부가 바다로 뛰어들듯 날마다 무한 속으로 뛰어드는 것이다." 의도는 에너지장으로서 어디에나 존재하는 힘이고, 제약 없이 물질적으로도, 비물질적으로도 발현될 수 있다. 이 의도의 영역은 지금, 여기에 존재하며 당신 역시 이용할 수 있다. 이 영역을 깨우면 당신은 삶의 목적을 느끼게 되고, 당신의 무한한 본체가 당신을 안내할 것이다. 한 시인이자 영적 스승은 내가 의도라 부르는 것을 이렇게 표현했다.

> 오, 주여, 모래언덕뿐 아니라
> 바다 한가운데에도 계시는 당신께
> 경배합니다.
> 고요하고 광대한 바다뿐 아니라
> 작은 조약돌 사이에도 계시는 당신께
> 경배합니다.
> 오, 모든 곳에 충만하신 주여,
> 불모지에도
> 사람이 북적이는 곳에도 계시는 당신께
> 경배합니다.
>
> — 슈클라 야주르Sukla Yajur의 《베다 16 Veda XVI》에서

즉 당신이 이 힘에 경배하는 것은 스스로에게 경배하는 것임을 알아야 한다. 어디에나 충만한 의도의 에너지는 당신 안에서 목적 있는 삶이라는 가능성을 향해 힘차게 흐른다.

의도와 끊어졌다고 느끼는 이유

우리의 내면뿐 아니라 모든 것과 모든 사람 안에도 의도의 힘이 있다면, 우리는 이 충만한 근원을 통해 우리가 되고자 하는 것과 갖고자 하는 것, 도달하고자 하는 목표, 우리를 도와줄 우주의 모든 것과 연결되어 있다. 우리는 의도에 동조하고 의도를 깨우기만 하면 된다. 그런데 애초에 우리는 어떻게 의도와 분리되었을까? 우리는 어떻게 의도에 연결하는 선천적인 능력을 잃었을까? 사자나 물고기, 새와 의도의 연결은 끊기지 않았다. 동물과 식물, 광물과 그 근원은 늘 연결되어 있다. 그들은 의도를 의심하지 않는다. 그러나 우리 인간에게는 비교적 높을 것으로 추정되는 지능 때문에 '자아ego'라는 것이 있다. 이는 우리가 누구이고 무엇인지에 대해 스스로 형성하는 개념이다.

자아는 여섯 개의 주요 요소로 구성되는데, 이는 어떻게 우리가 의도에서 떨어졌다고 느끼는지 설명한다. 우리는 자아를 통해 우리의 인생을 결정함으로써 의도의 힘을 잠재운다. 이 여섯 가지 자아의 신념을 간단히 요약하면 다음과 같다. 이에 관해서는 나의 이전 저서 중《당신의 신성한 자기Your Sacred Self》에서 폭넓게 다뤘다.

1. 내가 가진 것이 나다. 내 소유물이 나를 정의한다.
2. 내가 하는 일이 나다. 내 업적이 나를 정의한다.
3. 타인이 나에 대해 생각하는 것이 나다. 나의 명성이 나를 정의한다.
4. 나는 모든 사람과 단절되어 있다. 내 육체가 나를 혼자로 정의한다.
5. 나는 내 삶에 없는 모든 것과 단절되어 있다. 내 삶의 장은 나의 욕망과 단절되어 있다.
6. 나는 신과 단절되어 있다. 내 삶은 신이 내 가치를 어떻게 평가하는지에 달려 있다.

당신이 아무리 노력해도 자아를 통해서는 의도에 접근할 수 없다. 그러니 충분한 시간을 두고 이 여섯 가지 신념 중 하나 또는 전부를 인식하고 바로잡아라. 당신의 삶에서 자아의 지배권이 약해져야 의도를 추구하며 가능성을 극대화할 수 있다.

전차 손잡이를 꽉 잡아라

내가 의도를 작동시키고 싶을 때 매우 도움이 되는 습관이 하나 있다. 당신도 이 습관이 효과가 있다는 것을 알게 될 것이다. (3장 전체에 걸쳐 의도에 접근하는 법을 설명했으니 참고하라.)

내가 어릴 때 어머니가 우리 형제를 전차에 태워 디트로이트 동부에서 워터웍스 파크까지 데리고 간 적이 있다. 두세 살 정도였던 나는 자리에 앉아 머리 위쪽에 늘어져 있는 손잡이를 올려다봤다. 어른들은 손잡이를 잡을 수 있었지만 나는 내 머리보다 훨씬 위에 달린 손잡이를 잡을 수 있을 만큼 키가 크면 어떨지 상상하는 것밖에 할 수 없었다. 나는 몸이 아주 가벼워져 손잡이 높이까지 떠오르는 상상을 했다. 그런 뒤 나는 안정감을 느끼고 전차가 빠르든 느리든 다른 승객들과 나를 즐겁게 목적지까지 데려간다고 상상했다.

성인이 된 나는 의도로 돌아가고자 할 때 전차 손잡이 이미지를 활용한다. 내 머리 위로 1미터에서 1.5미터, 즉 내가 손을 뻗거나 폴짝 뛰어서 잡기엔 조금 높이 매달린 손잡이를 상상한다. 손잡이는 전차에 붙어 있고, 전차는 의도의 흐르는 힘을 상징한다. 내가 그냥 흘려보냈거나 아니면 그저 내 손이 닿는 범위에서 잠시 벗어나 있는 힘이다. 나는 스트레스를 받거나 불안과 걱정을 느낄 때 또는 육체적으로 불편할 때면 두 눈을 감고서 팔을 뻗는 상상을 한다. 그러면 전차 손잡이가 있는 곳까지 떠오르는 나 자신이 보인다. 손잡이를 잡을 때면 엄청난 안도감과 편안함을 느낀다. 이것은 자아의 생각을 없애고 의도에 닿는 법이다. 나는 멈춰야 할 때는 멈추고, 함께할 사람들을 태워가며 나를 목적지까지 데려가는 의도의 힘을 믿는다.

나의 이전 저서 중 몇 권에서 이 과정을 "숙련에 이르는 길"이라 불렀다. 아래 네 개의 길은 의도를 활성화하는 4단계로서 당신을 도와줄 것이다.

의도에 이르는 4단계

의도의 힘을 활성화한다는 것은 타고난 자기 자신self에 연결되고, 완전한 자아ego 동일시를 버리는 과정이다. 이 과정은 총 네 단계로 이루어진다.

1단계. 훈련

새로운 일을 익힐 때는 몸이 당신이 생각하는 대로 움직이도록 육체를 훈련해야 한다. 자아 동일시를 버린다는 것은 육체와 생각을 단절시키는 것이 아니다. 오히려 육체가 생각이 원하는 것을 수행하도록 몸을 훈련하는 것이다. 연습과 운동, 건강한 습관과 음식으로 훈련해야 한다.

2단계. 지혜

훈련에 지혜가 더해지면 집중력이 올라가고, 생각과 지성, 감정과 몸의 움직임을 일치시키는 과정에서 인내심이 강해진다. 우리는 아이들을 학교에 보낼 때 똑바로 행동하고 머리를 쓰라고 말하면서 이것을 교육이라 부른다. 하지만 이것으로는 완전한 지혜를 얻을 수 없다.

3단계. 사랑

지혜롭게 육체를 훈련하고 해야 할 일을 지적으로 탐구한 다음에는 당신이 하는 일을 사랑하고, 당신이 사랑하는 일을 해야 한다. 영업 분야에서 나는 이것을 당신이 파는 물건과 사랑에 빠진 다음 당신의 사랑 또는 열정을 잠재 고객들에게 파는 것이라 말한다.

가령 테니스를 배울 때는 경기 전략을 배우는 것은 물론 모든 타법을 연습해야 한다. 또한 테니스공을 칠 때의 느낌과 테니스 코트 위를 밟는 느낌 등 테니스와 관련된 모든 일을 즐겨야 한다.

4단계. 복종

여기에서 의도가 등장한다. 여기서 당신의 몸과 마음은 중요하지 않고 당신은 의도로 이동한다. "우주에는 마법사들이 '의도'라 부르는 헤아릴 수도, 표현할 수도 없는 힘이 있는데, 우주에 존재하는 모든 것이 이 의도와 하나의 고리로 연결되어 있다."라고 카를로스 카스타네다는 설명한다. 긴장을 푼 뒤 전차 손잡이를 잡고서, 도토리를 나무로, 사과꽃을 사과로, 미세한 점을 인간으로 바꾸는 힘에 당신을 맡겨라. 그렇게 전차 손잡이를 붙잡고 당신만의 연결고리를 만들어라. 온 우주의 만물은 당신은 물론 훈련을 거쳐 지혜와 사랑으로 가득한 자기 자신, 모든 사고와 감정을 포함한다. 의도에 복종할 때 당신은 가벼워지고, 당신의 무한한 영혼에게 고민을 말할 수 있다. 그러면 의도의 힘은 당신이 가야 한다고 느끼는 곳으로 당신을 데려다줄 수 있을 것이다.

의도와 복종에 대한 이야기를 다 듣고 나면 당신은 여기 어디에 자유의지가 있는지 의문을 가질 수 있다. 그래서 당신에게 자유의지가 없다거나, 사람은 정해진 대로 살게 된다고 결론짓고 싶을지도 모르겠다. 그렇다면 자유의지를 살펴보자. 그리고 당신의 자유의지가 의도에 관한 새로운 관점에 얼마나 들어맞는지 보자. 다음의 내용을 읽을 때는 열린 마음으로 귀를 기울여 주기를 바란다. 비록 당신이 평생 믿어온 내용과 상반되는 내용이라도 말이다!

의도와 의지의 역설적 관계

역설은 근거가 충분할지라도 외견상 불합리하고 모순된 듯한 진술을 말한다. 의도와 자유의지는 확실히 역설적인 관계로 간주된다. 두 개념은 합리적인, 혹은 현실적인 기존 관념에서 충돌한다. 자신의 미래를 스스로 정하는 인간의 자유의지와, 인간이 어떤 모습의 무엇이 될지 미리 정해놓는 의도가 어떻게 공존할 수 있겠는가? 의도의 무한성은 물론 자유의지를 행사하는 당신의 능력까지 믿는다면 이 이분법적인 개념을 합칠 수 있다. 당신은 인과법칙을 이성적으로 생각하는 방법을 알고 있다. 그러므로 이 문제에 대해서도 당신의 지성을 사용해 보라.

확실히 두 가지의 무한한 성질이 동시에 존재하기란 불가능하다. 만일 그렇다면 둘 다 무한하지 않을 것이며, 서로에게 제한을 받을 것이기 때문이다. 무한을 두 개로 나눌 수도 없다. 본질적으로 무한은 통일되었거나 연속적이거나 하나여야 한다. 집 안의 공기처럼 말이다. 도대체 어디에서 주방의 공기가 끝나고 거실 공기가 시작되는가? 어디에서 집 안의 공기가 끝나고 바깥 공기가 시작되는가? 당신이 들이쉬고 내쉬는 공기는 또 어떤가? 우리가 우주 어디에나 있는 무한한 정신을 이해하려면 이 정신을 공기에 빗대는 게 가장 효과적일 듯하다. 우리는 어떻게든 개인이라는 존재 너머 만물의 단일체라는 개념까지, 또 그 너머 만물의 에너지라는 개념까지 사고를 확장해야 한다. 만약 전체의 일부가 한 공간에 있고, 또 다른 일부가 다른 공간에 있다고 생각한다면 단일체라는 개념을 놓치는 것이다. (앞서 부탁했듯 계속 열린 마음으로)들어보라! 언제라도 모든 정신은 당신이 주의를 집중하는 그 지점에 모여 있다. 따라서 당신은 언제라도 모든 창조적 에너지를 통합할 수 있다. 자유의지는 이렇게 작용한다.

당신의 마음과 생각은 신의 생각이기도 하다. 보편적 정신은 당신의 생각과 자유의지 안에 있다. 생각을 보편적 정신에서 자아로 바꾸면 의도의 힘과 끊어지는 기분이 들 것이다. 자유의지는 보편적 정신과 함께 움직이거나, 보편적 정신에서 떨어져 나와 자아의 지배 아래 들어갈 수 있다. 자유의지가 보편적 정신과 멀어질수록 삶은 고단해질 것이다. 당신 안의 에너지는 더욱 천천히 흐르고, 절망감과 무력감에 길을 잃은 듯할 것이다. 자유의지로 할 수 있는 것은 더욱 수준 높고 빠른 의도의 에너지에 다시 합류하는 것이다. 사실 우리 혼자서는 아무것도 창조하지 못한다. 우리는 신과 함께하는 피조물이다. 우리의 자유의지는 이미 창조된 것을 결합하고 재분배할 뿐이다. 당신이 선택하라! 자유의지란 당신이 보편적 정신에 연결하겠느냐 하지 않겠느냐의 선택지를 가졌다는 뜻이다.

그러므로, "나에게 자유의지가 있는가? 그리고 의도는 모든 곳에 퍼져 있는 보편적 힘으로서 나와 함께 움직이는가?"에 대한 대답은 "그렇다."이다. 당신은 이러한 역설과 함께 살 수 있겠는가? 생각해 보면, 당신은 삶의 매 순간 이 역설 속에 있다. 당신은 시공간 속에 존재하는 처음과 끝, 한계와 정의를 지닌 하나의 육체인 동시에 보이지도 않고 형체도 한계도 없는 생각과 느낌으로 이루어진 존재이기도 하다. 기계 속의 유령이라고 할 수도 있을 것이다. 당신은 둘 중 무엇인가? 물질인가 본질인가? 자연적인가 초자연적인가? 형상인가 정신인가? 이 물음에 대한 답은, 서로 대립하는 듯 보여도, 둘 다이다. 당신은 자유의지를 가진 존재이며, 의도라는 운명의 일부인가? 그렇다. 이분법을 통합하라. 상반되는 것들을 섞고, 둘 모두를 믿으며 살아라. 보편적 정신이 당신과 일할 수 있도록 단계를 밟고 의도의 장에 연결하라.

당신을 위해 작동하는 의도

자유의지로 의도의 힘에 다시 연결되겠다고 의식적으로 결정한다면 당신은 자유의지의 진행 방향을 바꾸는 것이다. 당신은 하나의 정신과, 그런 정신이 집약된 존재인 스스로를 긍정적으로 인식하고 경외감을 느낄 것이다. 나는 나의 자아와 자아도취적인 생각을 없애기 위해 '의지' 또는 '의도'라는 단어를 조용히 반복해 말한다. 카스타네다의 《침묵의 힘Power of Silence》에 나오는 다음 인용문을 자주 생각한다. "만물의 근원으로 돌아갈 희망을 잃은 평범한 사람은 이기심에서 위안을 찾는다." 나는 날마다 만물의 근원으로 돌아가려고 시도하며 카스타네다가 묘사한 '평범한 사람'이 되지 않으려 노력한다.

몇 년 전 나는 술을 끊기로 결심했다. 내 안에서 타오르는 이 일을 할 능력을 기르기 위해 절제하는 생활을 이어가고 싶었다. 나의 글과 강연으로 스스로에 대한 신뢰에 대해 가르치라는 부름을 느꼈다. 여러 스승이 말하기를 내가 맡은 일을 하려면 먼저 완전히 술을 끊어야 한다고 했다. 막 술을 끊기 시작했을 즈음, 나는 매일 저녁 맥주 한두 잔을 마시던 옛 버릇으로 돌아가려 했다. 그때마다 어떤 힘이 나를 그러지 못하게 도와주는 듯했다. 한 번은 결심이 약해진 상태에서 맥주 한 묶음을 사러 나갔는데, 그만 돈을 챙기는 것을 깜박했다. 나는 늘 잊지 않고 현금을 갖고 다니는 사람인데 말이다!

잠시 뒤 집으로 돌아와 돈을 챙긴 나는 자유의지에 따라 맥주를 사러 나갈지 말지 다시 생각해 보았다. 그러다가 의도에 따라 그냥 집에 있기로 선택했다. 그리고 금주를 시작한 처음 몇 주 동안 이런 작은 사건들이 주기적으로 반복된다는 사실을 알아챘다. 술의 유혹에서 나를 떼어놓는 상황이 일어나 나를 안내해 주었다. 술이 마시고 싶어지는 순간 전화벨이 울려 내 주의를 돌렸고, 가족에게 생긴

작은 문제는 내가 실수할 가능성을 막아주었다. 그로부터 몇십 년이 지난 지금, 나는 분명히 알 수 있다. 앞서 말했던 전차의 손잡이를 단단히 잡으면 아주 오래전 의도가 정해둔 나의 목적지에 순식간에 닿을 수 있다는 것을 말이다. 또한 나의 자유의지가 의도의 힘과 모순 관계에 있는 파트너라는 사실도 안다.

의도가 자아를 통해 얻는 의지가 아니라 내가 다시 연결되어야 하는 하나의 힘이라는 것을 인식하자, 평생을 해왔던 일이 엄청나게 달라졌다. 나의 글과 강연이 의도의 영역에서부터 온다는 단순한 자각만으로도 헤아릴 수 없는 이점이 주어졌다. 자만심과 자아 정체성을 버리고 이 창조적인 에너지에 경외감을 느꼈다. 나는 강연장에 서기 전 자아를 버리거나 청중의 자리로 보낸다. '의도'라는 말을 혼자 되뇌며 내가 의도의 에너지장으로 떠오르는 것을 느낀다. 의도에 복종하고 허용함으로써 나는 완전히 편안해진다. 강연 중 자잘한 내용을 상세히 기억하고 무슨 이야기를 해야 할지 정확히 알며 청중과 특별하게 연결되는 경험을 한다. 피로가 가시고 배고픔이 사라진다. 심지어 화장실에 가고 싶지도 않다! 메시지를 전달하는 데 필요한 모든 일을 아주 쉽게 할 수 있게 된다.

의지를 의도에 결합하라

수학에서, '일치하는' 두 개의 각은 서로 완벽히 들어맞는다. '우연의 일치'라는 말은 운이나 실수라는 말이 아니다. 완벽히 들어맞는다는 뜻이다. 자유의지를 의도와 결합함으로써 당신은 보편적 정신과 조화를 이룬다. 이 책을 읽는 당신의 목표는 의도 바깥에 있는 당신의 마음대로 움직이는 대신, 항상 의도와 조화를 이루는 것이다. 삶이 당신에게 불리하게 돌아가는 것 같거나 운이 다한 것 같고, 나쁜 사람들이 등장하거나 당신이 문제를 일으키는 옛 습관으로 돌아간다면 이는 의도와 조화를 이루지 못하고 있다는 신호다. 당신은 의도와 다시 연결될 수 있고, 연결될 것이다. 당신의 목적과 일치하는 방식으로 말이다.

일례로 나는 글을 쓸 때 유익하고 통찰력 있는 책을 쓸 수 있도록 보편적 정신과 나 자신의 생각은 물론 운이 결과물에 영향을 끼칠 가능성을 열어둔다. 내가 술을 영영 끊은 일을 되돌아보면서, 우리가 원하는 결과를 만들어내기 위해 의도가 우리 삶의 환경과 협력하는 방식을 보여주는 또 하나의 예를 들고 싶다.

최근에 나의 열아홉 살 난 딸 소머Sommer가 식당 종업원 알바를 그만두었다. 개강 전까지 자신이 무엇을 하고 싶은지 확신이 서지 않는다고 했다. 무엇을 할 때 가장 의미 있고 행복하다고 느끼는지 묻자, 딸은 어린이들에게 승마를 가르칠 때라고 했다. 하지만 1년 전에 일했던 마구간으로는 돌아가고 싶지 않다고도 말했다. 거기서는 인정도 받지 못했고 혹사당하면서 보수도 제대로 못 받았기 때문이었다.

전화로 딸과 이런 얘기를 나눌 때 나는 마우이에서 의도에 관한 새로운 관점의 글 1장을 쓰는 중이었다. 나는 우주 속 하나의 힘으로서의 의도에 관해 설명하면서 딸에게 생각을 다르게 할 필요가 있다고 이야기해 줬다. "마음을 열고 네게 필요한 도움을 받아들이렴. 의도를 믿거라. 의도는 너를 위해 존재한단다. 늘 주의를 기울이고, 네게 찾아오는 안내를 전부 기꺼이 받아들이거라. 모든 것을 주는 근원과 파장을 맞추렴."이라고 말이다.

이튿날, 이 장에 써넣을 또 다른 의도의 예시를 찾고 있을 때 전화벨이 울렸다. 딸 소머가 신이 나서 말했다.

"아빠, 도저히 믿지 못하실 거예요. 아니, 다시 생각해 보니 믿으시겠네요. 어제 아빠가 제게 의도에 마음을 열라고 말씀하신 거 기억하시죠? 솔직히 저는 좀 의심스러웠어요. '별난 우리 아빠답다'고 생각했지만 그래도 말씀대로 해보기로 했죠. 그리고 그때 전봇대에 붙은 승마 레슨 광고지를 봤어요. 전화번호가 적혀 있더라고요. 그 번호를 적어 와서 바로 전화했죠. 어떤 여자가 전화를 받았는데, 아이들을 말에 태워 오솔길을 도는 일을 해줄 믿을 만한 사람이 필요하다고 했어요. 급여는 정확히 제가 식당에서 받는 돈의 두 배고요. 내일 거기 가보려고 해요. 끝내주죠?"

끝내주냐고? 당연히 끝내주지! 나는 책을 쓰며 좋은 예시를 찾고 있었는데, 바로 전날 딸에게 한 조언의 결과로 딱 맞는 예시가 나타났다. 일거양득이 아닌가!

개인적 생각을 의도와 합쳐라

우리 개인의 생각은 의도라는 보편적 정신 안에서 하나의 원형을 만들어낸다. 당신과 의도의 힘은 떨어져 있지 않다. 따라서 당신은 의도와 어울리는 생각을 할 때 스스로를 의도에 연결하고, 당신의 갈망을 이루어주는 영적인 원형을 형성한다. 무엇이든 당신이 이루고자 하는 것은 이미 보편적 정신 안에 있다. 조건이나 한계에 대한 걱정, 실현 불가능할지도 모른다는 생각은 버려라. 당신의 마음이, 그리고 의도의 정신이 방해하지만 않는다면, 당신의 생각은 현실에서 싹을 틔울 것이다.

좀 더 간단히 말하면 이런 것이다. "그러므로 나는 너희에게 말한다. 너희가 기도하면서 구하는 것은 무엇이든지, 이미 그것을 받은 줄로 믿어라. 그리하면, 너희에게 그대로 이루어질 것이다." 당신이 갈망하는 것이 이미 이루어졌다고 생각하면 그대로 이루어진다고 믿으라는 성경 구절이다. 당신의 생각 또는 기도가 이미 이루어졌음을 알라. 보편적 정신 또는 의도와 일치하는 생각을 하도록 모든 의심을 버려라. 이 사실을 의심 없이 믿으면 당신의 생각이 미래에 실현될 것이다. 이것이 의도의 힘이다.

내가 좋아하는 작가 중 하나인 올더스 헉슬리Aldous Huxley의 말로 이 장을 끝맺겠다. "영적인 여정은 사람이 갖지 못했거나 되지 못한 어떤 새로운 목적에 도달하는 것이 아니다. 자신의 자아와 삶에 관한 무지를 버리고 그것에 대해 점차 알아가는 것이다. 거기서부터 영적 각성이 시작된다. 신을 발견하는 것은 자기 자신이 되는 것의 시작이다."

이 장의 개념을 실행하기 위한 다섯 가지 제안

1장에서는 의도라는 보편적이고 어디에나 있는 힘의 존재를 의심하지 말라고 당부했다. 또한 당신도 이 의도에 연결될 수 있고, 의도의 에너지를 이용해 당신의 목적지에 도달할 수 있다고 말했다. 이를 시작하기 위해 일상 속에서 할 수 있는 일을 소개한다.

1. 기분이 언짢거나, 길을 잃은 것 같거나, 불쾌해지면 당신의 머리 위 약 1미터 높이에 있는, 의도의 영역에 매달린 전차 손잡이를 머릿속으로 그려보라.

당신을 정해진 의도로 데려가는 전차에 몸을 맡긴 채 매달려 가는 당신을 상상해 보라. 이것은 삶에서 의도에 대한 복종을 실행하는 방법이다.

2. 불안할 때나 주변의 모든 것이 짜고 당신의 일을 방해하려는 것 같을 때 '의도'라는 단어를 반복해서 말하라.

평화롭고 차분해지기 위해 신호를 주는 것이다. 의도는 정신이고,

정신은 고요한 지복至福이다.

3. 당신에게는 인생의 사명이 있고, 원하면 언제라도 다가갈 수 있는 조용한 파트너가 있다고 되뇌어라.

자아가 당신의 재산이나 직업으로 당신을 규정하거나 다른 사람과 비교할 때 자유의지의 힘으로 그러한 생각을 물리쳐라. 당신 자신에게 말하라. "나는 이곳에 목적을 갖고 존재한다. 갈망하는 무엇이든 이룰 수 있으며, 우주 곳곳에 스며 있는 창조적인 힘과 조화를 이룸으로써 갈망을 실현한다." 이런 식으로 삶에 자동적으로 반응하라. 그러면 여러 가지 결과가 동시에 나타나기 시작할 것이다.

4. 당신이 갈망하는 것이 무엇이든 이미 이루어진 것처럼 행동하라. 당신이 원하는 모든 것을 이미 받았고, 그것이 영혼 안에 존재함을 믿어라.

그리고 당신의 갈망이 충족될 것이라 확신하라. 성공과 마음의 평화를 얻기 위한 나의 열 가지 비결 중 하나는, 되고자 하는 사람이 이미 된 것처럼 스스로를 대하는 것이다.

5. 다음의 고대 유대 하시딤 격언을 적어 1년간 지니고 다녀라.

의도의 힘이 있다는 것과 그 힘이 날마다 모든 면에서 당신을 위해 작용하는 방식을 기억하게 해줄 것이다.

순수하고 경건한 마음으로 들판을 걸어가면
모든 무생물과 생물로부터 영혼의 불꽃이 떨어져 나와 당신에게 달라붙고,
당신의 내면에서 정화되어 신성한 불이 된다.

* * *

다음 장에서는 의도의 영역이 보인다면 어떤 모습일지, 의도의 얼굴이 어떻게 보일지를 설명하겠다. 카를로스 카스타네다의 스승인 돈 후안 마투스don Juan Matus의 문장을 인용하면서 이 장을 끝맺겠다. "……정신은 모든 사람에게 동일한 강도와 일관성으로 그 자신을 드러내지만 오직 전사들만 정신의 계시와 한결같이 조화를 이룬다."

여러분은 전사와 같다. 자유의지로 의도의 힘에 접근하려 나아가고 있기 때문이다.

2
의도의 일곱 가지 얼굴

"4천 권에 달하는 형이상학 서적이 있다 해도
영혼이 무엇인지 가르쳐 주지 못한다."
볼테르Voltaire

생각하지 말고 깨달아라

어제 여기 마우이에서 이 책을 쓰다가 얻은 깨달음에 대해 이야기해 보려 한다. 한 일본인 여성이 파도에 떠밀려 왔다. 바닷물을 많이 삼켜 몸이 불어 있었다. 나는 다른 사람들과 무릎을 꿇고 그녀를 되살리기 위해 심폐소생술을 했다. 여성을 살리려는 헛된 시도가 이어지는 동안 그녀의 친구들은 슬퍼하며 울부짖고 있었다. 그러다 갑자기 여성의 영혼이 그녀의 목숨을 살리려 애쓰는 우리 위에 맴도는 것을 조용히 느꼈다. 나는 해변의 구조 현장을 지켜보는 가운데 더없이 평화로운 에너지를 느꼈다. 나를 포함해 많은 사람이 선의를 품고 그녀를 되살리려 애를 썼지만 나는 그녀가 살아나지도, 더 이상 육체와 연결되지도 못하리라는 것을 어떤 불가해한 방식으로 알게 되었다.

이 고요한 깨달음으로 인해 나는 자리에서 일어나 두 손을 모으고 그녀를 위해 소리 없이 기도했다. 그녀와 나는 다른 나라 출신으로 사용하는 언어조차 다르다. 그런데도 나는 그녀와 연결된 느낌을 받았다. 그녀의 영과 나의 영이 이 물리적 삶이라는 순간적인 자연의 신비 속에서 어쩐지 연결되어 있다는 것을 알게 되자 평온해졌다.

그 자리를 떠날 때 내 생각을 지배한 것은 죽음의 고통이 아니었다. 대신에 나는 정확히 설명할 수는 없지만 지금 그 여성의 영혼이 붙어 있는 죽은 육체를 떠나는 것이 완벽하고 신성한 질서의 일부라는 사실을 알았고 느꼈다. 이것을 증명할 수는 없었다. 과학적 증거가 없었으니까. 나는 그것을 생각하지 않았다. 그냥 깨달았을 뿐이다. 이것이 내가 '고요한 앎'이라고 부르는 것의 예시다. 그때로부터 24시간이 지난 이 글을 쓰는 지금도 나는 여전히 그녀의 존재를 느낀다. 저서 《침묵의 힘Power of Silence》에서 카를로스 카스타네다는 고요한 앎이 "우리 모두가 갖고 있는 것이며, 모든 것을 완벽히 통달하고 있는 무언가이다. 그러나 그것은 생각할 수 없고, 따라서 그 앎을 말로 표현할 수 없다…… 인간은 이성의 세계를 위해 고요한 앎을 포기했다. 인간이 이성의 세계에 집착하면 할수록 의도는 더욱더 덧없는 것이 된다." 라고 설명한다.

이 책에서는 의도를 모든 물리적 형태 안에 존재하는, 보이지 않는 에너지장으로 소개한다. 따라서 의도는 불가해하고 비물질적인 정신계의 일부다. 정신은 처음과 끝, 경계, 상징, 형태를 모두 초월한 차원이기 때문에 이를 설명하고 규정하려는 인간의 시도에서 벗어나 있다. 그 결과 이 세계의 경험을 전달하기 위한 인간의 상징체계인 문어와 구어로는 물질세계를 설명하는 것처럼 정신을 설명할 수가 없다.

나는 이 장 초반에 인용한 볼테르의 진술에 동의한다. 영혼이 무엇인지, 그것이 어떤 모습인지 정확히 설명하거나 가르쳐줄 수 없음을 인정한다. 내가 할 수 있는 것은 의도를 개념화하는 방법을 설명하는 것이다. 우리의 감각적 인식과 이성적 사고로부터 의도의 영역을 가리는 베일을 어떻게든 제거할 수 있다면 말이다. 나는 내가 만든 '의도의 일곱 가지 얼굴'이라는 개념을 제시하려 한다. 이 일곱 가지 특징은 내가 상상해 본 의도의 힘의 모습을 상징한다.

의도란 우리가 느끼고, 접속하며, 알고, 신뢰할 수 있다고 믿는 어떤 것이다. 분명하게 느끼면서도 말로 정확히 설명할 수 없는 내적인 인식이다. 나는 이러한 개념을 통해 창조의 근원인 의도의 힘에 대해 깨우치고, 일상생활에서 의도를 활성화한다. 당신 역시 삶에서 의도를 활성화하려면 무엇을 해야 하는지 깨달았으면 한다.

이후의 설명에는 큰 스승들과 함께한 경험, 다른 이들과 30년 이상 함께 진행한 전문적 작업물, 내가 읽고 연구한 형이상학 관련 서적과 나의 개인적 발전이 압축되어 있다. 의도와 연결됨으로써 얻는 엄청난 이익에 관해 내가 아는 것을 전하려고 한다. 당신이 의도의 힘에 대한 고요한 앎을 얻고, 스스로는 물론 당신이 살면서 마주치는 모든 사람을 위해 더욱더 황홀한 경험을 만들어가기를 바란다.

당신이 의도의 힘을 불러들여 의도가 삶에서 능동적인 역할을 하게끔 할 때 고요한 앎이 시작된다. 이는 설명하거나 변명할 필요가 없는 은밀하고 개인적인 선택이다. 당신이 이러한 내적 선택을 하면 고요한 앎은 점차 평범하고 일상적인 인식의 일부가 될 것이다. 의도의 힘을 알게 됨으로써 당신은 수태와 출생, 죽음은 모두 창조라는 에너지장의 자연스러운 일면이라는 것을 깨닫기 시작한다. 의도로 향하는 길을 머리로 생각하고 추론하려는 시도는 헛된 일이다. 의심을 버리고 당신의 직관적인 느낌을 신뢰하면 의도의 힘이 흘러갈 공간이 만들어진다. 이상한 말장난으로 들릴 수 있으나, 나는 이것이 오히려 마음을 비우고 신비의 중심으로 들어가는 길이라 생각한다. 이제 이성적 사고는 잠시 제쳐두고 밝게 비추는 새로운 인식의 마법과 흥분에 마음을 열겠다.

내 삶의 위대한 스승인 지두 크리슈나무르티J. Krishnamurti는 이렇게 말했다. "완전히 텅 비어 있는 공허란 무시무시한 것이 아니다. 반드시 마음이 비어 있어야 한다. 그 무엇에도 강요받지 않은 채로 비어 있어야 한다. 오직 그런 후에야 미지의 심연으로 들어갈 수 있기 때문이다."

지금 바로 이 책을 잠시 내려놓고, 스스로에게 육체가 없다는 인식을 믿으며 조용히 스스로를 느껴보라. 먼저 두 눈을 감고 마음속의 이성적 사고와 계속해서 바뀌는 수많은 말소리를 비워라. 그리고 의심이 들 때마다 삭제 버튼을 눌러 의심을 지워라. 마지막으로 공허에 마음을 열어라. 그러면 의도의 힘을 고요히 깨닫는 법을 알아갈 수 있다. (다음 장에서 의도에 접촉하고 다시 연결되는 또 다른 방법들에 대해 좀 더 깊이 논하겠다.)

그러나 지금은, 어제 내가 해변에서 만난 일본 여인의 영혼처럼 육체 위로 떠올라 자기 밖에 있게 되면 관점이 어떻게 변하는지 설명해 보겠다. 이 관점에서 나는 보다 높은 파장을 볼 수 있는 눈을 통해 의도의 여러 측면을 바라보는 나 자신을 상상한다.

의도의 일곱 가지 얼굴

1. 창조의 얼굴

의도의 일곱 가지 얼굴 중 첫 번째는 우리를 설계해 이곳에 존재하게 하고, 우리의 욕구에 맞는 환경을 만든 의도의 힘의 창조적 모습이다. 의도의 힘은 창조적이어야 한다. 그렇지 않다면 아무것도 존재하지 않을 것이기 때문이다. 이는 의도 혹은 보편적 정신에 대한 반박할 수 없는 진리다. 왜냐하면 의도의 목적은 생명을 적합한 환경에 존재하도록 창조하는 것이기 때문이다. 왜 생명을 주는 의도의 힘이 우리에게 삶을, 그것도 더욱 풍요로운 삶을 주려 한다고 결론짓냐고? 그 반대가 사실이라면 우리가 아는 생명은 존재할 수 없기 때문이다.

우리가 숨 쉬고 살아간다는 사실 자체가 생명을 주는 정신이 본질적으로 창조적이라는 증거다. 이것은 명백해 보일 수도 있지만 사실 헷갈리고 엉뚱하다고까지 느껴질 수도 있다. 하지만 확실한 것은 당신은 지금 여기 당신의 물리적 육체로 존재한다는 것이다. 당신은 한때 태아였으며, 그 전에는 정자였고 또 그 전에는 형체 없는 에너지였다. 그 형체 없는 에너지 속에 의도가 있었고, 그 의도가 당신을 이곳으로 데려왔다. 인식의 최고 단계에서 의도는 당신이 운명으로 향하는 길을 걷게 했다. 창조적 측면은 당신이 의도의 힘을 보내는 무엇이든 창조하고 또 함께 만들도록 당신을 끊임없는 창조성으로 이끈다. 창조적 에너지는 당신의 일부이며, 당신을 존재하게 하는 이 에너지는 생명을 주는 정신에서 나온다.

2. 친절의 얼굴

본래부터 에너지를 창조하고 물리적 형태로 바꾸는 특성을 지닌 힘은 친절한 힘이어야 한다. 다시 한번 반대 개념에서부터 추론해 보겠다. 만일 모든 것을 주는 의도의 힘이 불친절하고 악의적이거나 해롭다면, 창조 자체가 불가능했을 것이다. 불친절한 에너지가 형태를 갖는 순간, 생명을 주는 정신은 파괴될 것이기 때문이다. 그러나 의도의 힘은 친절의 얼굴을 지녔다. 이 에너지는 자신의 창조물이 번창하고 행복하며 만족하도록 계획하는 친절한 에너지이다. 우리가 존재한다는 것이 의도가 친절하다는 사실을 입증한다. 친절하기를 선택하는 것은 당신의 삶에 의도의 힘이 작동하게끔 선택하는 것이다.

친절이 뇌의 세로토닌 생산량 증가와 면역 체계에 미치는 긍정적 효과는 여러 연구 결과를 통해 입증되었다. 세로토닌은 인체에서 자연적으로 만들어지는 물질로, 우리를 더욱 편안하고 평화롭게 해 주며 더 나아가 행복하게 해준다. 사실, 대부분의 항우울제의 역할은 화학적으로 세로토닌 합성을 활성화해서 우울감이 덜하게 돕는 것이다. 단순히 다른 사람에게 친절한 행동을 하는 것만으로도 면역 체계의 기능이 향상되고, 친절을 받는 사람과 베푸는 사람 모두에게서 세로토닌 생산이 활성화되었음을 보여주는 연구 사례가 있다. 더욱 놀라운 사실은, 친절한 행위를 지켜본 사람들에게서도 비슷하게 유익한 결과가 나왔다는 것이다. 생각해 보라! 친절을 베풀거나 받거나 보는 것이 모두의 육체 건강과 감정에 이로운 영향을 끼친다니! 친절의 얼굴과 창조의 얼굴 둘 다 여기서 미소 짓고 있다.

불친절하게 굴면 당신은 친절의 얼굴을 가로막는 것이다. 의도의 힘에서 떠나가는 것이다. 그것을 신이라 부르든, 정신이나 근원, 의도라 부르든 불친절한 생각은 그것과의 연결을 약하게 하고, 친절한 생각은 연결을 강하게 한다는 사실을 깨달아라. 창조와 친절은 의도의 일곱 가지 얼굴 중 두 가지 얼굴이다.

3. 사랑의 얼굴

의도의 일곱 가지 얼굴 중 세 번째는 사랑의 얼굴이다. 의도에 생명을 주는 속성이 내재되어 있다는 점은 반박할 수 없는 사실이다. 모든 생명을 격려하고 향상시키고 지원하는 속성을, 사랑이 아니면 뭐라고 이름 붙이겠는가? 사랑은 의도라는 보편적 정신의 주된 동력이다. 랄프 왈도 에머슨Ralph Waldo Emerson이 표현했듯 "사랑은 우리가 가진 최고의 단어이며 신과 동의어이다."

의도의 에너지장은 순수한 사랑으로, 상당히 비옥하고 협력적인 환경을 만든다. 여기서 평가와 분노, 증오, 두려움, 편견은 잘 자라지 못한다. 따라서 우리가 이 영역을 실제로 볼 수 있다면 우리는 끝없는 사랑의 영역 속 창조와 친절을 보게 될 것이다. 우리는 순수한 사랑이라는 보편적 힘의 영역을 통해 경계와 시작이 있는 물질세계로 들어왔다. 의도의 얼굴, 즉 사랑의 표현은 우리가 그저 번영하고 성장하며 우리가 될 수 있는 모든 것이 되기를 바란다. 사랑의 에너지와 조화를 이루지 못하면 우리는 의도에서 떨어져 나오고, 사랑의 표현을 통해 의도를 깨우는 능력은 약해진다. 일례로 당신이 좋아하는 일을 하지 않고, 자신이 하는 일을 좋아하지 않으면 의도의 힘은 약해진다. 당신은 당신의 삶에 사랑이 아닌 불만을 더 많이 끌어들인다. 결국 당신의 삶에는 당신이 사랑하지 않는 것이 더 많이 나타날 것이다.

생각과 감정은 순수한 에너지다. 어떤 것은 다른 것보다 더 높고 더 빠르다. 높은 에너지가 그보다 낮은 에너지와 동일한 영역에 있다면, 낮은 에너지는 높은 에너지로 바뀐다. 이를 보여주는 예시로 불이 켜진 방보다 낮은 에너지를 가진 어두운 방을 들 수 있다. 빛은 빛 아닌 것보다 빠르게 움직이므로, 어두운 방에 촛불을 밝히면 어둠은 흩어져 사라질 뿐만 아니라 마법처럼 빛으로 변한다. 증오의 에너지보다 더 높고 더 빠른 에너지인 사랑도 이와 마찬가지로 작용한다.

성 프란치스코St. Francis는 그의 유명한 기도문에서 신에게 이렇게 간청했다. "증오가 있는 곳에 제가 사랑을 심게 하소서." 그가 추구한 것은 증오를 없애고 궁극적으로는 사랑의 에너지로 바꿀 힘이었다. 증오는 사랑의 에너지 앞에서 사랑으로 바뀐다. 이것은 당신에게도 적용된다. 당신 자신이나 남을 향한 증오는 생명과 사랑을 주는 의도의 힘으로 바뀔 수 있다. 피에르 테야르 드 샤르댕Pierre Teilhard de Chardin은 이렇게 말했다. "결론은 항상 같다. 사랑은 세계에서 가장 강력한 에너지이나 가장 알려지지 않은 에너지이다."

4. 아름다움의 얼굴

의도의 일곱 얼굴 중 네 번째는 아름다움의 얼굴이다. 창조적이고 친절하며 사랑하는 얼굴을 아름답다는 말 외에 무엇으로 설명하겠는가? 의도라는 체계적 지성이 혐오스러운 형태로 모습을 드러내겠는가? 당연히 그러지 않을 것이다. 따라서 우리는 의도의 속성이 사랑 및 아름다움과 영원히 교감한다고 결론지을 수 있다. 그리고 창조적이고 친절하며 모두를 사랑하는 의도의 힘에 아름다움의 표현이라는 얼굴을 더할 수도 있다.

젊고 뛰어난 낭만주의 시인 존 키츠John Keats는 '그리스 단지에 부치는 송가Ode on a Grecian Urn'를 이렇게 끝맺는다. "'아름다움은 진리요, 진리는 아름다움이다.' 이것이 이 땅에서 그대가 아는 전부이자 알아야 할 전부이다." 분명히 진리는 모든 창조물 안에 존재한다. 진리가 여기에 형태를 갖추고 나타나는 것은 사실이다. 보이지 않는 창조적 힘의 표현이 지금 여기 형태를 갖춘 채 존재하고 있다. 그래서 나는 진리와 아름다움은 하나라는 사실을 고요히 깨달아야 한다는 키츠의 생각에 동의한다. 의도의 힘의 표현에서 비롯된 창조적 정신의 진리에 따르면 진리는 아름다움이다. 이러한 앎은 당신 개인의 의지와 상상력, 직감을 발휘하는 데 있어 귀중한 통찰력이 된다.

의도의 한 얼굴인 아름다움의 중요성을 파악하려면 이 점을 기억하라. 아름다운 생각이 아름다운 영혼을 만든다. 당신이 기꺼이 주위의 아름다움을 보고 느끼면 당신 자신을 포함해 자연계의 만물 안에 있는 의도의 창조적 힘과 조화를 이룰 것이다. 빈곤과 무지 속에서 태어났다 할지라도 만물에 있는 아름다움을 보겠다고 선택함으로써 의도의 힘을 느낄 수 있다. 최악의 환경에서 개인의 의지로 아름다움을 추구하는 것은 그를 의도의 힘과 연결시킨다. 이는 효과가 있다. 있어야만 한다. 아름다움의 얼굴은 언제나, 심지어 남들이 추하다고 생각하는 곳에도 존재한다.

나는 1978년 오스트리아 빈에서 빅터 프랭클Viktor Frankl과 함께

패널로 초대받는 영광을 얻었다. 그가 나와 청중에게 모든 상황에서 아름다움을 보는 능력이 우리의 삶을 의미 있게 만든다고 이야기했던 것이 지금까지 강렬하게 기억난다. 그는 저서《죽음의 수용소에서Man's Search for Meaning》에서 제2차 세계대전 중 강제수용소의 나치 당원들이 준 생선 대가리가 든 더러운 물이 담긴 그릇을 묘사했다. 그는 자신에게 배당된 음식의 끔찍한 면에 집중하는 대신 아름다움을 보도록 스스로를 단련시켰다. 그는 어디서든 아름다움을 보는 능력을 끔찍한 수용소에서 살아남기 위한 가장 중요한 요소로 보았다. 그는 우리가 추한 것에 집중하면 우리의 생각에, 그다음에는 감정에, 그리고 최종적으로 삶에 추함을 더 많이 끌어들이게 된다고 거듭 말했다. 최악의 상황에서도 일말의 자유를 꼭 붙잡기로 선택함으로써, 감사와 아름다움의 에너지로 세계를 이해하며 환경을 초월할 기회를 만들 수 있다.

나는 테레사 수녀Mother Teresa가 아름다움의 속성에 대해 했던 말이 무척 마음에 든다. "선교지 콜카타 거리에서 날마다 무엇을 하십니까?"라는 질문을 받았을 때 그녀는 이렇게 대답했다. "날마다 갖가지 비참한 모습으로 존재하시는 예수 그리스도를 봅니다."

5. 확장의 얼굴

생명의 본질적 특성은 늘어나고 점점 더 많이 표현하려 하는 것이다. 의도의 얼굴에 예민하게 집중한다면 깜짝 놀랄 것이다. 의도의 또 한 가지 얼굴은 의도의 힘을 끊임없이 확장하는 얼굴이다. 창조적 정신의 본질은 언제나 확장하기 위해 작동한다는 것이다. 정신은 만들어내는 힘으로, 증가한다는 원칙을 지니고 있다. 이는 생명이란 더 많은 생명을 향해 계속 늘어난다는 뜻이다. 생명은 형태 없는 의도에서 비롯되었다. 따라서 의도의 여러 얼굴 중 하나는 조금씩, 영원히 변화하는 무언가처럼 보인다. 이는 아주 작은 점과 같아서 끊임없이 스스로를 복제하고 확장시키며 앞으로 나아가고, 그러면서 계속 자신을 확장하고 표현한다.

정확히 이것이 우리의 물질세계에서 일어나고 있는 일이다. 의도의 확장하는 얼굴은 보이는 바와 같이 확장하는 형태를 취한다. 다른 형태일 수는 없다. 이 영원히 확장하는 힘이 스스로를 싫어하거나 스스로에게 무관심하다면, 자신을 파괴할 수밖에 없기 때문이다. 그러나 의도의 힘은 그 대신 창조와 친절, 사랑, 아름다움을 확장한다. 당신은 이 확장하는 의도의 얼굴과 개인적인 연결을 맺음으로써 의도의 힘을 통해 삶을 확장한다. 이 힘은 근원적 의도의 구성 요소였고, 지금도 그러하며, 앞으로도 계속 그러할 것이다. 의도의 힘은 삶의 모든 면을 확장하고 늘리는 힘이다. 예외는 없다! 늘어나는 상태가 의도의 본질이고, 이는 당신의 본질이기도 하다.

이처럼 의도를 확장하는 유일한 조건은 어디서든 의도와 협력하는 것이고, 당신을 통해 확장의 정신이 당신과 당신이 만나는 모든 사람에게 나타나게 하는 것이다. 그러면 걱정이나 불안이 사라질 것이다. 확장의 얼굴을 믿고, 당신이 할 일을 하라. 왜냐하면 당신은 당신이 하는 일을 사랑하며, 사랑하는 일을 하기 때문이다. 이처럼 확장이라는 이로운 결과만을 얻을 수 있음을 알아야 한다.

6. 무한한 풍부함의 얼굴

무한을 나타내는 의도의 여섯 번째 얼굴은, 어디에나 있고 끝없이 풍부하다. 그것은 거대할 뿐만 아니라 절대 멈추지 않는다. 이 엄청난 풍요의 재능으로 당신이 창조되었다. 따라서 당신도 이 풍요의 재능으로 삶을 표현한다. 사실 당신은 풍부함의 법칙을 실현하고 있다. 이 선물은 당신에게 공기나 태양, 물처럼 대가 없이 무한하고 풍부하게 공급된다.

당신은 아마 당신이 처음 기억하는 순간부터 한계라는 것에 대해 생각하도록 배웠을 것이다. *여기서부터 내 것이고, 저기서부터는 네 거야.* 이렇게 우리는 경계를 표시하는 울타리를 세운다. 그러나 고대 탐험가들은 이 세계가 무한할 수도 있다는 가능성을 알려준다. 그들보다 더 오래전에 살던 고대의 천문학자들은 거대한 반구형의 천장이 지구를 덮고 있다는 주장에 반박했다. 우리는 빛이 1년 동안 이동하는 거리로 크기를 재는 은하계에 대해 배웠다. 과학

분야의 책들은 단 2년만 지나도 구식이 된다. 인간의 육체적 기량의 한계를 보여주는 육상 기록은 놀라울 정도로 매번 깨진다.

이 모든 것은 집단으로서든 개인으로서든 우리의 잠재 능력에 한계가 없다는 뜻이다. 이는 대체로 옳다. 우리는 의도라는 무한한 풍요에서 나왔기 때문이다. 만일 의도의 힘이 무한한 풍부함이라면, 우리가 삶에서 뭔가를 현시할 가능성과 끌어당길 가능성 모두 끝없이 풍부하다는 사실을 알 수 있다. 풍부함의 얼굴에는 결코 한계가 없다. 모든 것이 창조되는 광대한 원천을 상상해 보라. 그리고 다른 모든 것을 초월하는 하나의 원천을 생각해 보라. 그것은 당신의 정신이자 인류 공동의 정신일 것이다. 당신의 정신은 어디서 시작하고 어디서 끝나는가? 그것의 경계는 어디인가? 또 어디에 위치하는가? 더욱 중요한 것은, 그 정신이 없는 곳은 어디인가? 그것은 당신과 함께 태어났는가, 혹은 당신이 수태되기 전부터 존재했는가? 그리고 당신이 죽을 때 그것도 함께 죽는가? 그것은 어떤 색을 띠는가? 모양은 또 어떠한가? 이 모든 의문에 대한 답은 '끝없는 풍부함'이라는 말 안에 있다. 당신은 바로 이 끝없는 풍부함으로부터 창조되었다. 의도의 힘은 모든 곳에 있다. 그것은 모든 것이 나타나고 늘어나며 무한히 만족하게 한다.

당신이 이 생명력과 연결되어 있고, 당신이 얻지 못했다고 생각하는 모든 사람 및 사물과 이 생명력을 공유한다는 사실을 알아야 한다. 무한한 풍부함의 얼굴이 표현하는 것에 마음을 열어라. 그러면 당신의 삶을 원하는 대로 함께 창조하게 된다. 으레 시인들은 이해하기 매우 어려워 보이는 것을 아주 짧은 몇 단어로 표현한다. 월트 휘트먼Walt Whitman은 〈나의 노래Song of Myself〉에서 다음과 같이 노래한다. 이 시구를 읽으면서 의도의 힘을 맛보려면 '신'을 '끝없는 풍부함의 얼굴'로 대체해 보라.

> 나는 모든 사물에서 신을 듣고 보지만, 신을 조금도 이해하지 못한다……
>
> 스물네 시간 내내, 매시간 매 순간 신의 모습을 본다.
>
> 남자들과 여자들의 얼굴에서 신을 본다. 거울에 비치는 나의 얼굴에서도,
>
> 나는 신이 거리에 떨군 글자들을 본다.
>
> 글자마다 신의 이름이 표시되어 있다.
>
> 나는 그 글자를 그 자리에 남겨두었다. 내가 어디로 가든
>
> 다른 이들이 언제나 제때에 올 것을 알기 때문이다.

머리로 이해할 필요는 없다. 조용히 깨닫고 무한한 풍부함의 얼굴을 계속 의식하며 살아가면 된다.

7. 수용의 얼굴

의도의 일곱 번째 얼굴은 수용의 얼굴이다. 의도는 정말로 모든 것을 수용한다. 의도의 수용적 얼굴은 아무도, 아무것도 거부하지 않는다. 의도의 수용적 얼굴은 모든 사람과 살아 있는 모든 것을 평가 없이 환영한다. 결코 어떤 것에는 의도의 힘을 주고, 어떤 것에서는 빼앗지 않는다. 의도의 얼굴이 수용적이라는 것은, 자연의 모든 것이 활동할 때까지 기다린다는 의미이다. 우리는 그저 기꺼이 의도를 인식하고 받아들이기만 하면 된다. 당신이 의도를 인식하지 않으면 의도는 당신에게 응답할 수 없다. 만일 당신의 삶과 세계가 단순히 우연으로 돌아간다고 생각한다면, 당신에게 의도라는 보편적 정신은 어떤 질서도 능력도 없는 힘의 집합으로밖에 보이지 않을 것이다.

간단히 말해, 수용적이지 않다는 것은 것은 스스로 의도의 힘에 접근하기를 거부한다는 것이다. 모든 것을 품고 있는 수용적 의도를 활용하려면 당신의 내면에 보편적 정신과 유사한 지성을 만들어야 한다. 당신의 인간적인 의도를 현실로 만들기 위해서는 당신에게 도움이 되는 안내를 기꺼이 받아들일 뿐만 아니라 이 에너지를 너그럽게 세계에 되돌려줄 수도 있어야 한다. 내가 강연과 앞선 글에서 여러 번 언급했듯 당신이 할 일은 "어떻게"가 아니라 "예! 기꺼이 하겠습니다! 의도의 힘은 보편적이라는 사실을 압니다. 그 힘은 아무도 거부하지 않습니다."라고 말하는 것이다.

내게 필요한 것이 근원에서 흘러올 때, 수용의 얼굴은 내게 미소 짓는다. 그리고 근원은 책과 강연, 비디오, 오디오 등 내가 이력에 써넣을 수 있는 것을 함께 만들기 위해 기꺼이 의도를 활용하게 해준다. 나는 너그러워짐으로써 우주의 창조적 힘인 의도의 힘과 조화를 이룬다. 이 힘은 매우 다양한 방식으로 작용한다. 당신의 삶에 적절한 사람들이 마법처럼 나타날 것이고, 몸이 치유될 것이며, 원한다면 당신은 더 실력 좋은 댄서나 카드 플레이어, 운동선수가 될 수도 있다! 의도의 영역은 모든 것이 형태를 갖추고 나타나게 하며, 의도의 무한한 가능성은 현시된 모든 것에 내재되어 있다. 심지어 그것이 태어나기도 전에 말이다.

이 장의 개념을 실행하기 위한 다섯 가지 제안

이 장에서 의도의 일곱 가지 얼굴에 대한 개념을 다뤘다. 의도의 얼굴은 창조적이고 친절하며, 사랑스럽고 아름답다. 또한 계속 확장하고 무한히 풍부하며 모든 것에 대해 수용적이다. 당신은 이 매혹적인 의도의 영역과 연결될 수 있다. 이 장에서 다룬 주요 메시지들을 지금 당장 실행할 수 있도록 다섯 가지를 제안한다.

1. 의도의 힘을 마음속에 그려보라.

에너지장, 즉 의도의 힘을 시각화해 마음속에 그려보라. 이 에너지장의 개념을 시각화할 때 나타나는 것을 받아들여라. 보이지 않는다 해도 두 눈을 감고서 당신에게 오는 이미지들을 보라. 의도의 일곱 얼굴을 표현하는 단어들, 즉 창조, 친절, 사랑, 아름다움, 확장, 풍부함, 수용성을 외워라. 이 일곱 단어를 기억해서 의도의 힘을 마음속에 그리며 의도와 조화를 이룰 때 써라. 의도의 일곱 얼굴과 조화를 이루지 않거나 모순되게 행동하면 의도의 힘과 연결이 끊긴다는 것을 기억하라. 의도의 힘의 모습을 그릴 때 이 일곱 단어로 마음을 채우고, 의도의 힘과 다시 연결될 때 당신의 관점이 어떻게 바뀌는지 주목하라.

2. 반사하라.

거울은 왜곡하거나 평가하지 않고 그대로 반사한다. 거울이 되어, 당신의 삶에 오는 것들을 판단하거나 평가하지 말고 그대로 보여줘라. 당신의 삶에 들어오는 사람들 누구에게도 매이지 말고, 기분에 따라 그들에게 머물거나 가거나 나타나라고 요구하지 마라. 자기 자신이나 다른 사람들에 대해 너무 뚱뚱하다느니 키가 크다느니 못생겼다느니 하며 평가하지 마라! 의도의 힘이 당신을 평가하지도, 당신에게 집착하지도 않고 그대로 인정하고 반사하듯이, 당신의 삶에 무엇이 나타나든 그것과 똑같이 하려고 노력하라. 거울처럼 되라!

3. 아름다움을 기대하라.

이는 당신 자신과 주변 사람들을 깊이 사랑하고 모든 생명을 존중함으로써 삶에 아름다움은 물론 친절과 사랑이 있을 것이라 기대하라는 말이기도 하다. 당신이 어디에 있든 언제나 음미할 아름다움은 있다. 지금 바로 주위를 둘러보고 아름다운 것에 집중하라. 화나고 기분 상하게 하는 것에 습관적으로 주의를 기울이는 것과는 아주 다른 일이다. 아름다움을 기대하면 당신의 삶에서 의도의 힘을 인지하는 데 도움이 된다.

4. 감사한 일을 조용히 생각하라.

현재 살고 있거나 미래에 살 예정이거나 또는 과거에 살았던 모든 생물과 당신이 공유하는 에너지를 소중히 여겨라. 당신이 생각하고 잠을 자고 이동하고 소화하고 명상까지 하게 하는 그 생명의 힘이 솟아오르는 것을 느껴라. 의도의 힘은 당신의 감사에 응답한다. 당신의 갈망을 이루려면 당신 육체의 생명력이 중요하다. 의도의 힘을 대표하는 생명력에 감사하면, 결정과 앎의 파도가 밀려올 것이다. 당신 영혼의 지혜가 감사에 응답하여 주도권을 갖고, 취해야 할 모든 단계를 깨달을 것이다.

5. 의심을 없애라.

의심이 사라지면 풍요가 번성하고 모든 것이 가능해진다. 우리는 모두 원하는 세계를 창조하기 위해 이성을 사용하는 경향이 있다. 만일 당신이 의도하는 삶을 만들어내는 자신의 능력을 의심한다면, 그것은 의도의 힘을 거부하는 것과 같다. 당신이 바라는 것이 하나도 이루어지지 않는 것 같더라도 의심하지 마라. 명심하라. 의도라는 손잡이는 당신이 뛰어올라 자신을 붙잡고 같이 가기를 기다리고 있다는 것을 말이다.

셰익스피어Shakespeare가 분명히 말했다. "의심은 우리가 도전을 두려워하느라 얻을 수 있는 것도 잃게 만드는 배신자다." 라마나 마하르시Ramana Maharshi는 "의심은 복종하지 않아 일어난다."라는 사실을 간파했다.

다른 사람들이 하는 말이나 당신이 경험하는 일을 당신의 감에 따라 의심할 수도 있다. 그러나 보편적 의도의 힘이 당신을 예정하고 이곳에 이르게 했다는 것을 깨달았다면 의심을 버려라. 당신이 언제나 당신에게 허락된 에너지장에서 왔다는 사실은 의심하지 말아라.

* * *

다음 장에서는 의도라는 매혹적인 에너지장과 당신 사이의 연결고리를 깨끗이 하기 위해 특이해 보일 수도 있는 방법들을 제안하겠다.

3
의도에 연결하라

"부유浮遊의 법칙은 사물이 가라앉는 것에 대해
생각해서 발견된 것이 아니다. 자연스럽게 떠 있는 것을 고찰하고
그 원인을 지적으로 탐구함으로써 발견했다."

토머스 트로워드 Thomas Troward

20세기 초에 활동했던 위대한 정신과학자 토머스 트로워드의 관찰을 살펴보라. 조선업 초기에는 배를 나무로 만들었다. 왜냐하면 나무는 물에 뜨고 철은 가라앉기 때문이었다. 그러나 오늘날 전 세계의 배는 철로 만든다. 사람들이 부유浮遊의 원리를 연구하기 시작하면서 아래에 있는 액체의 질량보다 가벼운 물체는 무엇이든 그 위에 뜬다는 사실을 발견했기 때문이다. 그래서 오늘날 우리는 철을 가라앉게 만드는 바로 그 원리로 철을 띄울 수 있다. 이 책을 읽는 동안 이 사례를 명심하고, 당신이 되고자 하는 모든 것에 이어

지는 법을 다루는 이 장의 내용을 적용하라.

여기서 핵심은 고찰에, 또는 당신이 의도의 엄청난 가능성과 힘을 사용하기 시작할 때 어디에 생각을 두는가에 있다. 당신은 의도에 닿을 수 있어야 한다. 만일 의도와 현시의 불가능성에 대해 고찰한다면 의도에 닿거나 의도와 함께 일할 수 없다. 당신에게 없는 것을 생각한다면 공동 창조의 법칙을 발견할 수 없다. 의도가 여전히 잠들어 있다고 생각한다면 의도를 일깨우는 힘을 발견할 수 없다. 무엇이든 당신이 갈망하는 것을 나타나게 하는 비결은 당신의 내면이 의도의 힘과 조화를 이루도록 스스로를 가다듬는 마음과 능력이다. 당신이 당연하게 여기는 현대의 모든 진보는, 자신이 현시하고자 한 것을 깊이 생각한 사람들이 창조해 낸 것이다.(그리고 창조란 우리가 이 책에서 행하고 있는 것이다.)

보편적 정신과 관계를 맺고 이 창조 원리의 힘에 접근하는 법은, 당신이 원하는 환경에 둘러싸여 있다고 계속 생각하는 것이다. 이 개념을 마음속에 새겨두기를 권한다. 당신이 갈망하는 결과를 낳는, 무한한 최상위의 힘이라는 개념을 곱씹어 보라. 이 힘이 우주를 창조한 힘이고, 뚜렷이 보이는 모든 것의 원인이다. 형태와 조건을 부여하는 이 힘을 신뢰함으로써 당신은 의도와의 관계를 정립하게 된다. 즉 당신이 이러한 의지를 실행하는 동안 의도는 연결을 허용한다.

라이트Wright 형제는 땅에 머무는 것을 생각하지 않았다. 알렉산더 그레이엄 벨Alexander Graham Bell은 통신이 되지 않는 세상을 생각하지 않았으며, 토머스 에디슨Thomas Edison은 어둠에 대해 생각하지 않았다. 아이디어를 현실로 만들려면, 당신이 가지지 못한 것이 아니라 원하는 것을 생각하면서 생각을 전환해 상상할 수 없는 것을 상상해야 한다. 그때에야 당신이 바라는 것이 가라앉지 않고 떠오르기 시작할 것이다. 현시manifestation의 법칙은 부유의 법칙과 같다. 이러한 법칙이 당신에게 불리하게 작동하는 것이 아니라 유리하게 작동할 것이라 생각해야 한다. 이것이 보이지 않는 무형의 에너지장, 즉 의도의 힘과 당신 사이의 강력한 연결 고리를 만든다.

의도의 정신 속으로 들어가라

당신이 살아가면서 창조하고자 하는 모든 것에는 그것이 존재하도록 생명을 부여하는 요소가 있다. 모든 것의 정신, 즉 모든 것이 형태를 띠게 하는 의도는 하나의 일반 원칙이자 진리이다. 이것을 당신 안에 활성화하는 것이 어떨까? 의도의 힘은 당신이 의도에 연결할 능력을 갖추기를 기다리고 있다.

의도란 측정 가능한 물리적 특성을 가진 물체가 아님을 이미 확실히 증명했다. 의도를 보여주는 하나의 예로 예술가를 생각해 보

라. 예술가의 창작품은 단순히 그가 사용하는 물감이나 붓, 캔버스와 같은 재료의 조합만으로 만들어지는 것이 아니다. 명작을 이해하고 파악하려면 예술가의 생각과 감정을 고려해야 한다. 창작 과정을 이해하기 위해서는 예술가의 창조적 정신을 깨닫고 그 움직임 안으로 들어가야 한다. 예술가는 무에서 유를 창조한다! 예술가의 생각과 감정 없이는 예술도 없을 것이다. 의도에 접속해서 예술작품을 탄생시키는 것은 사색하는 예술가가 지닌 고유의 창조적 정신이다. 의도의 힘은 이런 식으로 새로운 당신, 완전히 유일무이한 당신을 무에서부터 창조했다. 이 창조 과정을 당신 안에서 재현한다는 것은 창조적 충동과 만난다는 것이며, 의도의 힘이 느끼는 모든 것을 실현하고 그 힘을 당신으로서 표현한다는 사실을 깨닫는 것이다.

당신이 지금 느끼는 것은 당신이 생각하는 방식과 고찰하는 대상, 내면의 언어가 어떻게 형성되는지에 따른 작용이다. 의도의 힘을 느낄 수 있다면, 의도가 계속 커지며 확신을 가진다는 것도 느낄 것이다. 왜냐하면 의도의 힘은 절대 오류가 없어 목표를 벗어나지 않기 때문이다. 의도의 힘은 항상 늘어나며 창조한다. 정신이 진보한다는 것은 기정사실이다. 예술가들이 아이디어와 생각을 충만히 표현하며 감정을 쏟아내듯 의도의 힘은 생명을 충만히 표현하고 싶어 한다. 감정은 당신의 운명과 가능성을 보여주는 단서다. 감정은 당신을 통해 생명을 완전히 표현하려고 한다.

어떻게 하면 의도의 정신, 즉 생명을 표현하는 느낌 안으로 들어갈 수 있을까? 결코 틀리지 않는 정신의 증가 법칙을 계속 기대함으로써 의도의 정신을 키울 수 있다. 우리는 더 높은 파장을 보는 상상력을 통해 의도를 보고, 여러 세대에 걸쳐 영적 스승들의 음성 안에서 의도를 들었다. 의도의 정신은 어디에나 있다. 그것은 생명을 표현하길 원한다. 그것은 활동하고 있는 순수한 사랑이다. 그것은 확신한다. 그런데 아는가? 당신이 바로 그 의도의 정신인데, 당신을 이를 잊고 있었다. 당신은 그저 스스로의 능력을 신뢰하고, 당신을 통해, 그리고 당신을 위해 자신을 표현하려는 정신을 흔쾌히 믿기만 하면 된다. 당신이 할 일은 생명과 사랑, 아름다움, 친절의 에너지를 깊이 생각하는 것이다. 의도의 원리에서 비롯된 이들과 조화를 이루는 모든 행동이 당신 안에 있는 의도의 힘을 나타낸다.

의지와 상상력

당신에게 자유의지가 있다는 사실에 논쟁의 여지는 없다. 당신은 선택할 수 있는 지성을 가진 존재이다. 실제로 당신은 사는 동안 끊임없이 신중히 선택해야 하는 상황에 처한다. 이것은 자유의지 대 예정된 운명의 대결에 관한 이야기가 아니다. 하지만 당신이 바라는 모든 것을 얻기 위해 당신의 능력에 의지할 때, 그 방식을 주의 깊게 살펴보라. 이 책에서 의도란 강력한 갈망을 갖고 공격적인 투지력으로 밀어붙이는 것이 아니다. 내면의 목표를 성취하기 위해 강한 의지를 발휘하고 결의를 다지는 것은 자아에게 당신의 삶을 이끄는 힘이 되어달라고 요청하는 것이다. *나는 반드시 이 일을 하겠어. 절대로 어리석게 굴지 않겠어. 절대로 포기하지 않겠어.* 이러한 태도는 감탄할 만하지만 당신을 의도에 다시 연결시켜 주지는 못한다. 의지력은 상상력보다 덜 효과적이다. 상상력은 의도의 힘에 당신을 연결시키는 고리와 같다. 상상력은 당신 안에 있는 보편적 정신의 움직임이다. 상상력은 내면에 그림을 창조하면서 당신을 창조 행위에 참여시킨다. 그것은 당신의 운명을 드러내는 보이지 않는 연결 고리다.

당신의 상상력이 바라지 않는 어떤 일을 한다고 상상해 보라. 자아의 일부인 의지는 당신이 타인과, 당신이 성취하고자 하는 목표는 물론 신과도 떨어져 있다고 믿는다. 또한 당신은 자신이 얻은 것, 성취한 성과, 받은 상이 자기 자신이라고 믿는다. 이러한 자아의 의지는 당신이 중요하다는 증거를 끊임없이 얻고 싶어 한다. 그래서 당신에게 우월성을 증명하고, 과한 헌신과 결의로 당신이 추구하는 것을 가지라고 강요한다. 이에 반해 상상력은 당신 안에 있는 보편적 정신이자 당신 안에 있는 신이다. 윌리엄 블레이크William

Blake가 상상력을 묘사한 시를 읽어보라. 블레이크는 상상력과 함께라면 우리는 원하는 무엇이든 될 수 있다고 믿었다.

> 나는 나의 대업을 멈추지 않으리!
> 영원한 세계를 열기 위해,
> 불멸하는 인간의 눈을 열기 위해
> 생각의 세계 속으로,
> 신의 품 안에서
> 영원히 확장하는 영원 속으로,
> 인간의 상상력을 밀어 넣기 위해
>
> ― 윌리엄 블레이크, <예루살렘Jerusalem>

이제 당신이 상상력이 반대하는 일을 하려 한다는 개념으로 돌아가 보자. '불 속에서 걷기'라는 예시가 떠오른다. 당신은 저 뜨거운 석탄 조각을 응시하고 그곳으로 걸어가려 할 수 있다. 전적으로 의지력에만 의존한다면 당신은 결국 심한 화상을 입을 것이다. 그러나 블레이크의 시 속 구절인 '신의 품 안에서'처럼 당신이 신의 보호를 받는다고 상상한다면 상상력 안에서 당신의 육체를 초월한 무엇인가가 되어 아무 해를 입지 않고 불 속을 걸어 나올 수 있다. 뜨거운 석탄의 열기에 해를 입지 않는다고 상상하면 당신은 육체를 초월한 자신을 느끼기 시작한다. 불보다 더 강력한 당신을 마음 속에 그리는 것이다. 당신이 상상한 정결과 보호의 내적 심상이 뜨거운 석탄 위를 걷게 한다. 상상력이 당신을 안전하게 보호한다. 그러한 상상력이 없다면 당신은 분명 타버릴 것이다!

생애 처음으로 마라톤을 완주하는 나 자신을 상상했던 일이 생각난다. 세 시간 반 동안 계속된 달리기를 완주하게끔 한 것은 나의 의지가 아니었다. 그것은 내면의 상상력이었다. 나는 상상력에 맞추어 의지로 육체를 한계까지 몰아붙였다. 상상의 이미지가 아니었다면 나는 아무리 의지를 들이더라도 마라톤을 완주하지 못했을 것이다.

이것은 모든 것에 적용된다. 당신이 행복해지고, 성공하고, 부유해지며 최고가 되고, 유명해지며 최고의 판매 사원 또는 지역에서 최고의 부자가 되려는 것은 자아에서, 강박적인 자기 몰두에서 비롯된 생각들이다. 의지력이라는 명목으로 사람들은 자기 일에 방해되는 사람들을 함부로 대하고, 자신의 의도를 성취하기 위해 속이고 훔치며 사기 친다. 그런데 이러한 행위들은 궁극적으로 엄청난 불행을 야기한다. 개인의 의도에 따른 물리적 목표는 성취할지 모르지만 상상력, 곧 삶의 모든 것이 이루어지는 내면은 평화를 느끼지 못한다.

나는 살면서 완성한 나의 모든 작업에 의지력보다 상상력의 힘을 활용했다. 예를 들어, 나는 이 책을 이미 다 쓴 내 모습을 본다. '끝부터 생각'하면 마치 내가 창조하고자 하는 모든 것이 이미 완성된 것처럼 행동하게 된다. 나의 신조는 "나 자신이 존재한다고 상상하라. 그러면 나는 존재할 것이다."이다. 그리고 나는 이 이미지를 언제나 품고 있다. 나는 강력한 의지가 있어서 책 한 권을 완성하는 것이 아니다. 의지로 책을 쓴다는 것은 내가, 웨인 다이어라 하는 육체가 이 모든 것을 한다고 믿는다는 뜻이다. 반면에 나의 상상력은 물리적 경계가 없고 웨인 다이어라는 이름도 없다. 상상력은 바로 의도를 똑 닮은 나만의 의도 '판박이'이다. 상상력은 내게 필요한 것을 주고, 내가 여기 앉아 글을 쓰게 하며, 내 손에 쥔 펜을 안내하고 종이를 채워나간다. 나 웨인 다이어가 이 책을 실체로 만드는 게 아니다. 내 마음속 상상이 너무도 분명하고 구체적이어서 현실로 나타나는 것이다. 고대의 신 헤르메스는 이렇게 썼다.

> 존재하는 것은 현시된다.
> 존재했던 것이나 존재할 것은 현시되지는 않으나
> 죽은 것은 아니다.
> 영혼, 즉 신의 영원한 활동이 모든 것에 생명을 불어넣기 때문이다.

이것은 당신이 의도에 다시 연결하여 상상한 모든 것을 만들어내는 힘을 얻고자 할 때 곱씹어봐야 할 중요한 말이다. 당신과 당신의 육체, 자아는 의도하지 않고 창조하지 않으며 무언가에 생명을 불어넣지도 않는다. 자아는 잠시 제쳐두라. 삶에 목표를 갖고 결의를 다지되, 당신이 갈망하는 것을 의지로 만들어낸다는 오해는 버려라. 나는 당신이 이 책을 읽는 동안 상상력에 집중하길 바란다. 그리고 당신이 정한 모든 목표와 활동이 곧 당신을 위해 작용하고, 당신을 격려하고, 당신이 아직 육체조차 없었을 때부터 의도의 길로 밀어붙이기까지 한 상상력의 목적이라고 생각하기를 바란다. 당신은 지금 당신의 상상력과 창조의 근원의 진동이 일치하기를 추구하고 있다.

상상력 덕분에 '끝에서 생각하기'라는 엄청난 호사를 누릴 수 있다. 끝에서부터 생각하는 사람에게는 그만둔다는 것이 없다. 당신은 방법을 만들어내고, 갈망에 딸린 한계를 극복한다. 상상 속에서 끝을 바라보라. 그 끝이 물질세계에 속하며, 창조적 근원을 구성하는 요소를 통해 그 결과를 실현할 수 있다고 확신하라. 만물의 근원은 황홀한 일곱 얼굴과 함께 우아하게 나아간다. 그러므로 당신도 당신에게 의도된 모든 것을 함께 창조하는 데 이 방법을, 오직 이 방법만을 사용해야 한다. 의심이나 의지의 외침은 무시하라. 상상력에 계속 의지해야 당신의 상상이 현실로 구체화된다고 굳게 믿어라. 의도에 다시 연결된다는 것은 창조적 근원이 아직 실체화되지 않은 것을 나타나게 하는 데 쓴 일곱 얼굴을 표현하는 것이다. 상상력이 신을 위해 작용했다면, 분명 당신을 위해서도 작용한다. 신은 상상력을 통해 모든 것을 현실이 되게 한다. 이는 바로 당신이 취해야 할 새로운 전략이기도 하다.

일곱 얼굴을 적용해 의도에 연결하라

내 삶의 대부분을 인간개발 분야에 전념하면서 가장 자주 들은 질문이 있다. "어떻게 하면 원하는 것을 계속 얻을 수 있는가?" 지금 이 책을 쓰는 시점에서 내 대답은 이렇다. "생각하는 대로 되고, 원하는 것을 얻는다고 생각한다면, 원하는 상태가 될 것이다. 따라서 당신이 원하는 것을 얻는 방법은 '어떻게 하면 내가 만들어 내려고 하는 것을 계속 얻을 수 있는가?'라는 물음으로 재구성하는 것이다." 이 질문에 대한 내 대답은 이 장에서 계속 언급하겠지만 여기서 간단히 대답하면 이렇다. "모든 창조의 근원인 의도의 힘과 조화를 이룬 상태가 됨으로써 당신이 창조하고자 한 것을 얻는다." 의도처럼 된다면 당신은 계획하는 모든 것을 의도와 함께 창조할 것이다. 의도와 함께하는 사람이 되면 당신은 자아를 초월해 모든 것을 창조하는 보편적 정신이 된다. 존 랜돌프 프라이스John Randolph Price는 《새로운 세계를 위한 영적 철학A Spiritual Philosophy for the New

World》에서 이렇게 썼다. "자아를 초월하기 전에는 세상의 광기에 힘을 보태는 일밖에 할 수 없다. 이 말에 절망하기보다 기뻐해야 한다. 당신의 어깨에서 부담을 덜어주기 때문이다."

당신의 어깨에서 자아라는 부담을 덜고 의도에 다시 연결하라. 자아를 제쳐두고 당신이 왔던 곳으로 돌아가면 당신은 의도의 힘이 즉시 온갖 방식으로 당신과 함께, 당신을 위해, 당신을 통해 움직이는 것을 보게 될 것이다. 그 일곱 얼굴의 특징을 다시 살펴보면서 의도의 힘을 다시 삶의 일부로 만들어라.

1. 창조적이어야 한다.

창조적이어야 한다는 것은 당신의 목적을 신뢰하고, 매일 하는 생각과 활동에서 의지를 굽히지 않아야 한다는 뜻이다. 창조성을 유지한다는 것은 당신의 의도에 형태를 부여한다는 뜻이다. 의도에 형태를 부여하는 첫 번째 방법은 그것을 글로 적는 것이다. 일례로 나는 여기 마우이의 집필 공간에서 나의 의도를 적어나갔다. 다음은 쓸수록 명백해지는 몇 가지 의도다.

- 나의 의도는 나의 모든 활동이 정신의 지도를 받는 것이다.
- 나의 의도는 사랑하고, 나의 글과 그 글을 읽을 이에게 사랑을 퍼트리는 것이다.

- 나의 의도는 나를 통해 일어나는 일을 믿고, 아무런 평가 없이 보편적 정신의 매개가 되는 것이다.
- 나의 의도는 보편적 정신을 나의 근원으로 인정하고, 자아에서 분리되는 것이다.
- 나의 의도는 의도의 힘을 가진 정신과 더욱 친밀해지기 위해서 집단의식을 고양하도록 할 수 있는 모든 일을 하는 것이다.

당신의 창조성을 표현하고, 당신의 의도를 세상에 현시하려면 고대 베다Vedas에서 처음 제시한 기법인 자파Japa 명상을 실천하기를 권한다. 자파 명상은 당신이 이루고자 하는 것에 집중하는 동시에 신의 이름을 반복해 부르는 것이다. 당신이 원하는 것을 청하면서 신의 이름을 되뇌면 창조적 에너지가 당신의 갈망을 이루어지게 한다. 이때 당신의 갈망은 당신 내면의 보편적 정신의 움직임이다. 이러한 약속이 정말 실현될지 의심할 수도 있다. 나는 당신이 의도에 당신을 창조적으로 연결하는 고리인 자파의 개념에 마음을 열었으면 한다. 여기서 그 방법에 대해 자세히 설명하지는 않겠다. 그에 대해서는《틈으로 들어가기: 명상으로 신과 의식적으로 접촉하기Getting in the Gap: Making Conscious Contact with God Through Meditation》라는 내 다른 저서에 썼기 때문이다. 우선은, 당신이 의도의 힘과 조화를 이루는 데 명상과 자파 수행이 꼭 필요하다는 사실만 알아두라. 의도의 힘은 곧 창조이고, 당신이 이 의도의 힘과 협력하기 위해서는 당신만의 창조적 상태에 들어가 있어야 한다. 이를 실패 없이 해내려면 명상과 자파가 확실한 방법이다.

2. 친절하라.

창조하는 힘은 기본적으로 친절이다. 현실에 있는 모든 것은 번성하기 위해 이곳에 존재한다. 창조한 것이 번성하고 증식하려면 친절의 힘이 필요하다. 만일 그렇지 않다면 모든 창조물은 자신을 창조한 힘에 의해 파괴될 것이다. 의도에 다시 연결되려면 당신은 의도와 똑같이 친절해야 한다. 밝고 친절하게 살도록 노력하라. 친절은 슬픔이나 악의보다 훨씬 높은 에너지이기에 당신의 갈망이 이루어지는 것을 가능하게 한다. 친절은 베풂으로써 받는 것이다. 타인에게 친절을 베풂으로써 우리의 면역 체계는 강해지고, 세로토닌 수치도 올라간다!

우리를 약하게 만드는 낮은 에너지의 생각은 수치심과 분노, 증오, 평가, 두려움의 영역에 속한다. 이러한 생각은 우리를 약하게 하며, 원하는 것을 삶 속에 끌어당기지 못하게 방해한다. 우리가 우리 생각대로 바뀌는 존재라면, 그리고 이 세상이 얼마나 잘못되었는지, 그로 인해 우리가 얼마나 분노하고 수치스러워하며 두려워하는지에 대해 생각한다면 우리는 그 불친절한 생각을 토대로 행동할 것이다. 그리고 그 생각대로 불친절해질 것이다. 친절하게 생각하고 느끼며 행동하면 당신은 의도의 힘처럼 될 수 있다. 그러나 이와 반대로 생각하고 행동한다면 당신은 의도의 영역을 저버리게 되고, 의도라는 창조적 정신에게 속았다고 느낄 것이다.

자기 자신에 대한 친절

현시된 모든 사람에게 천성적으로 보편적 지성이 있다고 생각하라. 당신은 그 현시된 존재 중 하나이다. 당신은 이 보편적 지성의 한 조각, 말하자면 신의 한 조각이다. 신이 창조한 모든 것은 선하므로 신을 선하게 대하라. 스스로를 선하게 대하라. 당신은 현시된 신이다. 당신 자신을 친절히 대해야 할 이유는 이것으로 충분할 것이다. 일상 속에서 무언가를 선택할 때마다 자신에게 친절해야 한다는 사실을 명심하라. 먹고 운동하고 놀고 일하고 사랑하는 등 무엇을 하든 당신 자신을 친절히 대하라. 자신을 친절히 대하면 의도에 연결하는 능력을 빨리 얻게 될 것이다.

타인에 대한 친절

당신이 끌어당기고 싶은 것을 이루고자 할 때 타인의 도움을 청하고 행복하게 잘 지내기 위해 알아야 할 기본 원리는, 사람들이 당신을 돕고 당신을 위해 일하고 싶어 한다는 사실이다. 타인에게 친절을 베풀면 당신 또한 친절을 돌려받는다. 불친절한 상사는 직원들의 협력을 거의 받지 못한다. 아이들에게 불친절하면, 아이들은 당신을 돕는 대신 피하려 한다. 친절은 베풀면 돌아온다. 의도에 연결되어 삶의 목표를 전부 이루는 사람이 되려면 수많은 사람의 도움이 필요할 것이다. 어디서건 친절을 베푼다면 전혀 예상하지 못한 방식으로 도움을 받게 될 것이다.

친절을 베푸는 일은 특히 의지할 곳이 없거나, 나이가 많거나, 정신적 또는 육체적으로 장애가 있거나, 가난한 사람들을 대하는 방식과 관계가 있다. 이 사람들 모두가 신의 완전함의 일부이다. 이들에게도 신성한 목적이 있다. 그리고 우리는 모두 보편적 정신을 통해 서로 연결되어 있으므로, 그들의 목적과 의도 또한 당신과 연결되어 있다. 당신을 감동시킬 짧은 이야기가 하나 있다. 우리가 만나는 스스로를 돌보기 어려운 사람들은 의도의 완전함에 대해 가르쳐주기 위해 이 땅에 온 사람들일지도 모른다. 이 이야기를 읽고, 이러한 생각과 감정, 행동이 당신과 의도의 친절함을 조화시킴으로써 의도에 연결할 능력을 준다는 사실을 깨달았으면 한다.

뉴욕 브루클린에 있는 처쉬Chush는 학습 장애 아이들이 다니는 학교이다. 일부 아이들은 이곳에서 끝까지 학교생활을 마치고, 또 일부 아이들은 일반 학교로 편입해 나간다. 학교 모금행사 파티 때 이 학교 학생의 한 아버지가 모두가 잊지 못할 이야기를 전했다. 그는 학교와 헌신적인 교직원들을 극찬한 다음 이렇게 외쳤다. "제 아들 사야의 어디에 완전함이 있을까요? 하나님이 하시는 모든 일은 완전합니다. 하지만 제 아들은 다른 아이들만큼의 이해력이 없습니다. 실제 일과 숫자를 다른 아이들만큼 기억하지 못합니다. 하나님의 완전함은 어디에 있을까요?" 청중은 아버지의 고통에 찬 외침에 충격을 받고 슬퍼했으며, 날카로운 질문에 입을 열지 못했다.

학생의 아버지가 계속 말했다. "하나님이 이 아이를 세계에 보내셨을 때 그분께서는 사람들이 이 아이에게 반응하는 방식에서 완전함을 구하셨으리라고 저는 믿습니다." 그러고는 자기 아들 사야의 이야기를 했다.

어느 오후 사야와 아버지가 공원을 지나가는데, 사야가 아는 몇몇 소년들이 야구를 하고 있었다. 사야가 물었다. "저 애들이 나도 끼워줄까?" 사야의 아버지는 아들이 운동에 전혀 소질이 없고, 대부분의 아이들이 사야를 팀에 끼워주고 싶어 하지 않을 것을 알았다. 하지만 사야가 경기에 낀다면 소속감을 갖게 될 것이라 생각했다. 그래서 사야의 아버지는 운동장에 있는 소년 중 한 명에게 다가가 사야도 같이 경기를 할 수 있을지 물었다. 소년은 팀원들에게 물어보려 주위를 둘러보았다. 주변에 아무도 없자 소년은 혼자 결정하고 말했다. "우리 팀이 6점 차로 지고 있고, 지금 경기는 8회째예요. 저희 팀에 들어올 수 있겠네요. 9회에는 사야가 타석에 설 수 있게 해볼게요."

사야의 아버지는 아들이 활짝 웃자 몹시 기뻤다. 사야는 글러브를 끼고 센터로 들어가라는 말을 들었다. 8회 말, 사야네 팀은 한두 점 득점을 올렸지만 여전히 3점 뒤지고 있었다. 9회 말 사야네 팀은 다시 득점을 해 투아웃에 역전 만루 상황이 되었다. 사야가 타석에 설 차례였다. 이런 상황에서 사야네 팀이 정말로 사야를 타석에 내보내 승리할 기회를 포기할까?

놀랍게도 사야가 타석에 서게 됐다. 사야네 팀이 승리하기란 거의 불가능하다는 것을 모두 알았다. 왜냐하면 사야는 치는 것은 고사하고 방망이를 제대로 잡을 줄도 몰랐기 때문이다. 그러나 사야가 타석에 오르자 투수는 몇 발 앞으로 움직였다. 사야가 최소한 공을 맞출 수는 있도록 부드럽게 공을 던져주기 위해서였다. 투수가 첫 공을 던져주었지만, 사야는 서투르게 방망이를 휘둘러 맞추지 못했다. 사야네 팀의 소년 하나가 사야에게 다가와 함께 방망이를 잡고서 다음 공을 기다렸다. 투수는 다시 앞으로 몇 발 더 나와 사야 쪽으로 공을 부드럽게 던졌다. 사야와 팀원이 함께 공을 휘두르자 공은 투수 쪽으로 천천히 굴러갔다. 투수는 공을 집어 1루수에게 쉽게 던질 수 있었다. 사야는 아웃당하고, 그것으로 경기는 끝날 판이었다. 그러나 투수는 공을 집어서는 1루수의 손이 닿지 않게 우익수 쪽으로 높이 던져버렸다. 모두가 소리쳤다. "사야, 1루로 뛰어. 어서 뛰어." 사야는 1루로 뛰어본 적이 한 번도 없었다. 사야는 놀라 눈을 크게 뜬 채 재빨리 움직였다. 사야가 1루에 도달했을 땐 우익수가 공을 잡았다. 그는 2루로 공을 던져 계속 달리고 있는 사야를 태그아웃시킬 수 있었다.

하지만 우익수는 투수의 의도를 알아챘고, 공을 3루수의 머리 위로 높이, 아주 멀리 던졌다. 모두가 소리쳤다. "2루로 뛰어, 어서 뛰어." 사야는 앞선 주자들이 신이 나서 베이스를 돌아 홈으로 향할 때 2루를 향해 달렸다. 사야가 2루에 다다를 즈음 상대팀 유격수가 뛰어나와 사야를 3루 쪽으로 돌려세우며 소리쳤다. "3루로 뛰어." 사야가 3루를 돌았을 때 양 팀 소년들이 사야의 뒤에서 같이 달리며 소리쳤다. "사야, 홈으로 뛰어." 사야는 홈으로 뛰었고 홈 플레이트를 밟았다. 그러자 열여덟 명의 아이들이 사야를 들어 올려 영웅 대접을 했다. 사야가 '만루 홈런'을 쳐 팀에 승리를 안겨준 것이다.

아버지는 눈물을 흘리며 부드럽게 말했다. "그날 그 열여덟 명의 아이들은 자신들의 수준에서 하나님의 완전함에 도달했습니다."

이 이야기를 읽은 다음에도 마음에 훅 감동이 미치고 눈에 눈물이 고이지 않는다면 당신은 모든 것의 근원인 친절에 다시 연결되는 마법을 결코 알 수 없을 듯하다.

모든 생명에 대한 친절

고대 파탄잘리의 가르침은 모든 생명체가 외부에 해를 끼치려 하지 않는다는 사실을 상기시킨다. 숲과 사막, 해변을 비롯해 지구상의 모든 크고 작은 동물에게, 그리고 그 속 생명의 정수를 품은 모든 것에 친절을 베풀어라. 환경의 도움 없이는 당신의 근원에 다시 연결될 수도, 당신 삶 속에 존재하는 의도의 힘을 알 수도 없다. 당신은 환경과 연결되어 있다. 중력이 없다면 당신은 걸을 수 없다. 물이 없다면 단 하루도 살 수 없다. 숲과 하늘, 공기, 식물, 광물, 이 모든 것이 없다면 당신이 이루고자 하는 갈망과 의도에 닿고자 하는 바람이 다 무의미하다.

친절한 생각을 모든 곳으로 확장하라. 당신 발 앞에 떨어진 쓰레기를 줍고, 내리는 비나 알록달록한 꽃의 색깔, 당신 손에 쥔 나무가 제공한 종이에도 조용히 감사 기도를 드리며 지구에 친절을 실천하라. 우주는 당신이 베푸는 것을 당신에게 돌려준다. 당신이 음성과 마음에 친절을 담아 "뭘 도와드릴까요?" 하고 말하면 우주 역시 "나도 뭘 도와줄까?" 하고 대꾸할 것이다. 이것이 끌어당기는 에너지이자, 의도의 본질에서 나오는 생명과 협력하는 정신이다. 그리고 의도와 다시 연결하고 싶다면 조화롭게 살기 위해 이 친절의 정신을 반드시 배워야 한다. 사소하지만 친절한 행위가 얼마나 큰 도움이 되는지 체험한 이야기를 내 딸 소머가 쓴 적이 있다.

어느 비 오는 날 오후 고속도로를 타고 가다가 톨게이트에서 지갑을 뒤지면서 멈췄어요. 요금을 받는 여자가 미소 지으며 제게 말했어요. “앞차가 당신의 통행료를 냈어요.” 저는 제 앞에 가는 일행이 없다고 하면서 통행료를 냈죠. 여자가 말했어요. “앞차를 탄 남자분이 여기를 통과하는 다음 사람에게 좋은 하루 보내시라고 전해달라고 했어요.” 그 작은 친절 덕에 기분 좋은 하루를 보냈어요. 저는 알지도 못하는 사람에게 크게 감동받았어요. 그리고 어떻게 하면 다른 사람의 하루를 즐겁게 해줄 수 있을지 생각했지요. 저는 제일 친한 친구에게 전화를 걸어 누군가 제 통행료를 대신 내줬다고 얘기했어요. 친구는 생각도 못 했는데 좋은 아이디어라고 했어요. 걔는 켄터키 대학교에 다니는데 매일 학교에 갈 때 뒤에 오는 사람의 통행료를 내주겠다고 하더라고요. 저는 설마 정말 그렇게 할까 싶어 웃었지요. 친구가 말했어요. “내가 못 할 것 같아? 네 말대로 50센트밖에 안 되잖아.” 전화를 끊으면서, 저는 제 통행료를 내준 남자가 자신의 사려 깊은 행동이 켄터키 대학교까지 가리라고 짐작이나 했을지 궁금해졌어요.

하루는 저에게도 친절을 베풀 기회가 생겼어요. 슈퍼마켓에서 룸메

이트와 제가 2주 동안 먹을 식품으로 카트를 한가득 채웠을 때였죠. 뒤에 선 여자와 함께 온 아이가 가만히 있지를 못했는데 카트에는 식료품이 많지 않았어요. 그래서 제가 말했어요. "먼저 계산하시겠어요? 저만큼 오래 걸리지도 않겠네요." 여자는 제가 이상한 사람인 양 저를 쳐다봤어요. 그러고는 말했어요. "정말 고마워요. 이 동네에서 이렇게 친절한 사람을 많이 못 봤거든요. 버지니아에서 이사 왔는데 도로 이사 갈까 고민 중이었어요. 여기가 세 아이를 키우기 좋은 곳인지 의문이 들었거든요." 여자는 가정의 재정적 부담이 무척 큰데도 이제 막 포기하고 고향으로 돌아갈 참이었다고 했어요. 그녀가 말했죠. "속으로 맹세했죠. 오늘까지 뭔가 신호를 얻지 못하면 버지니아로 돌아가려고 할 참이었어요. 그런데 당신이 바로 그 신호네요."

여자는 가게를 나갈 때도 미소 지으며 제게 고맙다고 했어요. 저는 그처럼 작은 행동이 한 가족 전체에 영향을 줬다는 사실을 깨닫고는 깜짝 놀랐어요. 제 물건을 계산한 점원이 말했어요. "아가씨, 그거 알아요? 아가씨가 방금 나까지 기분 좋게 해줬어요." 저는 제 친절한 행동에 얼마나 많은 사람이 영향을 받을지 생각하면서 기분 좋게 나왔어요.

또 어느 날은 아침으로 샌드위치와 커피를 먹으면서 동료에게 도넛 몇 개를 사다 주면 좋아할지도 모르겠다고 생각했어요. 말 훈련소에서 일하는 동료 네 명이 농장 앞 작은 아파트에서 살았어요. 그중 차가 있는 사람은 아무도 없었고 넷이서 자전거 한 대를 같이 쓰고 있었죠. 저는 그들을 위해 도넛을 사 왔다고 했어요. 고마워하는 네 사람의 표정에서 헤아릴 수 없는 보람을 느꼈어요. 저는 거기서 오래 일하지 않았지만 그 열두 개의 작은 도넛이 서먹서먹한 분위기를 깨는 데 조금은 도움이 되었다고 생각해요. 저의 작은 친절이 일주일 만에 큰 변화를 가져왔어요. 우리는 서로를 더욱 세심하게 대하고 진정한 한 팀으로 일하게 되었어요.

3. 사랑이 되어라.

이 말을 조용히 숙고하라. "하나님은 사랑이십니다. 사랑 안에 있는 사람은 하나님 안에 있고 하나님도 그 사람 안에 계십니다." 말하자면 이는 하나님의 말씀이다. 이 장과 이 책 전체의 중심 주제로서, 당신을 처음 존재하게끔 한 에너지, 즉 의도처럼 되는 법을 배워야 함을 명심하라. 그다음에는 의도에 다시 연결되는 데 반드시 필요한 사랑의 상태가 되어라. 당신은 사랑으로부터 의도되었고, 무언가를 의도하기 위해서는 반드시 사랑이 되어야 한다. 사랑에 대해 쓴 글은 많고, 사랑의 정의는 그 글을 쓰는 사람들만큼이나 많다. 이 장의 목표로, 나는 당신이 다음의 두 가지 방식으로 사랑을 생각해 봤으면 한다.

사랑은 경쟁이 아닌 협력

나는 당신이 바로 여기 지구라는 행성에서 정신적 단계의 본질을 물리적 형태로 경험할 수 있기를 바란다. 이 경험을 할 수 있다면, 당신의 삶 자체가 사랑의 현시라는 뜻이다. 이를 믿는다면 당신은 모든 생명체가 서로 조화를 이루고 협력한다는 것을 알게 된다. 모든 생명이 유래된 의도의 힘이 다른 모든 생명체와 협력해 성장과 생존을 보장한다는 것을 느낄 것이다. 우리는 모두 동일한 생명의 힘을 공유하고, 나의 심장과 당신의 심장을 뛰게 하는 보이지 않는 지성이 지구상의 모든 것의 심장을 뛰게 한다는 사실을 알아차릴 것이다.

사랑은 신의 의지 뒤에 있는 힘

내가 말하는 사랑은 우리가 애정 또는 감정으로 정의하는 사랑이 아니다. 타인을 기쁘게 하고 호의를 강요하고자 하는 감정도 아니다. 의도의 힘, 즉 모든 창조물 뒤의 원인이 되는 에너지 자체인 사랑을 생각해 보라. 형태가 없는 신적인 의도를 구체적 형태로 표현되게 하는 것은 영적인 진동이다. 이것은 새로운 형태를 창조하고 물질을 변화시키며 모든 사물에 생명을 주고 시공간을 초월해 우주 전체를 유지시킨다. 그것은 우리 모두의 안에 있다. 이는 바로 신의 참모습이다.

가장 가까운 곳에 사랑을 베풀고, 가능하다면 매시간마다 사랑을 실천하기를 권한다. 사랑이 없는 생각은 모두 머릿속에서 없애고, 모든 생각과 말, 행동을 친절하게 하라. 가까운 지인과 가족에게 사랑을 쌓으면, 궁극적으로 당신이 사는 지역사회는 물론 전 세계로 사랑이 퍼질 것이다. 어떤 식으로든 당신에게 해를 끼쳤거나 고통을 준 사람들에게도 의도적으로 사랑을 베풀라. 사랑을 베풀수록 당신은 더욱더 사랑에 가까워지며, 사랑의 존재 안에서 의도에 닿고, 더욱 많은 것이 현시될 것이다.

4. 아름다움이 되어라.

에밀리 디킨슨Emily Dickinson은 이렇게 썼다. "아름다움은 만들어지는 것이 아니다. 그냥 존재한다……." 이 신성한 속성을 일깨우면 당신이 보고 만지고 경험하는 모든 것에서 아름다움을 인식하게 될 것이다. 존 키츠가 '그리스 단지에 부치는 송가'에서 "아름다움은 진리이고, 진리는 아름다움이다."라고 지적했듯 아름다움과 진리는 동의어와 같다. 물론 이것은 창조적 정신이 모든 것을 경계의 세계로 끌어와 번성하고 융성하며 퍼져 나가도록 한다는 뜻이다. 창조적 정신이 당신을 비롯한 모든 창조물의 아름다움에 도취되지 않았다면 그렇게 하지 않았을 것이다. 따라서 근원에 다시 의식적으로 접촉해 그 힘을 되찾는 것은 당신이 하는 모든 일의 아름다움을 찾고 느끼기 위함이다. 생명, 진리, 아름다움, 이것들은 모두 동일한 것을 상징하며, 신성한 힘의 한 측면이다.

이것을 인식하지 못하면 의도에 연결될 가능성이 사라진다. 당신은 당신을 아름다움의 발현이라 생각하는 힘에서 생겨나 이 세계에 들어왔다. 만일 이 세계가 당신을 아름답지 않다고 여겼다면 당신은 이 세계에 들어오지 못했을 것이다. 이 세계에 창조할 힘이 있다면 창조하지 않을 힘 또한 있을 것이기 때문이다. 당신이 사랑스러운 아름다움의 발현이라는 생각을 바탕으로 당신을 창조하기로 한 것이다. 이것은 의도의 힘에서 나온 모든 사물과 사람에게 적용된다.

내가 아주 좋아하는 이야기가 하나 있다. 당신이 과거에는 알아보지 못했을 아름다움을 알아보도록 도와주는 이야기이다. 구루마이Gurumayi로 더 잘 알려진 스와미 치드빌라사난다Swami Chidvilasananda의 멋진 책《내 마음의 불을 켜다Kindle My Heart》에 나오는 이야기다.

> 처가 식구들이 집에서 공간을 많이 차지한다고 생각해 좋아하지 않는 남자가 있었다. 남자는 근처에 사는 유명한 스승을 찾아가 하소연했다. '제발 어떻게 좀 해주세요! 더는 처가 식구들을 참을 수가 없습니다. 저는 아내를 사랑하지만 그 인간들은 싫습니다! 그들은 자리를 너무 많이 차지하고, 왜 그런지 모르겠지만 항상 걸리적거

립니다.'

스승이 물었다. '닭을 키웁니까?'

'네, 키웁니다.'

'그렇다면 닭을 전부 집 안에 들여놓으세요.'

남자는 스승의 말대로 한 다음 다시 그를 찾아왔다.

스승이 물었다. '문제가 해결됐습니까?'

'아니요! 상황이 더 나빠졌어요.'

'양을 키웁니까?'

'네.'

'양을 다 집 안에 들여놓으세요.' 남자는 이번에도 스승의 말대로 한 다음 다시 그를 찾아왔다. '문제가 해결됐습니까?'

'아니요! 더욱더 안 좋아지고 있습니다.'

'개를 키웁니까?'

'네, 여러 마리 키웁니다.'

'개를 전부 다 집 안에 들여놓으세요.'

결국, 남자는 스승에게 다시 와 말했습니다. '저는 선생님께 도움을 구하러 왔는데, 선생님은 제 삶을 자꾸만 더 어렵게 만들고 계십니다!'

스승이 말했다. '이제 닭과 양, 개를 전부 다 밖으로 내보내세요.'

남자는 집으로 돌아와 가축을 다 집 밖으로 내보냈다. 집 안이 아주 넓어졌다! 남자가 스승을 찾아와 말했다. '감사합니다, 정말로 감사합니다! 선생님 덕에 문제가 다 해결됐습니다.'

5. 계속 성장하라.

이다음에 꽃이 가득한 뜰을 보면 살아 있는 꽃들을 잘 살펴보고, 죽은 꽃들과 비교하라. 차이점이 무엇일까? 말라버린 죽은 꽃들은 더 이상 자라지 않지만 살아 있는 꽃들은 정말이지 계속 자란다. 당신을 존재하도록 의도했고, 모든 생명체를 시작하게 하는 보편적인 힘은 항상 성장하고 끊임없이 발전한다. 의도의 일곱 얼굴과 마찬가지로 이 힘 역시 보편적이므로, 당신 역시 자라는 특성을 지녀야 한다. 계속 발전하고, 지적, 정서적, 영적으로 성장하는 상태가 됨으로써 당신은 보편적 정신과 동일해진다.

이전의 당신 또는 이전의 생각에 집착하지 말라. 끝에서부터 생각하며 마음을 열고 신성한 안내를 받음으로써 당신은 성장의 법칙을 준수하고, 의도의 힘을 받아들인다.

6. 풍부해져라.

의도는 한없이 풍부하다. 보이지 않는 보편적 정신의 세계에는 결핍이 없다. 우주 자체가 끝이 없다. 우주에 어떻게 끝이 있을 수 있겠는가? 그 끝에 무엇이 있겠는가? 벽? 그 벽은 얼마나 두꺼울까? 그 벽 너머에는 무엇이 있을까? 의도에 연결되려 하고 있다면 어떤 식으로든 결핍 의식을 반영하는 태도가 당신을 억제한다는 것을 명심하라. 여기서 다시 한번 말해야겠다. 삶에서 의도의 힘을 이용하고자 한다면 당신의 특성을 의도의 특성에 맞춰야 한다.

풍부함은 신의 왕국의 본질이다. '너무 피곤해서 오늘은 산소를 더 못 만들겠군. 우주는 이미 충분히 커. 벽을 세워서 팽창을 멈춰야겠다.'라고 생각하는 하나님을 상상해 보라. 말도 안 되는 소리다! 당신은 과거에도 현재에도 무한하던 의식에서부터 나왔다. 그러니 당신이 무한한 의식에 다시 합류하고, 보이는 것에 구애받지 않으며 상상의 그림을 붙잡는 것을 무엇이 막겠는가? 당신이 평생 겪어온 세뇌가 당신을 방해한다. 그런데 이제 그것을 오늘, 단 몇 분 만에 바꿀 수 있다. 당신이 간절히 원한다면 말이다.

풍부함의 사고방식으로 바꾸려면 자신이 무궁무진한 공급자인 의도에서 나왔으므로 자신은 무한하다고 반복해서 되뇌어라. 이러한 상상이 확고해지면 당신은 꿋꿋한 의지에 따라 행동하기 시작한다. 다른 가능성은 없다. 우리는 우리가 생각하는 대로 된다. 그리고 에머슨이 말했듯이 "생각은 행동의 어머니다." 풍부하고 넉넉한 사고방식으로 생각하게 되면 언제나 당신과 연결된 창조적인 힘이 당신과 조화를 이루며 작용할 것이다. 이전에 당신이 결핍의 생각과 조화를 이뤘듯이 말이다. 만일 당신이 당신의 삶에 풍부함을 끌어당길 수 없다고 생각한다면, 의도는 당신의 생각에 동의하여 그 결핍의 기대에 부응할 것이다.

* * *

나는 내가 생겨난 정신적 세계가 지닌 풍부함이라는 속성과 완벽히 연결된 세상에 온 것 같다. 빈곤 의식으로 둘러싸인 위탁 가정에서 자란 나는, 말하자면 고아원에서 '가장 부유한' 아이였다. 나는 언제나 내 호주머니에 짤랑거릴 정도의 돈을 갖고 다닐 수 있다고 생각했다. 나는 그것을 상상했고 그 상상대로 행동했다. 탄산음료 병을 모으고, 눈을 치우고, 식료품을 포장하고, 잔디를 깎고, 석탄 난로의 재를 나르고, 마당을 치우고, 울타리를 칠하고, 아기를 돌보고, 신문을 돌리는 등 갖가지 일을 했다. 그리고 그 모든 순간에 풍부함의 보편적 힘은 내게 일할 기회를 줌으로써 나와 함께 일했다. 눈보라는 내게 커다란 축복이었다. 길가에 버려진 병이나, 쇼핑한 식료품을 차까지 옮기는 데 도움이 필요한 체구가 작은 할머니들도 마찬가지였다.

그때로부터 반세기가 지난 지금, 나는 여전히 이런 풍요의 사고방식을 갖고 있다. 지금껏 경기 침체를 여러 번 겪으면서도 항상 여러 개의 직업을 가지고 살았다. 방과 후에 운전자 교육 사업을 시작으로 학교 교사로 큰돈을 벌었다. 세인트존스 대학교St. John's University 교수로서의 수입을 보충하기 위해서 뉴욕 포트 워싱턴Port Washington에서 월요일 저녁마다 30명의 지역 주민을 대상으로 강의를 시작했는데, 이 강의는 고등학교 강당에서 천여 명의 청중이 듣는 강의가 되었다. 매 강의를 스태프가 테이프에 녹음했는데, 그 테이프는 대중을 대상으로 한 나의 첫 책《행복한 이기주의자Your Erroneous Zones》의 개요가 되었다.

그 강의의 청중 중 한 명이 바로 뉴욕의 한 저작권 대리인의 아내였다. 그녀는 남편에게 내게 연락해 책을 써보게 하라고 권했다. 그 저작권 대리인 아서 파인Arthur Pine은 내게 아버지 같은 사람이 되었고, 뉴욕의 주요 출판인들과 만날 수 있게 도움을 주었다. 이와 비슷한 한계 없는 생각의 이야기는 계속된다. 나는 '끝에서부터 본' 그 책이 이 나라의 모든 사람에게 유용하게 쓰이는 것을 보았고, 미국의 모든 대도시를 다니며 사람들에게 그 책 이야기를 계속해서 전했다.

보편적인 정신은 내 삶에 한없는 풍부함의 생각을 떠올릴 때마다 항상 나와 함께했다. 적절한 사람들이 마법처럼 나타나고, 딱 맞는 기회가 오곤 했다. 내가 필요로 했던 도움이 갑자기 나타나는 것 같았다. 지금도 나는 여전히 병을 모으고 눈을 치우며 노부인들을 위해 식료품 봉지를 날라준다. 나의 활동 영역은 넓어졌지만 비전은 변하지 않았다. 그것은 풍부함에 관한 내면의 심상과 무한한 사고를 품고 의도와 연결된 상태에서 의도의 안내에 마음을 여는 것이며, 이 모든 일이 이루어지는 방식에 황홀해하며 감사하고 경외감을 갖는 것이다. 나는 길에서 동전을 볼 때마다 멈춰서 그것을 주워 내 호주머니에 넣으며 큰 소리로 말한다. "내 삶에 끊임없이 흐르는 풍부함의 상징을 주셔서 감사합니다, 하나님." 단 한 번도 불평한 적이 없다. "하나님, 어째서 1페니뿐입니까? 제게 이보다 더 많은 돈이 필요하다는 걸 아시잖아요."

오늘도 나는 새벽 4시에 기상한다. 집필 작업이 묵상과 상상을 통해 이미 그려놓은 것을 완성하는 일임을 알고 있는 상태다. 글쓰기가 물 흐르듯 진행되고, 의도의 명백한 풍부함으로부터 온 편지는 내게 특정한 책을 읽거나 특정한 사람과 대화를 나누길 권한다. 그러면 나는 모든 일이 완벽하고 풍족한 조화 속에서 이뤄지고 있음을 깨닫는다. 전화벨이 울리고 내게 꼭 필요한 말이 귓가에 들린다. 물 한 잔을 마시러 일어났다가, 20년 동안 내 책꽂이에 꽂혀 있던 책에 눈이 가 그 책을 집어들 수밖에 없게 된다. 책장을 펼치고는, 내가 그와 조화를 이루고 있는 한 기꺼이 나를 돕고 안내하고자 하는 의도의 인도를 또 한 번 받는다. 이러한 일이 계속되면서 나는 800여 년 전 잘랄루딘 루미Jalāl al-Din Rumi의 시적인 말을 다시금 떠올렸다. "당신의 영리함을 팔고 당혹감을 사라."

7. 수용하라.

보편적 정신은 그와의 진정한 관계를 인식하는 누구에게든 응답할 준비가 되어 있다. 그리고 당신이 강조하는 개념이라면 뭐든 재생산할 것이다. 다시 말해 보편적 정신은 그와 조화를 이루고, 존중의 관계를 유지하는 모든 것을 수용한다. 당신이 의도의 힘을 받아들이는가 아닌가의 문제가 중요하다. 의도의 힘에 연결되어 있으면 그 힘이 줄 수 있는 모든 것을 받을 수 있음을 알아야 한다. (이것은 불가능하지만 그래도 자아의 강한 신념으로) 보편적 정신과 떨어진 상태에서 의도의 힘을 받는다면, 당신은 영원히 떨어진 상태로 남게 된다.

보편적 정신의 본성은 평화적이다. 무력이나 폭력은 수용하지 않는다. 자신의 시간과 리듬에 따라 일하면서 모든 것이 차차 생겨나도록 한다. 보편적 정신은 시간 바깥에 있기 때문에 서두르지 않는다. 언제나 영원한 현재에 존재한다. 무릎을 꿇고 앉아 작은 토마토가 빨리 싹을 틔우도록 해보라. 보편적 정신은 평화롭게 작용하므로, 서둘러 새 생명을 창조하려는 당신의 시도는 생명의 모든 과정을 파괴할 것이다. 수용한다는 것은 당신의 '상사'가 당신을 위해 당신의 삶을 다루도록 허락한다는 뜻이다. *나는 나를 창조한 바로 그 힘의 지도와 도움을 받아들이고, 나의 자아를 포기한다. 그리고 그만의 평화로운 속도로 움직이는 지혜로운 힘을 믿는다. 나는 요*

구하지 않는다. 이것이 의도의 영역이 만물을 창조하는 방법이다. 당신이 근원에 다시 연결되려면 이렇게 생각해야 한다. 당신은 신과 의식적으로 교제하며 내적 앎에 이르게 하는 명상을 해야 한다. 평화롭고 조용하며 수용적인 태도로 신의 이미지를 모방하면 근원의 힘을 되찾는다.

이것이 이 장, 그리고 당연하지만 이 책 전체에서 다루는 내용이다. 즉, 창조하는 정신의 본질에 다가가고, 창조적인 의도의 힘이 지닌 속성을 모방하며, 당신이 원하는 동시에 보편적 정신과도 일치하는 창조와 친절, 사랑, 아름다움, 확장, 풍부함, 평화로운 수용에 관한 것이라면 무엇이든 당신의 삶에 현시하는 것이다.

* * *

1923년 인도에서 태어난 한 아름다운 여인 슈리 마타지 니르말라 데비Shri Mataji Nirmala Devi는 완전히 깨달은 상태로 이 땅에 와서 마하트마 간디의 아슈람힌두교도들이 수행하며 거주하는 곳-역자에서 살았다. 간디는 종종 그녀와 영적인 문제를 의논했다. 그녀는 평화를 위해 일생을 바쳤고, 모든 사람이 자기실현에 도달할 수 있는 간단한 방법을 발견했다. 그녀는 사하자 요가Sahaja Yoga를 가르쳤는데, 한 번도 돈을 받지 않았다. 다음은 그녀가 강조한 내용으로, 의도와의 연결에 대한 이 장의 내용을 완벽히 요약한다.

- 당신은 당신을 창조한 힘에 연결되기 전에는 삶의 의미를 알 수 없다.
- 당신은 이 육체도 마음도 아닌, 영혼이다. 이것이 가장 위대한 진리이다.
- 당신은 당신의 영혼을 알아야 한다. 당신의 영혼을 알지 못한 채로는 진리를 알 수 없기 때문이다.
- 명상은 당신이 성장할 수 있는 유일한 방법이다. 이외에 다른 방법은 없다. 왜냐하면 명상할 때는 조용히 침묵하기 때문이다. 사념이 없는 인식 상태에 들어가는 것이다. 그러면 인식의 성장이 일어난다.

당신을 창조한 힘에 연결하고, 당신이 그 힘이라는 사실을 깨달으며, 그 힘과 친밀히 교제하고, 인식이 성장하도록 명상하라. 정말이지 충만한 깨달음을 얻은 존재만이 할 수 있는 멋진 요약이다.

이 장의 개념을 실행하기 위한 다섯 가지 제안

1. 당신의 갈망을 실현하려면 내면의 언어를 갈망과 일치시켜라.

내면의 언어를 좋은 평가와 결과에 집중시켜라. 내면의 언어는 상상력을 반영하며, 상상력은 당신을 보편적 정신에 연결하는 연결고리다. 내면의 언어가 갈망과 충돌할 경우 내면의 언어가 이긴다. 그러므로 내면의 언어를 갈망과 일치시키면 결국 갈망이 실현될 것이다.

2. 끝에서부터 생각하라.

다시 말해, 소망이 이루어졌을 때의 느낌을 상상하고, 어떤 장애물이 나타나든 계속 그 상황을 상상하라. 결국 당신은 '결과에 대한 생각'에 따라 행동할 것이다, 창조의 영이 당신에게 협조할 것이다.

3. 완전무결한 상태에 도달하려면 불굴의 의지를 발휘해야 한다.

이것이 당신을 보편적 정신의 확고한 의도와 일치시킬 것이다. 예를 들어 나는 책을 쓰기 시작할 때 마음속으로 완성된 책의 모습을 확실하게 그리고, 그 의도가 사라지지 않게 한다. 어떤 것도 나를 막지 못한다. 어떤 사람들은 내 절제력이 대단하다지만 사실은 그 반대다. 내 불굴의 의지가 의도를 완벽하게 실현하는 것 외에는 어떤 것도 허용하지 않는 것이다. 나는 떠밀리고 자극받고 내몰려 결국에는 거의 초자연적으로 책을 쓰는 공간에 이끌린다. 깨어 있을 때나 잠잘 때나 나의 생각은 온통 그 상상에 집중된다. 이 모든 것이 모여 일이 진행되는 것을 보면 경외감을 느낄 수밖에 없다.

4. 의도의 일곱 얼굴을 여러 장의 카드에 적어라.

이것을 코팅해 날마다 보는 중요한 위치에 두어라. 그 카드가 당신이 창조하는 정신과 계속 친밀한 관계를 유지하라고 일깨워줄 것이다. 의도와 친밀한 관계를 맺기를 원하라. 당신의 일상적 생활 공간과 작업 공간에 전략적으로 놓아둔 이 카드들이 그렇게 하도록 도울 것이다.

5. 하나님의 풍부함에 대한 생각을 항상 마음에 간직하라.

다른 생각이 떠오르더라도 하나님의 풍부함을 생각하라. 우주는 인색할 수도, 부족할 수도 없다는 사실을 날마다 떠올려라. 우주는 오직 풍부함만 품고 있고, 사도 바울이 완벽하게 설명했듯 "하나님이 능히 모든 은혜를 너희에게 넘치게" 하실 수 있다. 이 풍부함의 개념이 내면의 진리로 울려 퍼지도록 되뇌어라.

이것이 의도에 연결되는 과정이다. 그러나 이 놀라운 전환을 하기에 앞서 해야 할 일이 있다. 심장이 생기기도 전부터 마음속에 자리 잡은 의도가 다시 살아 숨 쉬게 하기 위해 극복하고·제거해야 할 장애물이 무엇인지 살펴야 한다. 이 장애물은 당신 스스로 놓은 것이다. 윌리엄 펜William Penn이 말했듯 "하나님의 다스림을 받지 않는 사람들은 폭군의 지배를 받을 것이다". 그 폭군이란 종종 수준 낮은 자아가 스스로 부과한 장애물임을 기억하라.

4
의도와의 연결을 방해하는 장애물

"…… 어떤 것이 그렇다고 굳게 믿으면, 그렇게 될까요?
그가 대답했다. '시인들은 모두 그렇다고 믿습니다.
그리고 상상력의 시대에는 이러한 확신이 산을 움직였습니다.
그러나 많은 사람이 그 어떤 것에도 확신을 갖지 못합니다.'"
윌리엄 블레이크 William Blake**의《천국과 지옥의 결혼**The Marriage of Heaven and Hell**》에서**

무한한 의도의 힘과 연결되는 것을 방해하는 장애물을 극복하는 법에 대한 이 장은 윌리엄 블레이크의 시집《천국과 지옥의 결혼》에 나오는 구절을 기반으로 한다. 블레이크는 시인들에게는 무궁무진한 상상력이 있고, 그 결과 자기의 믿음대로 무언가를 만들어내는 무한한 능력이 있다고 말한다. 또한 많은 사람이 이런 굳은 믿음을 갖지 못한다는 사실도 상기시킨다.

앞장에서 나는 의도에 적극적으로 연결하기 위해 필요한 몇 가지를 제시했다. 당신이 의도라는 행복을 누릴 수 없게 스스로 세운

장벽을 살피기 전, 당신이 할 수 있는 일이 무엇인지 깨닫도록 의도적으로 챕터를 이렇게 배치했다. 과거에 나는 상담사와 치료자로 활동할 때 내담자들에게 먼저 삶에 현시되길 바라는 것을 생각하고 상상 속에서 그 생각을 굳게 붙들라고 권했다. 그 작업이 확실히 된 다음에야 장애물을 검토하고 고찰하게 했다. 내담자들은 자신이 스스로 부과한 장애물조차 깨닫지 못하는 경우가 많았다. 삶의 이 영역을 탐구하고 싶다면, 스스로가 어떻게 장애물을 만드는지 깨닫는 법을 배워야 시야가 상당히 트일 것이다. 변함없는 확신을 갖지 못하게 하는 장애물을 알아낼 수도 있다.

이번 챕터에서는 의도의 힘에 연결하는 데 있어 미처 알아채지 못할 수 있는 장애물 세 가지를 알아보겠다. 먼저 당신의 내면의 언어와 에너지 수준, 자만심을 점검해볼 것이다. 이 세 가지가 잘못 짝지어진다면 의도에 연결될 때 극복하기 어려운 장애물이 될 수도 있다. 이 세 가지를 한 번에 하나씩 정복하면서 장애물을 인식하고 넘어설 방법을 찾아낼 것이다.

수십 년 동안 텔레비전에서 방영되는 게임 프로그램이 있다. '매치 게임The Match Game'이라는 프로그램이다. 게임의 목표는 당신의 생각과 선택지를 보통은 배우자와, 혹은 가족 중의 한 사람인 팀원의 것과 일치시키는 것이다. 한 사람에게 질문 또는 진술이 주어지고 여러 개의 선택지가 제시된다. 다른 두 커플과 경쟁해서 많이 맞출수록 점수를 더 얻는다. 가장 많이 맞추는 팀이 이긴다.

나는 당신과 이런 매치 게임을 하고자 한다. 다만 당신이 합을 맞춰야 하는 상대는 의도라는 보편적 정신이다. 당신이 의도에 연결되는 것을 방해하는 세 가지 장애물을 살펴보면서 의도와 일치하지 않는 영역을 설명하고, 일치될 수 있도록 몇 가지 제안을 하겠다. 모든 생명의 창조적 근원과 조화를 이뤄야 당신의 삶에서 의도의 힘을 활성화하는 능력을 얻을 수 있음을 명심하라. 이 근원과 조화를 이루면 당신은 근원, 즉 의도의 힘과의 일치라는 상을 받는다. 그러나 조화를 이루는 데 실패한다면…… 의도의 힘이 당신을 교묘히 피할 것이다.

내면의 언어: 일치 혹은 불일치

내면의 언어에 대한 조언은 구약성경으로 거슬러 올라갈 수 있다. 예를 들어 "무릇 그 마음의 생각이 어떠하면 그의 사람됨도 그러하"다. 일반적으로 우리는 생각하는 대로 된다는 이 개념을 긍정적인 사고에 적용한다. 즉 긍정적으로 생각하면 긍정적인 결과를 얻는다고 생각한다. 그런데 생각은 부정적인 결과를 초래하는 장애물을 낳기도 한다. 다음은 의도의 보편적이고 창조적인 정신에 연결되는 것을 가로막을 수도 있는 네 가지 사고방식이다.

1. 현재 자신에게 없는 것을 생각한다.

의도와 조화를 이루려면 결핍된 것을 생각하는 순간 멈춰야 한다. 그리고 의도로 재빨리 돌아서야 한다. 놓친 것이 아니라 내 삶에서 반드시 실현하고 끌어당기길 원하는 것으로 말이다. 의심이나 모호한 태도, 변명은 안 된다! 당신에게 없는 것에 집중하는 습관을 깨는 데 도움이 될 몇 가지를 제안한다. 모든 것을 창조하는 힘과 조화를 이루는 매치 게임을 하라.

불일치: 나는 돈이 부족하다.

일치: 나는 내 삶에 무한한 부를 끌어당길 것이다.

불일치: 내 배우자는 불평이 많고 지루하다.

일치: 내 배우자의 좋은 점에 생각을 집중할 것이다.

불일치: 나는 내가 원하는 만큼 매력적이지 않다.

일치: 나는 신성한 창조 과정의 현신으로, 신의 눈에 완벽한 존재다.

불일치: 나는 생기와 에너지가 부족하다.

일치: 나는 모든 생명의 무한한 근원의 흐름을 이루는 한 부분이다.

이것은 의미 없는 확언 놀이가 아니다. 당신 자신을 의도의 힘에 조화시키고, 당신이 생각하는 것이 늘어나고 있음을 인식하는 방법이다. 당신이 없는 것을 아쉬워하며 시간을 보낸다면, 당신의 삶에 바로 그 없는 것이 늘어난다. 내면의 언어를 주시하고, 창조하고 싶고 창조하려는 것과 당신의 생각을 일치시켜라.

2. 현재의 생활환경을 생각한다.

당신 주변에서 마음에 들지 않는 것이 있다면 어떻게든 그것에 대해 생각하지 마라. 역설처럼 들릴지 모르겠지만, 이 매치 게임에서 당신은 창조의 정신과 조화를 이루고자 하는 것이다. 반드시 당신의 상상력(당신 속에 가득 넘치는 보편적 정신)을 원하지 않는 것에서 원하는 것으로 전환시키는 훈련을 해야 한다. 누구에게든 당신이 무언가에 대해 불평하느라 정신적 에너지를 쓴다면, 바로 그것을 자석처럼 당신의 삶 속으로 더 많이 끌어당기게 된다. 오직 당신만이 그 장애물을 극복할 수 있다. 그 장애물을 의도로 향하는 길에 들여놓은 사람이 바로 당신이기 때문이다. 내면의 언어를 당신이 의도하는 새로운 환경에 맞게 바꾸기만 하면 된다. 매치 게임을 함으로써 스스로를 의도의 영역에 맞춰 재조정하고, 끝에서부터 생각하는 연습을 하라.

삶의 환경과 관련해 내면의 언어를 불일치 대 일치로 나눈 몇 가지 예시를 제시한다.

불일치: 내가 사는 이곳이 싫다. 소름 끼친다.
일치: 상상 속에 내가 살 새집이 보인다. 나는 6개월 안에 그 새집에서 살 것이다.

불일치: 거울을 볼 때마다 느끼지만, 근시인데다 몸매가 안 좋은 내가 너무 싫다.
일치: 거울 속에서 보려고 하는 모습을 그려서 바로 여기 붙여놓을 것이다.

불일치: 나는 지금 하는 일이 싫고, 내가 인정받지 못한다는 사실이 싫다.
일치: 나는 꿈꾸던 작업 또는 일을 하기 위해 내면의 직관적 충동에 따라 행동할 것이다.

불일치: 나는 자주 아프고 늘 오한을 느낀다는 사실이 몹시 싫다.
일치: 신이 내게 건강을 주셨다. 나는 할 수 있는 한 건강하게 살고, 면역 체계를 강화해 주는 힘을 끌어당길 것이다.

당신은 삶의 환경을 죄책감 없이 책임지는 법을 배워야 한다. 당신의 업보 때문에 혹은 당신이 벌을 받고 있기 때문에 그런 상황을 겪는 것이 아니다. 건강을 포함한 삶의 환경은 당신의 것이다. 당신의 삶에 무언가 나타났다면, 모두 당신이 관여했기 때문이라고 생각하라. 당신 내면의 언어는 오직 당신만이 창조할 수 있다. 그러므로 당신에게도 원하지 않는 환경을 더 많이 끌어당기는 것에 대한 책임이 있다. 의도에 연결하고, 내면의 언어를 사용해 창조하고자 하는 것에 집중하라. 그러면 근원의 힘을 되찾을 것이다.

3. 늘 겪어왔던 일을 생각한다.

당신의 내면의 언어가 늘 겪어왔던 일에 집중하고, 그런 생각을 바탕으로 행동한다면 모든 것을 창조하는 보편적인 힘은 당신이 지금까지 겪었던 일만 내놓는다. 왜 그럴까? 당신의 상상력은 바로 당신이 상상을 통해 존재하게 한 것의 일부이기 때문이다. 이것이 창조의 힘이며, 당신은 이 힘을 사용해 내면의 언어를 가진 당신과 맞서야 한다.

절대적 정신이 이렇게 생각한다고 상상해 보라. '과거에 상황이 잘 돌아가지 않았으니 더는 생명을 창조할 수가 없어. 옛날에 실수를 너무 많이 했단 말이야. 그 생각을 멈출 수가 없어!' 보편적 정신이 이렇게 생각한다면 어떻게 창조가 일어나겠는가? 당신의 의도를 책임지는 생각이 당신이 혐오하는 과거에 초점을 맞춘다면, 당신이 어떻게 의도의 힘에 연결될 수 있겠는가? 대답은 명백하고, 따라서 해결책도 명백하다. 당신이 지금까지의 일에 집중하고 있다면 멈추고 돌아서라. 내면의 언어를 당신이 현시하고자 하는 쪽으로 바꿔라. 절대적 정신과 한 팀이 되어야 이 매치 게임에서 점수를 얻을 것이다.

불일치: 나는 항상 가난하다. 빈곤과 결핍 속에서 자랐다.

일치: 나는 무한한 풍부함 속에서 부와 번영을 끌어당길 것이다.

불일치: 우리는 이런 관계에서 항상 싸운다.

일치: 나는 평화로워지고, 아무도 날 쓰러뜨리지 못하게 할 것이다.

불일치: 자녀들이 나를 존중한 적이 한 번도 없다.

일치: 나는 자녀들이 모든 생명을 존중하도록 가르칠 것이고, 나 또한 자녀들을 존중할 것이다.

불일치: 나는 이렇게 느낄 수밖에 없다. 이게 내 본성이니까. 나는 항상 이랬다.

일치: 나는 신의 창조물로서, 나의 창조주처럼 생각할 능력이 있다.

나는 무능하다는 느낌을 사랑과 친절로 바꿀 것이다. 이것이 나의 선택이다.

일치 항목은 창조적인 정신과의 관계를 반영한다. 불일치 항목은 당신이 의도와 조화를 이루지 못하게 막아온 장애물을 나타낸다. 당신을 뒤로 잡아당기는 생각은 모두 갈망을 실현하는 데 있어 장애물이다. 최고의 역량을 발휘하는 사람들은 사연이 없다면 그것에 따라 살아갈 필요도 없다는 사실을 알고 있다. 당신의 사연 중 늘 겪었던 일에 집중하게 하는 부분은 없애라.

4. '그들'이 당신에게 원하는 것을 생각한다.

당신이 무엇을 해야 하는지, 어떻게 생각하고 어떤 종교를 믿어야 하는지, 어디서 살아야 하는지, 삶을 어떻게 계획해야 하는지, (특히 특별한 날과 휴일에) 본인과 얼마나 시간을 보내야 하는지 강경하게 주장하는 사람들이 상당히 많을 것이다. 다행히 가족 안에서 우리가 종종 참고 견디는 조종 심리나 죄책감은 우리가 정의하는 우정이 아니다.

내면의 언어가 나를 조종하려는 타인의 기대에 공감해 준다면 그런 식의 행동이 당신의 삶에 계속 흘러들어 온다. 당신의 생각이 다른 사람들의 요구에 근거를 둔다면, 당신은 싫더라도 그들의 기대에 따라 행동하고 그들의 바람과 요구를 더욱 끌어당기게 된다. 장애물을 제거한다는 것은, 내면의 언어를 당신이 삶에서 창조하고 끌어당기고 싶은 것으로 바꾸겠다는 뜻이다. 당신은 불굴의 의지로 이 작업을 해야 하며, 당신이 사는 방식을 다른 사람이 어떻게 느끼는가에 정신력을 쏟지 않아야 한다. 처음에는 힘든 일일 수 있지만 해낸다면 그 변화를 기쁘게 받아들일 것이다.

다른 사람이 당신에게 원하는 것을 생각하고 있다면 일단 멈추고, 자신에게 물어라. '이러한 기대가 나의 기대와 일치하나?' 그렇지 않다면 삶의 방식에 대한 다른 사람들의 기대에 터무니없이 마음이 상하고 좌절감을 느끼는 우스운 짓거리를 웃어넘겨라. 이것이 조화를 이루고, 타인의 비판에 휘둘리지 않는 길이며, 동시에 삶에 계속 원치 않는 것을 끌어당기는 행위를 멈추는 길이다. 그리고 사람들이 그들의 평가와 비판이 무의미함을 깨닫고 그렇게 하기를 그만둔다는 큰 성과를 올린다. 게다가 일석이조로, 당신의 관심을 타인의 소망이나 기대에서 당신이 원하는 삶의 방식으로 돌릴 수 있다.

다음은 매치 게임에서 이기는 방법을 알려주는 몇 가지 예시다.

불일치: 가족에게 너무 짜증이 난다. 나의 식구들은 나를 이해하지 못한다. 한 번도 이해한 적이 없다.

일치: 나는 가족을 사랑한다. 식구들은 상황을 나처럼 보지 않지만 그렇게 하기를 기대하지 않는다. 나는 나의 의도에 전적으로 집중하고, 식구들을 사랑한다.

불일치: 다른 사람들을 기쁘게 하려고 애쓰는 스스로에게 정말 화가 난다.

일치: 나에게는 목적이 있고, 사는 동안 내가 하려고 계획한 일을 하고 있다.

불일치: 상사들에게 인정받지 못하는 느낌이 들어 울고 싶다.

일치: 지금 하는 일이 나의 목적이고 운명이므로 그 일을 한다.

불일치: 내가 무슨 일을 하고 무슨 말을 하든 이길 수 없을 것 같다.

일치: 내 마음이 사랑과 친절, 아름다움을 담아 하라고 시키는 일을 한다.

에너지 수준: 일치 혹은 불일치

과학자는 에너지란 속도와 에너지가 만들어내는 파동의 크기로 측정된다고 말할 것이다. 파동의 크기는 높낮이와 빠르기로 측정된다. 이 세계에서 우리가 상태라고 생각하는 것은 이러한 진동 주파수에 대한 판단이다. 그렇다면 나는 여기에 나 자신의 판단을 도입하고 싶다. 바로 높은 에너지는 그보다 낮은 에너지보다 낫다는 판단이다. 왜냐하면 나는 치유와 사랑, 친절, 건강, 풍부함, 아름다움, 동정과 비슷한 표현을 옹호하는 사람인데, 이 표현들이 좀 더 높고 좀 더 빠른 에너지들과 관련 있기 때문이다.

높고 빠른 주파수가 그보다 더 낮고 느린 주파수에 미치는 영향은 측정이 가능하다. 이런 관점에서라면 의도와 연결되는 것을 방해하는 에너지 요인을 인생에서 없애는 데 엄청난 영향을 미칠 수 있다. 주파수 수준을 올리는 목적은 당신의 에너지 진동 수준을 좀 더 높고 빠르게 바꿔 가장 높은 주파수, 즉 만물을 창조하는 의도의 정신 그 자체의 에너지와 일치하게 하기 위함이다. 이것을 알베르트 아인슈타인이 밝혀냈다.

"무언가 움직이기 전에는 아무 일도 일어나지 않는다."

우주 안의 만물은 에너지의 운동이다. 높고 빠른 에너지는 흩어져 그보다 낮고 느린 에너지로 전환된다. 당신 또한 이러한 사실을 염두에 두고서, 당신과 당신의 모든 생각을 에너지 시스템이라는 환경에서 고려하기를 바란다. 그렇다. 당신은 일종의 에너지 시스템이다. 단지 뼈와 체액과 세포로 이뤄진 하나의 조직이 아니라 생각과 느낌, 감정의 내적 에너지 체계를 압축한 수많은 에너지 시스템이다. 이 에너지 시스템은 측정하고 계량할 수 있다. 당신이 품는 모든 생각은, 당신의 몸과 환경에 미치는 영향에 따라 효과적으로 측정된다. 당신의 에너지가 높을수록 당신을 약하게 하는 더 낮은 에너지들을 무효로 만들고, 바꾸며, 당신의 가깝거나 먼 환경 내의 모든 사람에게 긍정적 영향을 미칠 수 있는 능력이 더 커진다.

이 장의 목적은, 당신의 에너지 수준과 당신이 일상에서 습관적으로 하는 생각의 실제 주파수를 깨닫는 것이다. 당신은 당신의 에너지 수준을 높이고, 의도와의 연결을 약하게 만들거나 막는 에너지가 영원히 발현되지 않게 할 수 있다. 궁극적으로 당신의 목표는 가장 높은 주파수와 완벽히 일치되는 것이다. 주파수가 가장 낮고 느린 에너지부터 가장 높고 빠른 에너지까지, 총 다섯 단계의 에너지를 간단히 설명하겠다.

1. 물질세계

단단한 고체 형태는 속도가 떨어진 에너지이다. 그래서 대체로 경계가 있는 세계에 대한 감각적 인식과 맞아떨어진다. 당신이 보고 만지는 모든 것은 속도가 떨어진 에너지가 뭉친 덩어리 형태로 나타난다. 당신의 눈과 손이 함께 인식하는 그곳이 바로 물질세계이다.

2. 소리의 세계

눈으로는 소리의 파동을 인지하기 어렵지만 느낄 수는 있다. 이 보이지 않는 소리의 파동 역시 높거나 낮고, 빠르거나 느리다. 소리의 에너지 수준은《틈으로 들어가기Getting in the Gap》에서 포괄적으로 다뤘듯, 자파 명상이나 신의 소리를 반복함으로써 가장 높은 정신의 주파수와 연결되는 곳이다.

3. 빛의 세계

빛은 물질세계와 소리보다도 빠르지만, 빛이라 불리는 물질의 실질적인 입자는 없다. 우리가 보는 빨간색이란 사실 우리의 눈이 지각하는 특정한 진동 주파수이며, 보라색으로 인식하는 것은 그보다 더 빠르고 높은 주파수이다. 어둠 속으로 빛이 들어오면 어둠은 빛으로 바뀐다. 이것은 아주 놀라운 사실을 함축적으로 보여준다. 즉, 낮은 에너지가 높은 에너지와 마주치면 자동으로 바뀐다는 사실이다.

4. 생각의 세계

생각은 소리는 물론 빛의 속도까지 초월해 이동하는 파동으로, 엄청나게 높은 주파수이다. 생각의 주파수는 측정할 수 있고, 그것이 당신의 육체와 환경에 미치는 영향도 계산할 수 있다. 다시 말하지만 여기에도 같은 법칙이 적용된다. 높은 주파수는 그보다 낮은 주파수를 무효화하고, 빠른 에너지는 그보다 낮은 에너지를 바꾼다. 내가 대단히 존경하는 동료인 의학박사 데이비스 호킨스David Hawkins는 내가 자주 인용하는 작품 《의식 혁명Power vs. Force》을 썼다. 이 비범한 책에서 호킨스 박사는 좀 더 낮은 생각 주파수와 이에 동반되는 감정이 무엇인지, 그리고 이것이 더 높고 빠른 주파수에 노출되면 어떤 영향을 받고 어떻게 바뀌는지에 대해 자세히 설명했다. 이 책을 읽기를 강력히 권한다. 당신의 에너지 수준을 높이는 법에 관한 그의 연구 결과를 조금 소개하겠다. 당신의 모든 생각을 측정해 당신의 생각이 우주에서 가장 높고 가장 빠른 에너지에 재연결하는 능력을 강화할지 약화할지 알아낼 수 있다.

5. 정신의 세계

에너지의 최종 단계다. 이 주파수는 소리보다도 빠르기 때문에 무질서나 부조화, 심지어 질병도 존재하지 않는다. 이 측정 가능한 에너지는 앞서 소개한 의도의 일곱 얼굴로 구성된다. 이것은 창조의 에너지다. 당신 안에서 이 에너지를 재현한다면, 당신은 당신을 존재하게 한 생명의 창조적 특성을 재현하는 것이다. 이것은 창조와 친절, 사랑, 아름다움, 확장, 평화로운 풍부함, 수용성이라는 특성을 띠며, 보편적 정신 자체인 가장 높은 에너지이다. 당신은 바로 이 에너지에서 창조되었고, 당신의 생각과 감정에서 낮은 에너지 주파수를 없애야 이 에너지와 효과적으로 조화를 이룰 수 있다.

원자 연구로 노벨상을 수상한 물리학자 막스 플랑크Max Planck의 수상 소감을 깊이 생각해 보라. "가장 냉철한 과학 연구와 물질 연구에 평생을 바친 사람으로서 저는 원자에 대한 연구 결과를 이렇게 말씀드리겠습니다. 일반적으로 말하는 물질은 없습니다! 모든 물질은 원자라는 입자를 진동시키고, 극히 미세한 태양계를 결합시키는 하나의 힘에 의해 창조되고 존재합니다…… 우리는 이 힘 뒤에 의식이 있고 지적인 정신이 존재한다고 상정해야 합니다. 이 정신이야말로 모든 물질의 모체입니다." 내가 당신에게 조화를 이루기를 권하는 대상이 바로 이 정신이다.

에너지 수준을 높여라

당신이 품는 모든 생각에는 에너지가 있어서 당신을 강하게 하거나 약하게 만든다. 당연히 당신을 약하게 만드는 생각을 없애는 것이 좋다. 그런 생각은 의도의 보편적 근원과 일치하는 데 장애물이 되기 때문이다. 앤서니 드 멜로Anthony de Mello가 《1분 지혜One Minute Wisdom》에 쓴 다음 글의 의미를 잠시 숙고해 보라.

여기서는 왜 저만 빼고 모든 사람이 행복할까요?

"이 사람들은 어디서나 선함과 아름다움을 보는 법을 배웠기 때문이다." 스승이 말했다.

왜 저는 어디서나 선함과 아름다움을 보지 못할까요?

"안에서 보지 못하는 것은 밖에서도 볼 수 없기 때문이다."

당신이 내면을 보지 못하는 이유는 당신이 세계의 모든 사물과 사람을 대하는 방법 때문이다. 당신은 내면에서 본 것을 세계에 투영하며, 내면에서 보지 못하는 것은 세계에 투영하지 못한다. 당신이 스스로가 의도의 보편적 정신의 발현이라는 사실을 안다면, 이는 당신이 그것을 보았기 때문이다. 당신은 의도의 힘과 연결하는 것을 막는 장애물을 뛰어넘어 당신의 에너지 수준을 높인 것이다. 당신의 감정에서 작용하는 불일치는 삶이 당신을 위해 준비한 좋은 것을 모두 빼앗으려 한다! 이 단순한 사실을 이해한다면 의도에 연결하지 못하게 막는 장애물을 극복하게 될 것이다.

당신의 생각과 감정, 육체에는 진동이 있다. 내가 당신에게 바라는 것은 의도의 힘에 연결되도록 이 주파수를 충분히 높이라는 것이다. 지나치게 단순화한 이야기로 들릴지 모르지만, 당신이 속한 완벽한 힘을 경험하지 못하게 막는 장애물을 제거하는 방법의 일환으로 당신의 에너지 수준을 높여야 한다. 비난으로는 어떤 것도 바로잡을 수 없다. 이미 당신 삶의 환경에 퍼지고 있는 파괴적인 에너지를 더하기만 할 뿐이다. 낮은 에너지와 마주쳤을 때 당신이 낮은 에너지로 반응하면 더 낮은 에너지를 끌어당기는 상황만 조성한다. 가령 불쾌하게 행동하는 사람에게 당신 또한 증오로 대응한다면, 당신은 낮은 에너지장에 참여해 그 안으로 들어오는 모두에게 영향을 미친다. 당신에게 화를 내는 주변 사람들에게 당신도 화를 낸다면, 비난으로 상황을 바로잡으려고 하는 것이다.

주변 사람들이 휘두르는 약화 에너지를 쓰지 마라. 당신이 더 높은 에너지를 쓰면 다른 사람들이 당신을 쓰러뜨릴 수 없다. 왜일까? 왜냐하면 더 높고 더 빠른 에너지가 그보다 낮고 느린 에너지를 무효화하고 변환시키기 때문이다. 그 반대는 일어나지 않는다. 만일 주변 사람들의 낮은 에너지가 당신을 끌어내리고 있다는 느낌이 든다면 이는 당신이 그들과 같은 에너지 수준에 연결되어 있기 때문이다.

날씬하고 건강해지는 것이 당신의 의도일 수 있다. 당신은 만물을 창조한 정신이 당신을 매력 없는 사람이 아니라, 인간 세포 조직의 미세한 점 속에서 당신을 사랑스럽고 친절하며 아름다운 존재로 창조했음을 안다. 그런 사람이 되는 것이 바로 의도의 힘이 당신에게 의도한 바다. 이제 분명히 이해하라. 당신이 스스로 되기로 선택한 모습을 미워한다고 해서 삶에 매력적인 것을 끌어당길 수는 없다. 왜 그럴까? 증오는 반대 세력을 만들어 당신의 노력을 빼앗기 때문이다. 이것을 호킨스 박사는《의식 혁명》에서 다음과 같이 설명했다.

> 자기 자신과 살아 있는 모든 것에 대한 순수한 친절이 가장 강력한 변화의 힘이다. 친절은 반발을 일으키지 않고 부정적인 면이 없으며 결코 손실이나 절망으로 이어지지 않는다. 어떤 희생도 요구하지 않고 자신의 진정한 힘을 키운다. 그러나 친절과 같은 최고의 힘에 닿기 위해서는 어떤 예외도 허용하면 안 되며 이기적인 보상을 기대해서도 안 된다. 그러면 그 효과는 굉장히 미미하다.
> [친절은 의도의 일곱 얼굴 가운데 하나라는 사실에 주목하라.]

그는 이렇게 덧붙인다.

> 해로운 것은 빛 안으로 들어가면 해를 끼치는 능력을 잃는다. 그리고 우리는 우리가 발산하는 것을 자신에게 끌어당긴다.

낮은 에너지의 장애물을 없애야 하는 것은 분명하다. 우리가 추구하는 빛이 있고, 갈망하는 행복이 있으며, 부족하다고 느끼는 사랑이 있고, 열망하는 무한한 풍요가 있는 에너지 수준으로 우리 자신을 끌어올려야 한다. 그렇게 해야 우리는 그 에너지를 끌어당길 수 있다. 결핍을 비난하면 반드시 비난과 불일치가 우리 삶에 계속 흘러들어 오게 된다.

만일 결핍과 괴로움, 우울, 사랑의 부재 등을 느끼며 당신이 갈망하는 것을 끌어당기지 못하고 있다면 당신이 지금의 환경을 어떻게 끌어당겨 왔는지 진지하게 생각해 보라. 낮은 에너지는 어트랙터 패턴다른 것이 간섭하지 않는 이상 유지되는 시스템의 상태나 패턴—편집자이다. 당신이 그것을 잠재의식의 수준으로라도 불러들였기 때문에 나타난 것이다. 그 낮은 에너지는 당신의 것이고 당신이 소유한다. 그러나 당신이 주변 환경을 인식하며 에너지 수준을 의도적으로 높인다면 당신은 의도를 향해 빠르게 이동하고, 스스로 쳐놓은 바리케이드를 전부 없앨 수 있다. 장애물은 낮은 에너지 스펙트럼에 있다.

에너지의 주파수를 높여라

당신의 에너지장을 좀 더 높고 빠른 파동으로 이동시키기 위해 몇 가지를 제안한다. 이 제안은 장애물을 없애고, 의도의 힘이 당신과 함께, 그리고 당신을 통해 일하게 한다는 두 가지 목적을 이루는 데 도움을 줄 것이다.

생각을 의식하라.

당신이 품는 모든 생각이 당신에게 영향을 미친다. 당신을 약화하는 생각을 강화하는 생각으로 바꿈으로써 에너지 주파수를 높이고, 당신 근처의 에너지장을 강화할 수 있다. 예를 들면 나는 10대 딸에게 네 행실을 부끄러워하라고 말하던 중에 멈추고, 비난은 해결책이 아니라는 사실을 떠올렸다. 그리고 딸에게 문제를 키우는 행동에 대해 스스로 어떻게 느끼며, 그 행동을 어떻게 바로잡을 것인지 물으면서 사랑과 이해를 확장했다. 이러한 전환을 통해 에너지 수준이 올라가고, 우리는 생산적인 대화를 하게 되었다.

내가 낮은 에너지의 생각을 깨닫고 그 수준을 높이려는 결정을 하자, 에너지 수준이 순식간에 딸과 나를 의도의 힘에 연결할 정도로 올라갔다. 이처럼 자신의 생각을 의식했을 때 의도의 힘을 불러 실행시키는 능력이 우리 모두에게 있다.

일상에서 정기적으로 명상한다.

날마다 밝은 조명 아래 앉아서 아주 짧은 순간이라도 명상하는 것이 매우 중요하다. 잠시 조용히 있는 시간을 가지며, 내면의 만트라 정신을 통일하고 깨달음의 지혜를 얻기 위해 외우는 말—편집자로서 신의 이름을 되뇌어라. 명상은 창조의 힘과 조화를 이루는 수용 능력의 계발을 도와 당신의 근원과 의식적으로 접촉하고 의도의 힘을 회복하게 한다.

먹는 음식을 의식한다.

에너지가 낮은 음식이 있고, 높은 음식이 있다. 유해한 화학물질이 뿌려진 음식은 당신이 그 독소가 있는지 모르더라도 당신을 약하게 만든다. 감미료 같은 인공 첨가물은 낮은 에너지의 산물이다. 일반적으로 과일이나 채소, 견과류, 콩, 무효모 빵, 버진 올리브유 같은 고알칼리 식품은 에너지가 높고, 근육을 강하게 한다. 반면에 밀가루로 만든 시리얼이나 고기, 유제품, 설탕 같은 산성이 높은 식품은 에너지가 낮고, 당신을 약하게 만든다. 이것이 모든 사람에게 무조건 적용되지는 않는다. 하지만 어떤 식품을 섭취한 뒤 느낌이 어떤지 지켜볼 수 있다. 만일 힘이 없고 무기력하며 피로하다면 에너지가 낮아지도록 허용한 것이다. 그리고 이는 당신의 삶에 똑같이 낮은 에너지를 끌어들일 것이다.

낮은 에너지 물질을 멀리한다.

1장에서는 열망하고 달성하게 되어 있는 의식 수준에 도달하기 위해 반드시 완전한 절제가 필요하다고 했다. 알코올, 그리고 합법적이건 아니건 사실상 모든 인공적 약물은 우리 몸의 에너지 수준을 낮추고 몸을 약하게 만든다. 게다가 그것들은 당신을 약하게 만드는 것을 계속해서 더 많이 끌어당긴다. 낮은 에너지 물질을 섭취하기만 해도 당신의 삶에 낮은 에너지의 사람들이 주기적으로 나타나게 될 것이다. 그들은 당신에게 낮은 에너지 물질을 사주고, 그 물질에 취한 당신과 즐기려 하며, 당신이 낮은 에너지 물질의 파괴력에서 회복하면 다시 예전처럼 하도록 부채질할 것이다.

음악의 에너지 수준을 의식한다.

귀에 거슬리는 쿵쿵대며 반복적인 음악의 진동이나 시끄러운 소리는 당신의 에너지 수준을 낮추고, 당신을 약하게 만들며, 또 당신이 의도에 연결하는 의식적 능력을 약화시킨다. 마찬가지로 증오와 고통, 괴로움, 두려움, 폭력에 관한 가사는 당신의 잠재의식을 약화하는 메시지를 보내는 낮은 에너지이고, 그러한 것들을 끌어당기는 에너지와 함께 당신의 삶에 침투한다. 폭력을 끌어당기고 싶다면 폭력적인 가사의 음악을 들어라. 그러나 평화와 사랑을 끌어당기고 싶다면 그러한 바람을 반영하는 노랫말과 높은 진동의 음악을 들어라.

가정환경의 에너지 수준을 인식한다.

깨어 있는 시간의 거의 반을 지내는 집에 붙은 기도문과 그림, 수정 제품, 조각상, 영적인 문구, 책, 잡지, 벽지 색, 심지어 가구 배치에 이르는 모든 것이 에너지를 내보낸다. 어리석고 터무니없다고 여겨질지 몰라도, 관습적인 사고를 초월해 열린 마음을 갖기를 권한다. 중국의 풍수설은 수천 년 전부터 전해 내려온 선조들의 선물로, 집과 일터의 에너지장을 증가시키는 방법을 설명한다. 높은 에너지의 환경에 있는 방법을 알면 우리의 삶을 강화하고, 의도에 연결되는 것을 방해하는 장애물을 없애는 데 도움이 된다.

케이블 TV와 광고의 낮은 에너지에 노출되는 횟수를 줄인다.

미국의 아이들은 열네 살이 되기 전에 자기 집 거실에서 12,000건의 모의 살인을 시청한다! 텔레비전 뉴스 프로그램은 악하고 험한 뉴스를 크게 강조하고, 대체로 좋은 뉴스는 뺀다. 부정적인 풍조가 당신의 생활공간에 끊임없이 침투하며, 부정적인 것을 더 많이 끌어당긴다. 폭력은 텔레비전 프로그램의 주요 요소이며, 그 사이사이에 배치된 거대 마약 카르텔이 후원하는 광고는 그들이 파는 약에서 행복을 찾을 수 있다고 말한다! 이를 시청하는 대중은 인간이 겪는 모든 정신적, 육체적 병을 극복하려면 온갖 종류의 낮은 에너지의 약이 필요하다는 메시지에 노출된다.

텔레비전 프로그램 대다수가 대체로 낮은 에너지를 지속해서 흘려보낸다는 것이 나의 결론이다. 그래서 나는 상당한 시간과 노력을 들여 비영리적 공영방송을 지원하고, 부정적 성향과 절망, 폭력성, 저속하고 무례한 메시지를 의도의 원리와 일치하는 더 높은 원리로 대체하도록 돕는다.

사진으로 에너지장을 강화한다.

사진이 에너지 복제의 한 형태이며 모든 사진이 에너지를 담고 있다는 사실을 믿기 어려울 수도 있다. 정신적인 도움을 얻으려면 당신의 생활공간과 일터, 차 안, 옷장이나 호주머니, 지갑에 행복의 순간, 사랑의 순간, 수용하는 순간에 찍은 사진들을 전략적으로 배치해야 한다. 자연과 동물 사진, 기쁨과 사랑을 표현한 사진을 당신의 생활환경에 두라. 그 에너지가 당신의 마음속으로 발산되고, 당신이 높은 주파수를 받게 하라.

지인, 친구, 가족, 친척들의 에너지 수준을 의식한다.

정신적으로 공명되는 타인의 에너지장 안에 있음으로써 당신의 에너지 수준을 높일 수 있다. 당신의 힘을 북돋워 주고 의도에 연결하는 감각을 자극하며 당신 안에 있는 위대함을 보는 사람들, 신과 연결되어 있음을 느끼며 보편적 정신의 축하를 받는 삶의 증거가 나타나는 사람들과 가까이 지내라. 높은 에너지는 그보다 낮은 에너지를 무효화하고 바꾼다는 사실을 기억하라. 그리고 의식적으로 보편적 정신에 연결하여 의도된 삶을 사는 높은 에너지의 사람들 곁에 머무르며 그들과 교류하라. 높은 에너지를 지닌 사람들의 에너지장 안에 머물러라. 그러면 신기하게도 의도의 높은 표출로 인해 당신의 분노와 증오, 두려움, 우울증이 전환되면서 녹아내릴 것이다.

당신의 활동과 그 활동 장소를 주시한다.

과도한 알코올과 약물 소비 또는 폭력 행위가 이루어지는 곳, 종교·인종 차별이나 지독한 편견 또는 비판에 초점을 맞춘 집회처럼 낮은 에너지장은 피하라. 이러한 장소들은 당신이 에너지를 높이지 못하게 하고, 당신을 쇠약하게 하는 더 낮은 에너지와 맞추게끔 한다. 자연에 빠져들어 그 아름다움을 감상하고, 캠핑과 도보여행, 수영, 자연 관찰을 하며 자연을 즐겨라. 영성 강의에 참석하고, 요가 수업을 듣고, 마사지를 받거나 해주고, 수도원 또는 명상센터를 방문하고, 요양원이나 아동 병동에 가서 도움이 필요한 다른 사람들을 도와라. 모든 활동에는 에너지장이 있다. 의도의 일곱 얼굴을 반영하는 에너지장에 머물러라.

친절을 베풀되, 보상을 바라지 말라.

가난한 이웃에게 익명으로 재정적인 도움을 베풀고, 친절한 마음으로 돕되 고맙다는 인사조차 기대하지 말라. 칭찬을 기대하는 자아를 완전히 배제하고, 친절을 베푸는 법을 배우면서 아름다운 집념을 활성화하라. 이것은 의도에 연결되기 위해 반드시 필요한 일이다. 만물을 창조하는 보편적 정신은 친절한 행위에 대해 '당신에게 어떤 친절을 베풀어줄까?'하고 반응하기 때문이다.

쓰레기를 주워 쓰레기통에 넣고, 그 행동에 대해 아무에게도 말하지 말라. 당신이 어지럽히지 않은 곳을 몇 시간 동안 정리하고 깨끗이 치워라. 당신 자신이나 타인, 또는 주변을 향해 베푼 친절한 행위는 보편적인 의도의 힘 안에 있는 친절과 당신을 일치시킨다. 이는 당신에게 활력을 주고, 당신의 삶에 친절한 에너지를 되돌려준다.

루스 맥도날드Ruth McDonald의 가슴 저미는 이야기는 여기서 내가 말한 베풂에 대해 이야기한다. 이 소년은 내가 바로 앞에서 언급한 아름다운 집념을 상징한다.

> 그는 수줍음이 많은 소년이라 다른 1학년 아이들 사이에서 인기가 많지는 않았다. 밸런타인데이가 얼마 안 남은 어느 날 저녁 소년이 반 아이들에게 밸런타인 선물을 보낼 수 있게 이름을 적어달라고 하자 소년의 어머니는 몹시 기뻤다. 소년이 아이들의 이름을 천천히 기억해 내면 어머니가 종이에 적었다. 소년은 누군가의 이름을 빼먹지 않았을지 계속 걱정했다.
>
> 오려 붙일 수 있는 밸런타인데이 카드 묶음 한 벌과 가위, 크레용, 풀을 챙긴 소년은 아이들의 명단에 따라 성실하게 선물을 만들어 나갔다. 선물을 만들면 어머니는 종이에 이름을 정성껏 썼고, 소년

은 그 모습을 지켜봤다. 완성된 밸런타인데이 선물이 늘어날 때마다 소년의 뿌듯한 마음도 커갔다.

이 즈음부터 어머니는 다른 아이들도 아들을 위해 밸런타인데이 선물을 만들었을지 걱정하기 시작했다. 아들이 매일 오후 발렌타인 선물을 만드느라 일찍 집으로 돌아왔기 때문에 거리에서 함께 놀던 다른 아이들이 아들의 존재를 잊었을 것 같았기 때문이다. 만일 사랑의 선물 37개를 가지고 파티에 간 아들을 아무도 기억해주지 않는다면 얼마나 끔찍하겠는가! 어머니는 아들이 만든 밸런타인데이 선물 사이에 한두 개를 슬쩍 집어넣어, 아들이 밸런타인데이 선물을 적어도 한두 개는 받을 수 있게 할 방법이 없을까 궁리했다. 하지만 아들이 자신이 만든 카드들을 매우 소중히 다루며 꼼꼼히 챙겨서 몇 장 더 집어넣을 새가 없었다. 어머니는 어머니로서 참을성 있게 기다려야겠다고 생각했다.

마침내 밸런타인데이가 왔고, 어머니는 아들이 한 손에는 하트 모양의 쿠키 상자를, 다른 손에는 정성이 담긴 37개의 선물을 담은 쇼핑백을 움켜쥔 채 눈이 쌓인 길을 천천히 내려가는 것을 보았다. 어머니는 아들을 애타는 마음으로 지켜보며 기도했다. "하나님, 제발 아들이 단 몇 개만이라도 선물을 받게 해주세요!"

오후 내내 어머니는 이런저런 일을 했지만 마음은 학교에 간 아들에게 가 있었다. 3시 반, 어머니는 뜨개질감을 들고서 길이 한눈에

다 들어오는 자리를 찾아 의자를 놓고 앉았다.

마침내 아들의 모습이 보였다. 혼자였다. 어머니는 심장이 내려앉았다. 아들은 바람 때문에 몇 걸음마다 한 번씩 뒤돌아섰다. 어머니는 아들의 얼굴을 자세히 보려고 눈을 크게 떴다. 거리가 멀어 그저 불그레한 뺨만 보였다.

아들이 인도에 들어섰을 때에야 어머니는 볼 수 있었다. 아들의 발갛게 언 작은 손에 단 하나의 밸런타인데이 선물이 들려 있었다. 달랑 하나뿐이었다. 그 모든 수고의 결과가 그것이었다. 아마도 선생님께 받은 것이리라. 어머니는 눈앞의 뜨개질감이 흐리게 보였다. 아들의 삶에 끼어들 수만 있다면! 어머니는 뜨개질감을 내려놓고 아들을 맞으러 문으로 달려갔다.

"볼이 빨갛구나! 목도리를 풀자. 쿠키는 맛있었니?"

아들은 행복감과 충족감으로 빛나는 얼굴로 어머니를 바라봤다.

"엄마, 그거 알아요? 내가 한 사람도 빼먹지 않았어요. 단 한 사람도요!"

당신의 에너지 수준을 높이고 원하는 것을 창조하려는 의도를 구체적으로 확언하라.

당신의 확언을 낮 동안 계속 볼 수 있는 장소에 두어라. 확언의 예를 들면 다음과 같다. *나는 내가 원하는 직업을 끌어당길 작정이*

다. 나는 다음 달 30일에는 마음에 그린 자동차를 살 형편이 될 것이다. 이번 주 2시간을 불우한 사람들을 위해 기부하려고 한다. 이 지속되는 피로를 치료할 작정이다.

글로 적은 확언은 고유의 에너지가 있어서 당신의 에너지 수준을 높이도록 안내해줄 것이다. 나도 확언을 본다. 토론토에서 사는 린 홀Lynn Hall이라는 여성이 보내준 멋진 액자를 날마다 바라본다. 그녀는 편지에 이렇게 썼다. "박사님 덕분에 제 삶에 온 축복에 감사하는 마음을 전하고자 오로지 당신을 위해 쓴 선물을 보냅니다. 감정은 보편적이어서 동일한 행운을 경험한 지구상의 모든 사람에게 통한다고 저는 확신합니다. 다이어 박사님이 발산하는 빛과 사랑이 영원히 박사님에게 충만히 되돌아가기를 바랍니다." 내가 마음에 새긴 멋진 액자의 글은 다음과 같다.

영혼은

당신 안에서

위대한 음성을

발견하네.

울려 퍼지는 진리와

기쁨에 찬 광채 속에서.

영혼은

당신을 통해

공명하고 반사하는

계시를

발견하네.

영혼은

당신을 통해

무한히 확장하고 끝없이 퍼지는

찬양을 발견하네.

당신의 선물이

선사하는

은혜를 깨달은

모든 사람에게서

영혼은

날개와

빛을

발견하네.

나는 날마다 이 글을 읽으며 내가 영혼과 연결되어 있음을 상기한다. 이 글이 나의 마음에서 당신에게로 흘러가 나의 의도는 물론 당신의 의도도 이룰 수 있게 도와주기를 바란다.

가능한 한 자주 용서하겠다는 마음을 품어라.

근력 테스트를 할 때 복수하려는 생각을 품으면 근력이 약해지는 데 반해, 용서하는 생각을 품으면 강해진다. 복수와 분노, 증오는 대단히 낮은 에너지여서 당신이 보편적 힘의 특성과 조화를 이루지 못하게 한다. 과거에 당신을 화나게 한 사람을 용서하겠다는 생각을 하기만 해도(어떤 행동을 취하지 않더라도 말이다) 당신은 보편적 정신의 수준으로 올라가고, 당신의 개인적인 의도를 실현하는 데 도움이 된다.

당신은 마음을 통해 보편적 정신을 섬기거나, 바로 그 마음을 통해 정신에서 분리될 수도 있다. 정신적인 의도의 일곱 얼굴과 결합하면 의도의 힘과 연결된다. 그러나 분리되면 당신의 자만심과 자아가 주도권을 잡는다.

자만심과 자아가 바로 의도에 연결되는 것을 방해하는 최후의 장애물이다.

* * *

자만심을 경계하라

카를로스 카스타네다는 《내면의 불The Fire from Within》에서 스승에게 이런 말을 듣는다. "자만심은 인간의 가장 큰 적이다. 같은 인간의 행위와 악행 때문에 마음에 상처를 받으면 인간은 약해진다. 자만심은 인생의 대부분을 무언가 또는 누군가에게 상처 받으면서 살아갈 것을 요구한다." 이것이 바로 의도와 연결되는 것을 가로막는 주요 장애물이다. 이 세상에서 우리는 불일치를 너무도 쉽게 만들어낸다.

기본적으로 자만심은 자신을 특별하다고 느끼는 감정이다. 그러니 이 특별하다는 개념을 생각해 보자. 강력한 자아 개념을 가지고, 자신을 유일무이하다고 느끼는 것도 매우 중요하다. 문제는 자기 육체나 성취, 소유물을 자신과 동일시하며 진정한 자신을 착각하는 데 있다. 그렇게 되면 당신은 덜 뛰어난 사람들을 열등하다고 여기고, 자만심에 찬 우월감으로 인해 어떤 식으로든 계속 상처받는다. 이러한 오해가 당신을 포함한 인간 대부분이 겪는 문제의 원인이다. 나는 특별하다는 감정이 우리를 자만으로 이끈다. 카스타네다는 마법의 세계에 입문한 지 수년이 흐른 뒤 말년에 자만심의 헛됨에 대해 이렇게 쓴다. "자만심에 대해 많이 생각할수록, 그리고 나 자신과 친구들에 대해 이야기하고 관찰할수록, 무언가가 우리를 자기 자신을 중심에 둔 채 활동하고, 소통하고, 생각하게 만든다는 확신이 점점 강하게 든다.”

자신을 중심으로 두면, 당신은 스스로가 다른 모든 것과 완전히 분리된 개체인 하나의 육체라는 환상을 갖게 된다. 이러한 분리감은 다른 모든 사람과 협력하는 대신 경쟁하게 만든다. 궁극적으로 이런 생각은 보편적 정신과 조화를 이루지 않으며, 당신이 의도의 힘과 연결하려 할 때 큰 장애가 된다. 자만심을 버리기 위해서는 그것이 당신의 삶에 얼마나 깊이 파고들었는지 알아야 한다. 자아는 당신이 품고 있는 ‘현재의 당신’에 대한 개념이다. 흔히 말하는 ‘자아 절제술’로 제거할 수 있는 것이 아니다! 당신이 생각하는 ‘현재의 당신’에 대한 개념은 의도와 연결될 모든 가능성을 계속해서 무너뜨릴 것이다.

발목을 붙잡는 자아를 뿌리쳐라

깊이 스며든 자만심을 극복하도록 도와줄 일곱 가지 제안이다. 이 제안은 전부 자기중심적인 자아가 곧 자기 자신이라고 착각하는 것을 막기 위해 만든 것이다.

1. 화내지 않는다.

당신이 타인의 행동에 영향받을 이유가 없다. 화를 내면 당신만 약해진다. 화낼 거리를 찾으려면 매 순간 찾을 수 있다. 세상이 이런 식으로 돌아가면 안 된다고 설득하는 것은 당신의 자아다. 그러나 당신은 삶의 진가를 이해하고 보편적인 창조의 정신과 조화를 이룰 수 있다. 화를 내서는 의도의 힘에 닿을 수 없다. 무슨 수를 써서라도 심각한 자아 인식으로 초래된 세계의 참상을 떨쳐내고, 평화를 유지하라. 《기적 수업A Course in Miracles》에서 상기시켜 주듯, "평화는 신에게 속해 있으며, 신의 일부인 당신은 평화로운 신과 함께하지 않으면 편안할 수 없다". 화를 내는 것은 먼저 당신 자신을 화나게 하고, 공격과 반격을 낳으며, 전쟁에 이르게 할 만큼 파괴적인 에너지를 만들어낸다.

2. 이기려는 욕구를 버린다.

자아는 우리를 승자와 패자로 나누기를 좋아한다. 성공을 좇는 것은 의도와의 의식적인 접촉을 피하는 확실한 방법이다. 왜일까? 결국 항상 이기기란 불가능하기 때문이다. 저 밖의 누군가는 더 빠르고 운이 좋고 젊고 강하고 똑똑할 것이다. 그러면 또다시 당신은 스스로가 무가치하고 변변치 못하다고 느낄 것이다.

당신이 이룬 성공이나 승리가 곧 당신은 아니다. 성공이 전부인

세계에서 경쟁을 즐기고, 재미를 얻을 수도 있지만 생각이 거기에 머무를 필요는 없다. 모든 사람이 같은 에너지 근원을 공유하는 세계에서는 패자가 없다. 그저 그날 다른 경쟁자들과 비교해 당신이 특정한 수준을 해냈다는 사실만을 알 수 있을 뿐이다. 그러나 오늘은 그때와 다른 날이며 다른 경쟁자들과 새로운 환경을 고려해야 한다. 당신은 하루(또는 10년)가 지나도 여전히 어떤 육체 안에 존재하는 무한한 존재이다. 이기려는 욕구를 버리고 승리의 반대가 패배라는 것을 부정하라. 자아는 이를 두려워한다. 당신의 육체가 남을 이기려는 이 시대의 풍조를 따르지 않는다면, 당신이 전적으로 자아와 자신을 동일시하지 않더라도 문제가 없다. 트로피를 타려는 욕구 없이 관찰자가 되어 모든 것을 인식하고 즐겨라. 평화를 유지하고 의도의 에너지와 조화를 이루라. 그러면 당신이 알아채지 못하더라도, 아이러니하게 승리를 덜 좇을 때 더 많은 승리가 당신의 삶에 나타날 것이다.

3. 올바르고자 하는 욕구를 버린다.

자아는 다른 사람들이 틀렸다고 몰고 간다. 때문에 자아는 많은 갈등과 불화의 근원이다. 적개심을 품으면 의도의 힘과 끊긴다. 창조적인 정신은 친절하고 사랑하며 이해하고, 분노나 원한, 억울함이 없다. 다른 사람들과 대화하고 그들과의 관계에서 자신이 올바르고자 하는 욕구를 버린다는 것은 자아에게 이렇게 말하는 것과 같다. "나는 너의 노예가 아니야. 나는 친절을 베풀고 싶으니 내가 올바르고자 하는 욕구를 버리겠어. 사실, 이제 나는 그 사람에게 당신이 옳고, 사실을 가르쳐줘서 고맙다고 말하면서 그 사람의 기분이 좋아질 기회를 주려고 해."

올바르고자 하는 욕구를 버리면, 의도의 힘과의 연결을 강화할 수 있다. 그러나 자아는 완강한 투사와 같다는 사실을 명심하라. 나는 틀리게 되느니 차라리 죽음을 택하는 사람들을 보았다. 옳고자 하는 욕구에 집착해 아름다운 관계를 끝내는 사람들을 보았다. 논쟁 중이라면, 잠시 멈춰 '나는 내가 옳기를 바라는가 아니면 행복하기를 바라는가?'라고 자문하면서 옳고자 하는 자아 중심적 욕구를 버리기를 권한다. 당신이 행복과 사랑, 영성이 넘치는 상태로 살면 의도와의 연결이 강력해진다. 이러한 순간에 궁극적으로 의도의 힘과의 새로운 연결이 확장된다. 당신이 의도한 삶을 창조할 수 있도록 보편적 근원이 당신과 협력하기 시작한다.

4. 우월해지려는 욕구를 버린다.

진정한 고귀함은 다른 사람보다 나은 데 있지 않다. 과거의 자기 자신보다 나아졌다는 데 있다. 지구 상에서 아무도 다른 사람보다 더 낫지 않다는 사실을 깨닫고 당신 자신의 성장에 집중하라. 우리는 모두 똑같은 창조적 생명의 힘에서 생겨났다. 우리는 모두 자신에게 의도된 본질을 깨달을 사명이 있고, 우리의 운명을 실현하는 데 필요한 모든 것을 이용할 수 있다. 그러나 우리가 자신을 남들보다 우월하다고 여긴다면 그 어떤 것도 할 수 없다. 우리는 신 앞에서 모두 동등하다. 이것은 오래된 격언이지만 여전히 진리다. 모든 사람 안에 있는 신성을 직시함으로써, 우월해지고자 하는 욕구를 버려라. 다른 사람들을 외모나 성취, 소유물 등 자아의 기준으로 평가하지 말라. 타인에게 우월감을 투영하면 타인의 우월감을 되돌려받고, 이는 분노뿐 아니라 적대감까지 일으킨다. 이런 감정은 당신을 의도에서 더 멀어지게 한다. 《기적 수업》은 특별해지고 우월해지려는 욕구에 대해 이렇게 말한다. "특별함은 항상 비교를 낳는다. 특별함은 타인에게서 결핍을 찾음으로써 확립되며, 찾을 수 있는 모든 결핍을 찾아 똑똑히 지켜봄으로써 유지된다."

5. 더 많이 가지려는 욕구를 버린다.

자아의 주문은 '더 많이'다. 이는 결코 충족되지 못한다. 당신이 얼마나 많은 것을 이루고 많은 것을 얻든, 자아는 이걸로는 부족하다고 계속 주장할 것이다. 당신은 끊임없이 분투할 것이고, 이로써 목표에 도달할 가능성을 영원히 없애는 자신을 발견할 것이다. 그러나 사실 당신은 이미 목표에 도달했다. 따라서 현재의 삶을 어떻게 활용할지는 당신의 선택이다. 아이러니하게도 요구를 멈추면 당신이 바라는 것들이 당신의 삶에 더 많이 찾아오는 듯하다. 더 갖고자 하는 욕구를 버리면 타인에게 주기가 더 쉬워진다. 왜냐하면 적은 것으로도 만족감과 평화를 얻을 수 있음을 깨닫기 때문이다.

보편적 근원은 그 자체로 만족하며, 끊임없이 확장하고 새 생명을 창조한다. 그리고 자신의 이기적인 목적을 위해 결코 창조물을 움켜쥐려 하지 않는다. 창조하고 놓아버린다. 더 가지려는 욕구를 버리면 당신은 이런 보편적 근원과 하나가 된다. 당신은 창조하고, 당신에게로 끌어당기고, 그다음에 놓아야 한다. 절대로 당신에게 더 많은 것이 오기를 바라지 말아야 한다. 현시된 모든 것의 진가를 이해하는 사람인 아시시의 성 프란치스코St. Francis of Assisi의 "…… 우리는 줌으로써 받는다."라는 강력한 교훈을 배워라. 풍부함이 당신에게로 흘러왔다가 당신을 통해 흘러 나가게 함으로써 근원과 조화를 이루고, 그 에너지가 계속 흐르게 할 수 있다.

6. 성취에 근거해 자신을 판단하지 않는다.

만일 당신이 자신의 성취를 당신 자신이라 여기는 사람이라면 이 말을 이해하기가 어려울지도 모른다. '신이 모든 음악을 만든다. 신이 모든 노래를 부른다. 신이 모든 건물을 짓는다. 당신이 이룬 모든 성취의 근원은 신이다.' 당신의 자아가 크게 항의하는 소리가 들린다. 그래도 이러한 생각과 조화를 이루라. 모든 것은 근원에서 나온다! 당신과 이 근원은 하나다! 당신은 이 육체도, 육체가 성취한 업적도 아니다. 당신은 관찰자다. 이 모든 것을 깨달아라. 그리고 당신에게 주어진 재능과 성취하려는 동기, 당신이 모은 재산에 대해 감사하라. 그러나 공은 전부 다 의도의 힘에 돌려라. 의도의 힘이 당신을 존재하게 했고, 당신은 의도의 물리적 일부이다. 당신이 이룬 것에 대한 명성을 덜 바랄수록 당신은 의도의 일곱 얼굴에 더욱더 연결되고, 성취로부터 더욱 자유로워진다. 그리고 당신에게 더 많은 것이 나타날 것이다. 당신이 성취한 것에 집착하고, 당신 혼자 그 모든 일을 한다고 믿는다면 당신은 평화와 근원에 대한 감사를 저버리는 것이다.

7. 평판을 버린다.

당신의 평판은 당신에게 있지 않다. 타인의 머릿속에 존재한다. 따라서 당신은 당신의 평판을 통제할 수 없다. 만일 당신이 30명과 이야기를 한다면 당신은 30가지 평판을 갖게 된다. 의도에 연결된다는 것은 당신의 마음에 귀를 기울인다는 뜻이고, 여기서 당신의 목적은 내면의 목소리에 따라 행동하는 것이다. 만일 당신이 모든 사람에게 어떻게 보이는지 과하게 신경을 쓴다면, 당신은 의도와 끊어지고 타인의 견해에 따라 움직이게 된다. 이는 당신의 자아가 작용한다는 뜻이다. 이것은 당신과 의도의 힘 사이에 있는 환상이다. 근원인 의도의 힘과 끊어지는 바람에 자신이 얼마나 권위 있고 우월한지 타인에게 입증하는 것이 당신의 목적이라 믿지 않는 한, 다른 자아들 사이에서 큰 명성을 얻으려고 에너지를 쏟지 않는 한, 당신이 못할 일은 없다. 언제나 근원과 연결되어 있고 근원에 감사하는 당신 내면의 목소리가 시키는 대로 하라. 항상 목적을 가지고 살아가며, 결과에 집착하지 말고, 당신 안에 있는 것, 즉 성격에 책임을 져라. 당신의 평판에 대해 다른 사람들이 떠들게 내버려두라. 그것은 당신과 아무 상관이 없으니 말이다. 어떤 책의 제목처럼 '나에 대한 당신 생각은 내 알 바 아니다!'

결론적으로 당신의 생각과 에너지, 자만심은 당신이 의도에 연결하려 할 때 방해가 되는 세 가지 주된 장애물이다. 다음은 이 장애물들을 극복하고 의도의 힘에 영원히 연결되기 위한 다섯 가지 제안이다.

이 장의 개념을 실행하기 위한 다섯 가지 제안

1. 당신 내면의 대화를 주시하라.

당신 내면의 대화가 결핍과 부정적인 환경, 과거, 타인의 의견에 얼마나 집중하는지 깨달아라. 내면의 언어를 많이 인식할수록, '나는 없는 것에 분노한다'는 습관적인 생각에서 '싫어하는 것을 그만 생각하고, 원하는 것을 끌어당기겠다'는 생각으로 더 빠르게 옮겨갈 수 있다. 이 새로운 내면의 언어가 당신을 의도에 연결하는 연결 고리가 된다.

2. 의심이 들고 우울해지는 순간, 기운을 내라.

더 높은 본성이 아닌 부분이 나타나는 순간들에 주의하라. 의도와 조화를 이루지 못하는 생각을 거부하라. '빛을 믿어라'라는 말은 훌륭한 조언이다. 최근에 나의 친구이자 스승이 내가 개인적으로 치러야 할 싸움을 알게 되어 내게 편지를 보내주었다. "구름 뒤에 해가 빛나고 있다는 사실을 기억하게, 웨인." 빛은 언제나 그 자리에 있다는 사실을 믿어라.

3. 낮은 에너지를 경계하라.

당신의 생각을 포함한 모든 것이 당신을 강하게 할지 약하게 할지 결정하며, 만물은 측정할 수 있는 에너지 주파수를 지닌다는 사실을 기억하라. 당신이 낮은 에너지 방식으로 생각하거나 낮고 약화하는 에너지에 잠겨 있다는 것을 알아차렸다면, 당신을 약화시키는 상황에 더 높은 진동을 일으켜 문제를 해결하라.

4. 이제는 당신에 대한 통제권이 자아에 있지 않다는 사실을 알려라.

여기 마우이의 아이들 침실에 나는 다음과 같은 문구를 매일 아침 아이들이 보도록 액자에 넣어 걸어두었다. 아이들은 그 글을 보고 웃고 농담하면서 본질적인 메시지를 파악한다. 그리고 (나를 포함해) 누구든 화를 낼 때 이 글을 큰 소리로 읽는다.

좋은 아침이야.

나는 신이란다.

내가 오늘

너희의 모든 문제를

해결할 거야.

내게는 너희의 도움이

필요하지 않단다.

그럼, 놀라운 기적의 하루를

보내길 바란다.

5. 장애물을 불굴의 의지의 힘을 발산할 기회로 여겨라.

'불굴'이란 말 그대로 굴하지 않겠다는 뜻이다. '나는 나의 근원과 연결될 것이고, 그렇게 함으로써 내 근원의 힘을 얻을 것이다.' 이는 평온한 상태를 유지하고, 환경에서 스스로를 분리하며, 자신을 피해자가 아닌 관찰자로 여길 것이라는 다짐이며, 그런 다음 모든 것을 완전히 근원으로 돌아가게 하며, 필요한 안내와 도움을 받을 것을 안다는 뜻이다.

* * *

의도의 힘에 연결하는 것을 막는 주된 장애물 세 가지와 그것들을 없애기 위한 제안을 함께 살펴보았다. 다음 장에서는 당신의 에너지 수준을 가장 높은 정신의 주파수로 올리고, 의도에 연결되어 살 때 주변 사람들에게 어떤 영향을 미치는지 설명하겠다. 의도의 힘에 연결되어 있다면 어디에서 누구를 만나든 모든 사람이 당신과 당신이 발산하는 에너지에 영향을 받는다. 당신이 의도의 힘이 되는 순간, 당신은 꿈이 마법처럼 성취되는 광경을, 당신의 존재만으로도 타인의 에너지장에 거대한 파동이 일어나는 모습을 보게 될 것이다.

5
의도와 연결된 당신의 영향력

"자기 자신을 돕지 않고는 진심으로 타인을 도울 수 없다.
이는 삶의 가장 아름다운 보상이다…… 도와라. 그러면 도움 받을 것이다."

랄프 왈도 에머슨

의도의 얼굴과 조화를 이룰수록, 타인에게 새로운 방식으로 영향을 미치는 자신을 발견하게 될 것이다. 이러한 영향력의 성질은 의도의 힘을 이용하려 할 때 매우 중요하다. 당신은 마음으로 느끼는 것을 타인에게서 보기 시작할 것이다. 당신의 새로운 시각 덕분에 당신과 함께 있는 사람들은 평화롭고 편안해지고, 당신이 의도에 연결하려 할 때 간접적으로나마 돕는 다정한 동료가 될 것이다.

시인 하피즈Hafiz는, 상대가 '실없는 소리를 하는 정신이상자'에 잠재적 희생자이더라도 그에게 아무것도 원하지 않는다고 말한다.

하피즈는 타인에게서 신성한 가치만을 본다. 당신이 의도의 힘에 연결되면 그 신성한 가치를 타인에게서 발견할 것이다.

보석상

만일 절망에 빠진 순진한 사람이
마을에 단 한 명뿐인 보석상에게
원석을 팔려고 가져간다면,
보석상의 눈은
게임을 시작하리라.
세상 사람 대부분의 눈이 당신을 볼 때처럼.

보석상의 표정은 차분할 터다.
원석의 진정한 가치를 밝히려 하지 않고,
남자를 두려움과 탐욕의 포로로 잡아두려 하리라.
거래할 가격을 계산하면서.

그러나 그대여, 나와 함께 있다면
하피즈가 당신에게 원하는 것은 아무것도, 아무것도 없다는 것을 알게 되리라.

나 같은 스승 앞에 앉아 있다면

당신이 실없는 소리를 하는 정신이상자라 해도,

내 눈은 흥분에 차 노래하며,

당신의 신성한 가치를 보리라.

— 하피즈

타인에게 바라는 것을 당신이 받는다

보편적 의도의 속성을 되새김과 동시에 그 속성처럼 되겠다고 맹세할 때, 당신은 당신이 다른 사람에게 무엇을 바라는지가 얼마나 중요한지 깨닫기 시작한다. 다른 사람의 평화를 바라면 당신은 평화를 돌려받는다. 다른 사람이 사랑받기를 바라면 당신도 사랑받는다. 타인에게서 아름다움과 가치만을 본다면, 타인도 당신에게서 좋은 것만 볼 것이다. 당신은 오직 당신의 마음속에 있는 것만을 주고, 당신이 주는 것만을 끌어당길 수 있다. 이것은 당신과 밀접하게 관련된 문제이다. 당신이 타인에게 미치는 영향력은 당신이 의도의 힘과 연결되어 있음을 보여준다. 모르는 사람이든, 가족이든, 직장 동료든, 이웃이든, 타인과 당신의 관계가 신성한지 아닌지 생각해 보라.

신성한 관계는 그 관계에 속한 모든 사람이 에너지가 높은 의도의 힘에 오르도록 한다. 신성하지 못한 관계는 관계된 모든 사람이 낮고 느린 수준의 에너지에 머무르게 한다. 모든 관계에서 완전함을 보기 시작하면 당신은 자신이 위대함에 도달할 수 있음을 알게 된다. 타인의 신성함을 인식하면 당신은 그들에게 아무것도 바라지 않고 타인을 의도의 신성한 발현으로 대할 것이다. 아이러니한 것은 그들이 당신의 모든 갈망을 이뤄지게 할 공동 창조자가 된다는 것이다. 타인에게 아무것도 바라지 않고 아무것도 요구하지 않으며 기대하지 않으면, 그들도 그런 친절을 되돌려줄 것이다. 타인에게 무언가를 요구하고, 당신을 만족시켜 달라고 말하며, 그들을 열등하다고 판단하고 하인처럼 여긴다면, 당신 또한 그러한 취급을 받을 것이다. 당신은 당신이 타인에게 정말로 무엇을 원하는지 알아야 한다. 그리고 당신과 관련된 사람들과 신성한 관계에 있는지 신성하지 못한 관계에 있는지도 알아야 한다.

신성한 관계

내가 성장기에 깨달은 한 가지 진리는, 타인에게서 완전함을 보고 존중하지 않는다면 나 자신에게서도 완전함을 볼 수 없다는 것이다. 신성한 관계의 특징은 스스로를 의도의 일시적 발현으로 보고, 전 인류 안에서 자신을 보는 능력이다. 이는 다른 모두를 찬양하고 존경하는 능력이며, 그 안에서 우리 모두 하나가 된다.

신성하지 못한 관계에서 당신은 자신을 타인과 분리된 존재로 본다. 이 경우 타인은 자아의 요구를 충족시키는 데 유용하며, 삶에서 결핍된 것을 얻도록 도와주기 위한 존재라고 느낀다. 어떤 관계에서든 이처럼 자신과 타인을 분리하고, 은근히 타인을 조종하려는 태도를 취하면 당신과 의도의 힘 사이에 장벽이 만들어진다. 신성하지 못한 관계에는 여러 신호가 뚜렷하게 나타난다. 사람들은 방어적이고 두려워하는 태도를 보이고, 적대적이고 냉담해지며, 당신의 동료가 되려 하지 않는다.

당신의 에너지 진동을 높이기 위해 사고 패턴을 바꾸고, 자아의 욕구를 줄이면 타인과 경건하고 신성한 관계를 맺게 될 것이다. 그러면 모든 사람이 완전한 존재로 인식된다. 타인의 다른 점을 흥미롭고 즐거운 것이라 찬미할 수 있게 되면 당신은 자아와 정체성을 놓아주게 될 것이다. 신성한 관계는 창조적이고 보편적인 근원과 조화를 이루고, 평화롭게 기쁨을 누리는 한 방법이다. 신성한 관점에서 비롯된 모든 관계나 만남은 소중한 자기상自己像과 하나가 되고, 의도의 힘과 연결되어 있음을 발견하게 한다.

최근에 나는 한 슈퍼마켓의 해산물 판매대 뒤에서 분주하게 일하는 점원에게 훈제 연어가 어디에 있는지 물었다. 그의 불만 가득한 태도에도 불구하고 그와 내가 연결되어 있음을 느꼈다. 내 옆에서 있던 남자도 내가 묻는 소리를 들었고, 점원의 성가셔하는 태도를 보았다. 그 사람은 내게 미소를 지어 보이더니 다른 구역으로 갔다가 '노바 록스' 연어 한 팩을 들고 돌아와 내게 건네주었다. 내가 찾던 물건을 찾아다 준 것이다! 우연이었을까? 나는 그렇지 않다고 생각한다. 내가 타인과 연결되어 있다고 느끼고 신성한 관계의 에너지를 발산하면 사람들은 친절하게 반응하고, 나의 의도를 돕기 위해 그들 나름의 노력을 한다.

또 하나의 예시로, 기술적인 문제 때문에 항공권이 취소되어 다른 항공사로 바꿔야 했던 적이 있다. 처음 계약한, 내가 사는 지역 항공사의 직원들은 나를 알았기에 나를 돕기 위해 애를 썼다. 나는 발권 카운터나 짐을 부치는 곳, 비행기 안 등 모든 곳에서 신성한 관계를 맺었다. 그날 나는 공항 끝에서부터 책과 테이프가 든 짐 일곱 상자를 날라다 부쳐야 했다. 나의 조수인 마야Maya와 나는 짐과 무거운 상자 일곱 개를 실은 카트를 밀면서 다른 항공사 카운터로 느릿느릿 이동했다. 그런데 여객 담당 직원이 한 사람당 짐을 두 개까지만 허용하기 때문에 세 상자는 실을 수 없다고 했다. 다시 말해 짐을 내 이름으로 두 개, 마야 이름으로 두 개만 실을 수 있다는 것이다. 그것이 규칙이었다.

바로 이런 상황에서 당신이 신성한 관계에 있다면, 낯선 사람이 당신의 의도를 도울 가능성이 신성하지 않은 관계에서 도움을 받을 확률보다 크다. 나는 내 요구를 들어줘야 한다며 직원과 대치하기보다 우리가 겹치는 지점에서 그녀와 연결되기로 했다. 나는 그 규칙에 대해 조금도 화가 나지 않았음을 그녀에게 알려주고는, 원래 이 비행기를 탈 예정이 아니었던 수많은 승객을 상대해야 하는 직원의 마음이 어떨지 상상했다. 나는 그녀와 연결되었음을 느끼고, 처음 예약한 항공사에서는 실어주기로 했던 나머지 세 상자가 거부당하는 상황에서 느끼는 유감을 표현했다. 그리고 다음 달 도심에서 있을 내 강연에 그 직원을 게스트로 초청했다. 우리의 전체적인 대화와 반응은 신성한 관계를 유지하고자 하는 나의 개인적인 의지로 진행되었다.

이 상호작용의 에너지는 약한 것에서 강한 것으로 바뀌었다. 우리는 유대감을 형성했고, 상대방에게서 자기를 인식했다. 그러자 직원은 쾌활하게 웃으며 나의 상자를 전부 싣게 해주었다. 그녀가 탑승권을 건네면서 한 말을 나는 결코 잊지 못한다. "선생님께서 이 상자들을 실은 카트를 밀고 오실 때 저는 이 짐을 비행기에 다 싣지 못하게 하겠다고 결심했어요. 하지만 선생님과 이야기를 나눈 지 몇 분 지나지 않아, 필요하다면 내가 직접 짐을 비행기에 실어드려야겠다고 생각했지요. 선생님을 알게 되어 기뻐요. 선생님께서 하시는 일에 감사드리며, 다음에도 저희 항공사를 이용해 주시길 바라겠습니다."

이 두 가지 사례는 당신이 신성하지 못한 자아 중심적 관계에서, 의식적으로 의도의 힘을 통해 유대감을 경험하는 쪽으로 이동하면 어떤 일이 벌어지는지 보여준다. 당신의 근원과 세계라는 공동체, 이웃, 지인, 가족, 동물, 지구, 당신 자신과 신성한 관계를 맺기를 권한다. 내가 가게에서 찾던 훈제 연어를 처음 보는 남자가 찾아다 준 일이나 나의 뜻을 깨닫고 항공사 직원이 도와준 것처럼 당신도 신성한 관계를 통해 의도의 힘을 누릴 것이다. 모든 것은 관계의 문제다.

혼자서는 아무것도 할 수 없다

누군가를 만나면, 그 만남을 신성하게 여겨라. 타인을 통해서 우리는 자기를 찾고 사랑할 수 있다. 타인 없이는 아무것도 실현되지 않기 때문이다.《기적 수업》이 이에 대해 아주 잘 말해준다.

> 혼자서는 아무것도 할 수 없지만
> 함께라면 우리의 정신은 결합해
> 그 힘이 한 명 한 명의 힘을
> 훨씬 능가한다.
> 왕국은 혼자 찾을 수 없고,

왕국과 같은 당신 또한

혼자서는 자신을 발견할 수 없다.

당신의 생각과 행동에서 분리라는 개념을 없애면 당신은 모든 사람 및 사물과 연결되어 있음을 느끼기 시작할 것이다. 당신은 소속감을 갖게 되고, 분리되었다는 생각을 비웃게 된다. 이러한 유대감은 당신이 모든 상호작용을 평등하게 처리하도록 돕는다. 타인을 공동 창조자로 인식함으로써 당신은 근원과 조화를 이루고, 베푸는 상태로 바뀐다. 만일 당신이 스스로 열등하거나 우월하다고 여긴다면 당신은 의도의 힘에서 끊어진다. 다른 사람들과 연결되지 않고 그들을 돕지 않는다면 당신의 바람은 좌절될 것이다.

당신이 온 우주의 지원팀과 상호작용하는 방식이 매우 중요하다. 당신이 타인을 보는 방식은 당신이 자신을 보는 방식을 투영한다. 타인을 계속 무가치하게 보는 것은 당신의 잠재적 협력자들을 향해 벽을 세우는 것과 같다. 타인을 약한 존재로 본다면, 그 순간 당신은 약한 에너지를 끌어당기는 것이다. 타인을 정직하지 않고 게으르며 죄가 많은 존재 등으로 계속해서 비판적으로 본다는 것은 당신에게 우월감이 필요하다는 의미일 수 있다. 타인을 계속 비판적으로 보는 것은 당신이 두려워하는 무언가에 대한 보상 심리일 수도 있다. 그러나 당신은 이러한 심리 기제를 이해할 필요조차 없다. 그저 당신이 타인을 어떻게 보는가를 인식하기만 하면 된다. 당신에게 타인을 실패자로 보는 습관이 있다면, 바로 이 습관이 당신이 삶에 끌어당기는 것이 무엇인지 보여준다. 그 사실을 깨닫기만 하면 된다.

상호작용을 신성한 만남으로 보는 것은 매우 중요하다. 그것이 끌어당기는 에너지 패턴을 작동시키기 때문이다. 신성한 관계에서 당신은 더 높은 에너지의 도움을 끌어당긴다. 그리고 신성하지 않은 관계에도 어트랙터 패턴이 있어서, 더욱 낮은 에너지와 신성하지 못한 관계들을 끌어당긴다. 당신은 만나는 모든 사람에게 더 높은 정신적 에너지를 끌어다 줌으로써 낮은 에너지들을 해소한다. 관계에 친절과 사랑, 수용, 풍부함의 에너지가 있다면, 영적 창조의 영약이나 창조자의 사랑을 가져와 섞은 것이다. 그러면 이 힘이 당신의 환경 안에 있는 모든 사람 안에서 작동하기 시작한다. 딱 맞는 사람들이 마법처럼 등장하고, 딱 맞는 자료가 나타난다. 전화벨이 울리고 누군가 당신이 몇 달 동안 기다려온 정보를 알려준다. 낯선 사람들이 당신에게 의미 있는 제안을 한다. 내가 앞에서도 언급했듯이 우연의 일치처럼 동시에 발생하는 일들이 정확하고 완벽하게 들어맞는다. 타인을 공동 창조자로 대하고 그들에게 신성한 기대감을 가져라. 당신의 세계에 평범한 사람들이 더 많이 나타나기를 바라는 것이 아니라면 누구도 평범한 존재로 보지 말라.

평범에서 비범으로

레프 톨스토이Lev Tolstoy의 유명한 소설《이반 일리치의 죽음The Death of Ivan Ilyich》은 내가 아주 좋아하는 문학작품이다. 톨스토이는 이반 일리치를 오직 타인의 기대감을 통해서만 동기부여를 받고 자신의 꿈을 실행하지 못하는 사람으로 묘사한다. 이 흥미진진한 이야기의 2장 첫 문장은 이렇게 시작한다. "이반 일리치의 삶 이야기는 가장 단순하고 가장 평범하며, 그래서 가장 끔찍하다." 톨스토이는 실제로 평범한 삶을 사는 것을 끔찍하다고 밝힌다. 나 역시 이 의견에 동의한다!

만일 당신 자신에 대한 기대가 사람들과 잘 어울려 지내는 보통 사람이 되는 것에 맞춰져 있다면 당신은 보통의 주파수와 공명할 것이다. 그리고 삶에 평균적인 보통 수준의 것을 더 많이 끌어당길 것이다. 그리고 당신의 의도를 함께 만드는 잠재적 동료로서의 타인들에게 미치는 영향력 또한 평범한 수준을 맴돌 것이다. 의도의 힘은 당신이 만물을 창조하는 보편적인 힘과 일치할 때 작용하는데, 이 보편적인 힘은 결코 평범하지 않다. 이 힘은 모든 창조의 근원이 되는 힘이다. 그래서 언제나 확장하며, 무한한 풍부함의 관점에서 생각하고 창조한다. 이처럼 더 높은 에너지로 이동하여 의도와 더욱 조화를 이룰 때 당신은 의도의 에너지를 세계에 더 많이 끌어들이는 자석이 된다. 당신은 당신과 접촉하는 모든 사람과 사물에게 이런 영향을 끼친다.

평범함을 초월해 비범함의 영역으로 넘어가는 가장 효과적인 방법 중 하나는 '아니No'라는 말을 없애고 좀 더 자주 '그래Yes'라고 말하는 것이다. 나는 이것을 삶에 대해 '그래'라고 말하기라고 부른다. 당신 자신과 가족, 자녀들, 동료들, 일에 '그래'라고 말하라. 평범함은 "아니, 나는 할 수 없을 거예요. 아니, 그건 안 될 겁니다. 아니, 내가 전에 해봤지만 절대 되지 않았어요. 아니, 나는 그 의도를 이룰 수 없어요."라고 말한다. '아니'라는 개념을 갖고 있으면 당신은 더 많은 '아니'를 끌어당기며, 당신이 도와주거나 도움을 받을 수 있는 사람들에게 미치는 영향력 또한 별것 '아니'게 된다. 나는 당신이 시인 하피즈의 태도를 갖기를 거듭 권한다.

> 나는 "아니"라는 말을 거의 내뱉지 않는다.
> 내 입 밖으로.
> 그 말은 내 영혼에는 너무 평범하기에
> 신이 모든 빛나는 움직임에 대해
> "그래! 그래! 그래!"라고 소리치기 때문이다.

모든 사람에게 가능한 한 자주 "그래"라고 외쳐라. 누가 뭔가를 하려고 당신의 허락을 구한다면 거절하기 전에 먼저 그 사람의 삶이 평범한 수준에 머물기를 원하는지 스스로에게 물어보라. 내 아들 샌즈Sands가 지난주 새로운 서핑 지역에 가보고 싶어 했을 때 처음에 나는 "너무 위험해. 한 번도 가 본 적이 없는 곳이잖니. 다칠 수도 있어. 어쩌고 저쩌고……."라고 말하고 싶었다. 그러나 나는 다시 생각하고는 아들의 새로운 모험에 동행했다. 이러한 나의 "그래"는 아들과 나의 삶에 긍정적인 영향을 주었다.

'그래'를 당신 내면의 주문으로 만들면 당신의 외부로 '그래'를 확장하고, 당신 개인의 의지 속으로 더 많은 '그래'를 끌어당기게 된다. '그래'는 천지창조의 호흡이다. 강물에 섞여 강이 되는 빗방울을 생각해 보라. 바닷물과 합쳐져 바다가 되는 강물을 생각해 보라. 그 순간에 속삭이는 '그래'를 들을 수 있을 것이다. 될 때마다 '그래'를 내보내는 창조의 보편적인 힘과 융합할 때 당신은 창조의 힘 자체가 된다. 이것이 타인에게 미치는 당신의 영향력이 될 것이다. 이제 당신의 삶에 더 이상 평범한 '아니'는 없다. 비범함으로 옮겨 가라.

평범함이란 이반 일리치처럼 틀에 박힌 삶을 사는 것을 의미한다. 틀에 박힌 삶을 살아간다면 당신은 또 다른 틀에 박힌 사람들을 끌어당길 것이다. 그리고 그들과 서로 영향을 주고받으면서, 불평하고 잘못을 찾고 원하고 더 나은 날을 바라며 평범하고 틀에 박힌 삶을 지속하게 될 것이다. 보편적인 의도의 힘은 결코 불평하지 않는다. 의도의 힘은 위대함을 위한 선택지를 창조하고 제시한다. 아무도 판단하지 않으며, 상황이 나아지기를 바라고 기대하면서 꽉 막힌 태도를 취하지도 않는다. 아름다움을 창조하느라 어리석은 일에 몰두하지 않는다. 틀에 박힌 사고방식에서 당신의 에너지 수준을 끌어올리면, 틀에 박힌 삶을 사는 주변 모든 사람의 사기 역시 높이는 효과를 얻을 것이다. 심지어 당신은 그들 대부분이 비슷한 영향력을 갖도록 도와주고, 의도를 성취하려 할 때 도움을 줄 협력자들을 만들게 된다. 당신이 평범함과 일치되고 있음을 인식하라. 그리고 더욱더 높은 에너지 주파수로 진동하기 시작하라. 그러면 순수한 의도의 비범한 차원으로 상승하게 된다.

당신의 에너지가 주는 영향력

당신이 의도와 연결되어 조화를 이루고 있다고 느끼면 다른 사람들이 당신에게 상당히 다르게 반응한다는 것을 느낄 것이다. 이러한 반응을 인식하라. 왜냐하면 그 반응이 당신의 개인적 의도를 달성하는 능력과 직접 관계되어 있기 때문이다. 당신이 만물을 창조하는 보편적 근원의 주파수에 자율적으로 더 가까이 공명할수록 더 많은 사람이 영향을 받고 그들의 낮은 에너지가 효력을 잃는다.

그들은 당신에게 끌리며, 당신의 삶에 평화와 기쁨, 사랑, 아름다움, 풍부함을 가져다줄 것이다. 당신이 의도에 공명할 때 타인에게 어떤 영향을 주는지, 그리고 당신이 분리주의적인 자아의 태도에 지배되었을 때는 또 어떻게 다른 영향을 주는지를 설명하겠다.

당신이 타인에게 영향을 주는 주요 방식은 다음과 같다.

당신의 존재가 편안함을 불어넣는다.

당신이 의도와 일치되면 당신의 영향력이 타인을 편안하게 한다. 사람들은 당신에게서 평온함과 편안함은 더 많이 느끼고 위협은 덜 느낀다. 의도의 힘은 사랑하고 이해하는 힘이다. 누구에게도 아무것도 요구하지 않고 아무도 평가하지 않으며, 사람들에게 자유로워지고 자기 자신이 되라고 격려한다. 당신과 함께 있을 때 사람들은 더욱 편안해하며 당신이 발산하는 에너지 주파수 덕분에 안전하다고 느낀다. 사람들의 이러한 느낌은 당신이 발산하는 사랑과 수용의 에너지로 인해 커지며, 그 결과 사람들은 당신에게 손을 뻗고 당신과 함께하고 싶어 한다. 월트 휘트먼Walt Whitman이 썼듯이, "우리는 우리의 존재로 설득한다."

그러나 당신이 평가와 적의, 분노, 증오, 우울로 대응한다면 당신이 교류하는 사람들 속에 숨어 있을지도 모르는 낮은 에너지를 끌어당긴다. 이는 다른 사람들 속에 있는 동일한 에너지에 대항한다. 그 영향력은 낮은 수준의 주파수를 더 낮추고, 열등감 또는 적대감을 일으키는 에너지장을 만든다.

의도는 어떤 것에도 적대적으로 작용하지 않는다. 마치 중력처럼 대립하지도 않고, 그 자체가 움직이지도 않는다. 누구와 대립하거나 누구를 공격할 필요 없이 중력처럼 타인에게 영향을 끼치는 무언가를 생각하라. 당신의 존재로 인해 힘을 얻는다고 느끼는 사람들은 당신과 비슷한 영혼이 된다. 이들 스스로가 공격받는 대신 안전하며, 평가받는 대신 안정적이고, 괴롭힘을 받는 대신 편안하다고 느낄 때에만 그렇게 된다.

당신의 존재가 타인에게 활력을 준다.

한 영적 대가와 2시간의 만남을 끝낸 후 정서적으로도 정신적으로도 마치 세계를 정복할 수 있을 듯한 느낌을 받았던 일이 떠오른다. 그 성자는 미라 수녀Mother Meera로, 내 머리에 두 손을 얹고는 자아의 영향을 받지 않는 신성한 눈으로 나를 응시했다. 나는 넘치는 활력을 느끼고 그날 밤새도록 잠을 이루지 못했다. 수녀님이 자신의 존재를 통해 보여준 이 기쁨의 존재에 대해 더 알고 싶었다.

당신이 타인에게 의도의 주파수를 보내면 그들은 단지 당신의 근처에 있는 것만으로도 활력을 느낄 것이다. 당신이 말을 할 필요도 없다. 규정된 어떤 방식으로도 행동할 필요가 없다. 오로지 의도의 에너지가 당신의 영역 안에 들어온 타인에게 힘을 부여받는 듯한 신비로운 느낌을 줄 것이다. 당신이 의도의 일곱 얼굴을 의식적으로 표현하기 시작하면 다른 사람들이 자신에게 끼치는 당신의 영향력에 대해 말하기 시작할 것이다. 당신의 꿈이 실현되도록 도우려 할 것이다. 활력을 느끼고 자발적으로 당신을 도울 것이다. 심지어 본인의 활력 넘치는 새로운 아이디어와 함께 당신의 꿈을 금전적으로 지원해 주겠다고 제안하기도 할 것이다. 의도의 힘에 대한 나의 의식이 자라면서, 나는 식당에서 함께 저녁 식사를 하는 것 외에 아무 일도 하지 않았는데도 타인에게 영향을 준다는 말을 들었다. 사람들은 나와 함께 시간을 보낸 후 더 큰 자신감과 투지, 영감과 활력을 얻었다고 말한다. 내가 한 것은 아무것도 없었다. 그들은 다만 우리가 공유한 높은 에너지장의 영향력을 느낀 것이었다.

당신의 존재로 인해 타인이 자기 자신을 더 긍정적으로 인식한다.

어떤 사람들과 함께 있으면 스스로를 더욱 긍정적으로 생각하게 된다는 사실을 알아차린 적이 있는가? 그들은 연민 에너지를 지니고 있기 때문에 당신이 스스로를 긍정적으로 생각하는 것을 매우 기뻐한다. 당신이 의도에 연결되면 이러한 연민 에너지로 타인에게 영향을 미칠 것이다. 사람들은 당신이 그들에게 마음을 쓰고 그들을 이해하며, 고유한 개인인 그들 각자에게 관심을 가진다는 사실을 감지한다. 이처럼 의도에 연결되면 대화할 때 당신은 자신에게 덜 집중하게 되고, 당신의 자아를 위해 타인을 이용할 가능성이 적어진다.

반면에 상대를 무시하거나 상대에게 무관심한 사람과 함께 있으면 아주 다른 영향을 받는다. 당신이 다른 사람들에게 낮은 에너지를 옮긴다면, 의도와 강력하게 연결되어 있어 낮은 에너지의 영향을 뛰어넘지 않는 한 그들은 스스로가 평범하다는 느낌을 받고 떠날 가능성이 크다. 이처럼 극히 낮은 에너지의 생각과 행동은 당신이 대화에 나오는 모든 주제를 핑계로 자신에 대한 이야기만 할 때 분명하게 나타난다. 이런 행동은 타인에게 불쾌한 영향을 주고, 자아의 지배적인 에너지를 드러낸다. 그래서 타인이 스스로를 하찮은 사람이라 느끼게 하며, 이런 상황이 중요한 관계에서 반복되면 그들 자신에 대해 더욱 나쁜 느낌을 갖게 만든다.

당신의 존재로 인해 타인들이 하나가 된 느낌을 받는다.

높은 주파수를 발산하는 사람들과 함께 있으면 모든 자연과 인간, 그리고 의도와 하나로 연결되어 있음을 느낀다. 당신의 주파수를 높이면 당신의 영향력으로 인해 타인은 한 팀의 일원으로 초대받는다. 당신은 타인과 연합되고, 공동의 목표를 실행할 때 서로 돕고 싶어 하게 된다.

통일된 느낌의 반대는 분열되고 차단된 느낌이다. 낮은 에너지는 요구가 많고, 항상 타인과 대립하여 움직인다. 따라서 필연적으로 승리 혹은 패배의 상태를 만든다. 적대감과 판단, 증오와 같은 에너지는 적대 세력을 만들어 누군가는 반드시 패배하게 한다. 적이 있다면 당신은 방어 체계를 세워야 한다. 그래서 당신의 관계에서는 자신을 방어하는 것이 본질이 된다. 대립하고 분열하고자 하는 한 개인의 요구는 전쟁 상태를 일으킨다. 전쟁은 언제나 값비싼 대가를 요구한다. 그러나 당신이 의도에 계속 연결되어 있고, 관계에 높은 에너지를 부여하며, 만나는 사람들 모두가 당신을 포함한 모든 사람, 자연, 신과 하나됨을 느끼게 하면 값비싼 대가를 피할 수 있다.

당신의 존재가 목적의식을 주입한다.

당신이 더 높은 정신 에너지 상태에 있다면 타인에게 거의 설명할 수 없는 무언가를 준다. 당신의 존재, 사랑과 수용, 평가하지 않는 태도, 친절에서 나오는 행동은 타인이 삶에서 목적을 느끼게 만드는 촉매가 된다.

낙관과 용서, 이해, 보편적 정신에 대한 존중, 창조성, 평온, 지복至福의 높은 에너지 상태를 유지함으로써 당신은 이러한 에너지를 발산하고, 낮은 에너지들을 당신의 더 높은 진동으로 바꾼다. 의도하지 않았지만 당신에게 영향을 받은 사람들은 당신의 고요한 경의와 평온을 느끼기 시작한다. 타인을 섬김으로써 신을 섬기는 데 초점을 두는 당신의 목적이 실현되고, 여기에 더해 동료들을 얻을 것이다.

나는 주된 메시지가 소망과 사랑, 친절인 설교나 강연에 참석하는 것만으로도 목적 추구에 헌신할 동기를 충분히 얻는다는 이야기를 수많은 사람에게서 들었다. 그러한 강연을 할 때면 나는 언제나 희망과 낙관, 사랑의 에너지를 마실 시간을 가지려 뒤쪽 문으로 들어간다. 말 그대로 사람들의 집단 에너지를 느낄 수 있다. 그것은 마치 기쁨의 평온한 파도와 같고 내면에 쏟아지는 따스한 물줄기와 같다. 그것은 에너지이자, 의도라는 물질이며, 모든 사람이 목적과 희망을 느끼도록 도와주라는 강력한 동기부여제이다.

당신의 존재가 타인으로 하여금 진정한 개인적 연결을 신뢰하게 만든다.

당신은 타인에게 의도의 특징을 제공함으로써 신뢰감을 준다. 타인이 당신에게 기꺼이 마음을 트고 속내를 털어놓으려는 경향을 알아챌 것이다. 이것이 신뢰의 특징이다. 더 높은 에너지 환경에서 사람들은 당신을 믿고, 그들의 사적인 이야기를 나누고 싶어 한다. 당신은 의도에 깊이 연결됨으로써 더욱 신 같은 존재가 된다. 비밀을 공유하는 대상으로 신보다 더 신뢰할 수 있는 자가 누구겠는가?

최근 이른 아침에 고래 관광 여행을 하던 중, 나에 대해 전혀 모르는 한 여성이 자신의 실패한 관계와 그로 인한 큰 좌절감에 대한 이야기를 들려주었다. 그녀는 신뢰를 허용하고 촉진하는 에너지 영역에서 대화를 하면서 낯선 이에게 자신의 이야기를 털어놓는 위험을 감수한 것이다. (이러한 일은 내가 의도의 일곱 얼굴의 원리에 따라 살게 된 이후 자주 일어났다.) 아시시의 성 프란치스코가 썼듯이 "우리의 삶이 설교와 다르다면 전도하기 위해 어디를 가든 소용없다." 당신은 의도의 에너지와 함께함으로써 처음 보는 이들조차 당신에게 봉사하고, 당신이 의도를 실현하도록 돕는다는 사실을 알게 될 것이다.

당신이 더 낮은 에너지 주파수를 발산할 때는 이와 반대되는 결과가 뚜렷이 나타난다. 만일 당신의 불신 에너지가 불안과 판단, 독재, 우월감, 불만족으로 드러나면 다른 사람들은 당신이 원하는 것을 얻도록 선뜻 도와주려 하지 않는다. 당신이 낮은 에너지를 발산하면 욕망을 가진 다른 사람들은 당신의 의도를 방해할 것이다. 왜 그럴까? 낮은 에너지가 적을 만들어내고, 갈등을 분출하며, 승자와 패자를 요구하고, 적이 만들어지도록 조장하기 때문이다. 이 모든 일은 당신이 의도의 얼굴과 연결되어 있으려는 의지가 없기 때문에 일어난다.

당신의 존재가 타인에게 위대함을 일깨워준다.

보편적 정신에 연결되어 이 의식을 조용히 반사할 때, 당신은 타인에게 영감의 원천이 된다. 어떤 의미에서는 바로 이것이 의도에 연결되었을 때 타인에게 전할 수 있는 가장 강력한 효과이다. 사실 '영감'이라는 말은 '영혼으로 함께한다'는 뜻이다. 당신이 영적으로 함께한다는 것은 당신의 존재를 알린다기보다 영감을 불어넣는다는 뜻이다. 당신의 견해를 들으라고 큰 소리로 주장하거나 요구하면서 타인에게 영감을 주지는 못한다.

나는 가르치고 글을 쓰고 강의하고 테이프와 영상을 만들던 그 모든 세월 동안 두 가지 과정이 작용한다는 사실을 알아차렸다. 우선 내 영감의 결과로 수천, 아니 수백만의 사람들이 영감을 받는다. 나는 나의 모든 작업에서 목적의식을 느끼고 영감을 받으며, 보편적 정신에 연결됨을 느낀다. 그리고 내가 영감 받은 결과로 수천, 아니 수백만의 사람 또한 영감을 받는다. 두 번째 요소는 내가 작업을 할 때 도움을 준 대단히 많은 사람들이다. 그들은 글감을, 영감 있는 이야기를 글로 써 보내 내가 쓸 수 있게 해줬다. 말 그대로 나의 공동 창조자다. 당신의 존재로 인해 타인이 영감을 받는다면, 당신은 당신 자신을 포함해 당신이 만나는 모든 사람의 이익을 위해 창조적인 의도의 힘을 사용하는 것이다. 나는 이러한 삶의 방식을 전폭적으로 지지한다. 그리고 당신 또한 타인에게 영감을 주는 존재가 될 수 있음을 조금도 의심하지 않는다.

당신의 존재가 타인을 아름다움과 조화되게 한다.

의도와 연결되어 있으면 당신은 아름다움이라는 속성을 발산한다. 그러므로 어느 곳, 어느 것에서나 아름다움을 본다. 당신이 지각하는 세계는 극적으로 변화한다. 의도의 높은 에너지 상태에서 당신은 젊건 나이가 들었건, 부자이건 가난하건, 어둡건 밝건 모든 사람에게서 아름다움을 본다. 모든 것이 평가가 아닌 감사의 관점에서 인식된다. 당신이 타인의 아름다움에 대해 감사하면 사람들은 당신이 그들을 보듯 스스로를 보게 된다. 그들은 이 아름다움이라는 높은 에너지를 발산함에 따라 자신을 매력적이고 더 긍정적인 사람으로 느낀다. 사람들은 아름답게 느낄 때 아름다운 방식으로 행동한다. 당신이 아름다움을 인식하면 사람들이 주변을 아름답게 볼 수 있도록 영향을 미친다. 다시 한번 그 혜택이 두 배가 되는 것이다. 우선, 당신은 사람들이 삶에 감사하고, 아름다움의 세계에 몰두하여 결국 더 행복해지도록 돕는다. 그다음, 당신은 당신의 의도를 실현하려 할 때 한층 높아진 자존감을 지닌 그 사람들의 도움을 받는다. 의도에 연결되면 당신의 존재만으로도 아름다움이 다른 사람들에게 확산된다.

당신의 존재가 질병 대신 건강을 스며들게 한다.

근원에 연결되어 있으면 당신은 원하지 않는 것에 에너지를 쏟는 대신 살면서 현시하고자 하는 것에 계속 집중한다. 내면에 집중함으로써 당신은 당신을 괴롭히는 것에 대해 불평하거나 질병, 아픔, 육체적 장애에 대해 생각하지 않게 된다. 당신의 에너지는 언제나 사랑을 창조하는 것, 당신이 유래한 완전함을 늘리는 것에 초점을 둔다. 이 완전함에는 당신의 육체와 물질적 자기에 관한 모든 믿음이 포함된다. 당신의 육체가 기적의 체계라는 사실을 마음 깊이 알게 된다. 스스로 방해하지 않는다면 알아서 치유하고 기능하는 육체의 놀라운 능력을 숭배한다. 당신의 물질적 자기는 심장을 뛰게 하고 음식을 소화시키며 손톱을 자라게 하는 신성한 힘에게서 영감을 받았고, 그와 같은 힘이 무한한 건강을 보장한다는 사실을 안다.

당신의 육체가 보여주는 이 기적에 대한 건강한 감사의 마음을 다른 사람들에게 돌리면 당신은 질병과 나쁜 건강, 악화된 상태를 유지하려는 타인의 노력을 약하게 만든다. 실제로 당신이 발산하는 에너지장이 높을수록 당신은 타인에게 치료하는 에너지를 더 많이 줄 수 있다(치료와 의도에 대한 더 많은 내용은 13장을 참조하라.). 당신이 의도에 연결되어 높은 에너지 상태에 있다면 단지 조용히 존재하는 것만으로도 주변 사람들에게 치료와 건강의 영향력을 미칠 수 있다. 이것이 당신에게서 발산되는 에너지다.

* * *

당신이 에너지 수준을 높이는 것의 중요성을 깨달으리라는 희망을 가지며, 우리의 에너지 수준이 창조의 근원과 일치하면 우리 문명 전체가 얼마나 영향을 받을지 살펴보는 것으로 이 장을 마치겠다. 이를 위해서는 당신이 마음을 열고 손을 조금 내밀어야 할 것이다. 그러나 나는 이것이 진실임을 알고 있으며, 따라서 이 내용을 빼먹는다면 나는 게으름을 피우는 것이 된다. 지구에 사는 우리가 모두 연결되어 있으며, 감각으로 인식할 수 없는 거리에서도 서로 영향을 준다는 사실을 모르는 사람에게는 이 사실이 독특하고 기이하게까지 느껴질 수도 있다.

전 인류의 의식에 미치는 영향력

몇 년 전 나는 십 대가 가진 문제들을 좀 더 효과적으로 다루도록 도와주는 장기 황무지 캠프를 끝마친 딸아이 곁에 있었다. 황무지 캠프의 지도교사가 딸에게 마지막으로 해준 말은 이것이었다. "네가 생각한 것과 행한 것이 다른 사람들에게 영향을 미친다는 사실을 항상 기억하렴." 우리가 친구들이나 가족, 이웃, 동료들에게 끼치는 영향을 제외하더라도 이 말은 사실이다. 나는 우리가 전 인류에게 영향을 준다는 사실을 믿는다. 따라서 이 부분을 읽는 동안, 당신의 모든 생각과 행위가 다른 사람에게 영향을 미친다는 사실을 명심하라.

《의식 혁명》에서 데이비드 호킨스 박사는 이렇게 썼다. "서로 연결된 우주에서 우리가 개인적으로 이루는 모든 진보가 모든 사람의 세계를 전반적으로 향상시킨다. 우리 모두 인류의 집단 의식 수준에 머물러 있으므로, 우리가 더하는 모든 증가분은 우리에게로 되돌아온다. 우리는 모두 더 나은 삶을 위해 함께 노력한다. 당신에게 좋은 것이 내게도 좋다는 것은 과학적인 사실이다." 호킨스 박사는 자신의 발언과 결론을 29년간의 고된 연구로 뒷받침했는데, 이를 함께 살펴보겠다. 그가 내린 몇 가지 결론과, 당신이 의도에 연결되었을 때 타인에게 미치는 영향에 관해 언급한 내용을 간략히 요약하겠다.

기본적으로, 큰 규모의 집단이 그렇듯 개인의 에너지 수준도 측정될 수 있다. 일반적으로 말해 낮은 에너지를 가진 사람들은 진실과 거짓을 구분할 수 없다. 그들은 어떻게 생각할지, 누구를 미워할지, 누구를 죽일지를 남의 말을 듣고 결정한다. 또한 이들은 사소한 점, 이를테면 자신이 태어난 장소와 방향, 부모와 조부모의 종교,

그들의 눈 모양을 비롯해 외모 및 물질세계의 전반적 분류에 관한 수백 가지 요소를 바탕으로 아무 판단 없이 집단적 사고방식을 갖게 될 수도 있다. 호킨스 박사는 인류의 약 87퍼센트가 자신을 약화하는 집단 에너지 수준에 머물러 있다고 말한다. 더 높은 주파수 대역으로 올라갈수록 사람들의 수는 점점 적어진다. 가장 높은 수준은 여러 세대에 걸쳐 수많은 사람이 따라온 정신적 패턴을 만들어낸, 실로 위대한 사람들이 차지하고 있다. 그들은 신성과 관련되어 있으며, 인류 전체에 영향을 미치고 끌어당기는 에너지장을 작동시킨다.

순수한 깨달음의 에너지 수준 바로 아래에는 초월과 자기실현 또는 신-의식이라 칭하는 경험과 관련된 에너지의 수준이 있다. 이곳은 이른바 성자들이 머무는 곳이다. 이 수준 바로 아래는 순수한 기쁨이며, 동정심이 특징이다. 이 수준에 이른 사람들은 특정한 개인보다는 삶 자체의 이익을 위해 의식을 사용하고자 하는 갈망이 더 크다.

지금까지 도달한 사람이 매우 적은, 이 지극히 높은 수준 아래에는 무조건적인 사랑과 친절, 모든 사람에 대한 수용, 아름다움에 대한 존중의 수준이 있으며, 훨씬 제한되어 있기는 하지만 책 앞부분에서 설명한 의도의 일곱 얼굴 전체의 심오한 수준이 있다. 이처럼 우리를 강하게 하는 에너지 수준 아래에는 분노와 두려움, 슬픔,

무관심, 죄책감, 증오, 평가, 부끄러움처럼 우리를 약하게 만들고, 보편적인 의도의 에너지 수준과의 연결을 막는 낮은 에너지 수준이 있다.

여기서 나는 호킨스 박사가 그의 두 번째 저서《나의 눈The Eye of the I》에서 내린 몇 가지 결론을 소개하며 당신이 나와 함께 믿음의 도약을 하기를 바란다. 호킨스 박사는 거짓에 맞서는 진실에 대한 정확한 신체 역학적 테스트를 통해 에너지가 약화한 수준과 그 아래 수준에 있는 사람들의 수를 대략적으로 측정했다. 당신이 문명에 끼치는 영향에 관한 호킨스 박사의 발견과 결론을 잘 생각해 보길 바란다. 그는 주파수의 진동을 보편적 근원의 에너지와 일치하는 수준으로 높여 의도의 힘에 연결되는 것이 얼마나 중요한지 반드시 깨달아야 한다고 주장한다.

이 연구에서 가장 흥미로운 부분은 균형 잡기라는 개념이다. 에너지가 높은 사람들은 에너지가 낮은 사람들이 끼치는 부정적인 효과를 상쇄한다. 그러나 인류의 87퍼센트가 약화시키는 주파수의 낮은 에너지를 지녔기 때문에 이런 현상이 일대일로 일어나지는 않는다. 앞에서 설명했듯이 의도에 연결된 사람 한 명이 낮은 에너지를 지닌 다수에게 엄청난 영향을 끼칠 수 있다. 당신이 진정한 깨달음의 빛이 되어 신의 정신을 알아가기 위해 더 높은 차원으로 올라갈수록, 부정적 진동 에너지들을 더 많이 상쇄할 수 있다. 다음은 호킨스 박사의 연구에서 발췌한 몇 가지 매력적인 통계들이다. 의도에 이르는 사다리에 더 높이 오르는 것만으로도 인류에게 미칠 수 있는 영향력을 되새기며 이 수치에 대해 생각해 보라.

- 낙관적인 에너지와 타인을 평가하지 않겠다는 마음에 따라 사는 사람 한 명은 에너지 수준이 더 낮은 9만 명이 표출하는 부정성을 상쇄한다.
- 모든 생명에 대한 순수한 사랑과 존경의 에너지에 따라 사는 사람 한 명은 약화하는 낮은 에너지 수준에 있는 75만 명이 표출하는 부정성을 상쇄한다.
- 깨달음과 지복, 무한한 평화의 에너지에 맞춰 진동하며 사는 사람 한 명은 낮은 에너지 수준에 있는 천만 명이 표출하는 부정성을 상쇄한다(오늘날 이러한 현자들은 약 22명 살아 있다).
- 이원적이지 않은, 혹은 완전한 합일의 세계에서 육체를 초월한 순수한 정신의 은혜로운 에너지에 따라 사는 사람 한 명은 낮은 에너지 수준에 있는 7천만 명이 표출하는 부정성을 상쇄한다(오늘날 이러한 현자들은 약 10명 살아 있다.).

다음은 호킨스 박사가 인간 행동의 숨겨진 결정 인자에 대한 29년 간의 연구를 통해 제시한 두 가지 주목할 만한 자료이다.

1. 역사적으로 주 크리슈나나 주 부처, 주 예수 그리스도와 같이 '주主'라는 칭호를 붙이기에 적합한 의식의 최고 수준에 있는 하나의 화신은 오늘날 세계 인류 전체의 집단적 부정성을 상쇄한다.

2. 이러한 높은 에너지장의 중화 효과가 없다면 전 인류의 부정성은 인류 스스로를 파괴할 것이다.

이는 인간 의식을 고양하고 우리의 존재를 의도한 바로 그 의도의 에너지와 조화를 이루는 경지로 스스로를 끌어올리는 법을 발견하는 데 있어 굉장히 중요한 사실을 암시한다. 당신의 진동 주파수를 조금만 높여 친절과 사랑, 이해를 실천하고, 자신은 물론 타인에게서 아름다움과 선의 무한한 가능성을 보는 경지에 이르기만 해도, 지구 어딘가에서 수치심과 분노, 증오, 죄책감, 절망, 우울감 등 낮은 에너지 수준으로 살고 있는 9만 명의 부정성을 상쇄한다.

나는 1960년대 쿠바 미사일 위기가 발생했을 때 존 F. 케네디John F. Kennedy 대통령이 취한 행동을 생각하지 않을 수 없다. 대통령 주변의 자문단은 필요하다면 핵무기를 사용하라고 강력히 권고했다. 그러나 케네디 대통령의 에너지, 그리고 평화적 해결의 가능성에 집중한 소수의 믿을 만한 동료들의 에너지가 공격성과 호전성을 촉구한 다수의 에너지를 상쇄했다. 매우 높은 정신 에너지를 가진 한 사람이 전쟁의 가능성을 최후의 수단으로 밀어낼 수 있다. 이는 당신의 삶에도 적용된다. 가족 내 갈등이 있을 때 당신이 의도의 에너지를 끌어온다면 적대적인 낮은 에너지를 상쇄하고 바꿀 수 있다.

나는 술과 마약에 중독된 청년들이 서로 싸우려 하고 군중들이 그들을 부추기는 적대적인 상황에서 이것을 실행했다. 나는 단지 〈이곳에 분명 하나님 계시도다Surely the Presence of God Is in This Place〉를 흥얼거리며 싸우려는 두 사람 사이를 걸어갔다. 그러자 그 에너지 혼자서 주변 에너지 수준을 평화의 수준으로 높이면서 분위기를 부드럽게 바꿨다.

또 한번은 식료품점에서 자신의 두 살 난 어린아이에게 몹시 화를 내며 증오 가득한 욕설을 내지르는 한 여자에게 다가갔다. 나는 그 에너지장으로 조용히 이동해, 아무 말도 하지 않는 대신 사랑의 높은 에너지를 향한 나의 갈망을 발산했다. 그러자 높은 사랑의 에너지가 낮은 증오의 에너지를 상쇄시켰다. 당신이 타인에게 끼치는 영향력을 의식하는 것이 얼마나 중요한지 깊이 생각하라. 그리고 의도와 조화를 이루게끔 당신의 에너지 수준을 높인다면 당신은 평화의 도구나 통로가 될 거라는 사실을 명심하라. 이는 어디서나 적용된다. 그러므로 인생에서 마주치는 사람들의 부정성을 상쇄하는 균형 세력의 일부가 되라.

이 장의 개념을 실행하기 위한 다섯 가지 제안

1. 당신이 맺는 모든 관계를 신성하게 만드는 것이 얼마나 중요한지 인지하라.

신성한 관계는 어떤 종교에도 기반을 두지 않는다. 신성한 관계는 모든 사람 안에서 보편적 정신이 나타남을 강조한다. 당신의 자녀들은 당신을 위해서가 아니라 당신을 통해 세상에 온 영적인 존재들이다. 당신의 애정 관계에서 당신이 원하는 것을 배우자에게 주는 데 집중할 수 있다. 만일 자유를 원한다면 당신이 사랑하는 모든 사람이 자유로워지기를 바라라. 풍요를 원한다면, 먼저 타인이 풍요로워지기를 바라라. 행복을 원한다면 타인이 더 행복하기를 원하고, 그들이 그것을 알게 하라. 인간관계에서 신성함을 가장 중시한다면 당신은 의도와 더욱 융합될 것이다.

2. 타인에게 행동하는 방식에 대하여 도덕적인 의문이 생기면 그냥 '메시아라면 어떻게 하실까?'하고 자문하라.

이 내면의 질문이 당신에게 의도의 평온함을 준다. 메시아는 인간의 경험을 가진 정신적 존재 안에 현시된 의도의 일곱 가지 얼굴을 대표하는 존재다. 당신은 이런 식으로 당신 안에, 그리고 모든 사람 안에 있는 메시아를 존경할 수 있다. 그리스도인이 아니라 그리스도처럼, 이슬람교도가 아니라 모하메드처럼, 불도가 아닌 부처처럼 됨으로써 자신이 원하는 것을 타인도 갖길 바라는 연습을 해라.

3. 당신이 자신과 타인에 대해 내리는 평가를 점검하라.

연민 어린 생각과 감정으로 전환하기 위해 의식적으로 노력하라. 걸인들이 게으르고 경제에 짐이 되는 사람들이라 판단하지 말고 조용히 축복하라. 연민하는 사고는 당신의 에너지 수준을 높이고 의도에 연결된 상태가 쉽게 유지되게 한다. 당신이 만나는 모든 사람과 모든 동물에게, 그리고 우리가 사는 지구와 우주에 연민을 가져라. 그에 대한 보답으로 모든 생명의 보편적 근원이 당신에게 연민을 베풀고, 당신의 개인적 의도가 이루어지도록 도울 것이다. 이것이 끌어당김의 법칙이다. 연민을 주면 그것을 돌려받고, 적개심과 평가를 주면 그것이 돌아온다. 당신의 생각에 주의하라. 연민하고 있지 않다면 생각을 바꿔라!

4. 타인이 무엇을 원하든 그들을 위해 그것을 아주 강렬하게 원하라.

이러한 에너지를 밖으로 발산하고 이 수준의 영적인 의식을 갖고 행동하라. 다른 사람들을 가장 행복하게 하고 만족시키는 것이 무엇인지 느껴보라. 의도의 높은 에너지를 이 느낌과 결합하고, 다른 사람들과 있는 동안 그 에너지를 외부로 발산하는 데 집중하라. 그렇게 하면 의도를 현시시키는 두 배로 높은 에너지장이 만들어질 것이다.

5. 당신이 의도의 일곱 가지 얼굴과 조화롭게 생각하고 느끼는 것만으로도 최소 9만 명에서 수백만 명의 집단 부정성을 상쇄한다는 사실을 계속 기억하라.

따로 할 일은 하나도 없다. 아무도 변화시킬 필요 없다. 이뤄야 할 목표도 없다. 당신의 에너지 수준을 창조적이고 친절하며, 다정하고 아름다운 주파수, 끝없이 확장하고, 한없이 풍부하며, 평가하지 않고 모든 것을 수용하는 주파수로 높이기만 하면 된다. 이러한 내적 태도를 지니면, 당신은 존재하는 것만으로도 인류에게 긍정적인 영향을 미치는 수준에 도달할 것이다. 스와미 스리 유크테스와르Swami Sri Yukteswar는 《한 요가 수행자의 자서전Autobiography of a Yogi》에서 요가난다Paramahansa Yogananda에게 이렇게 말한다. "자기실현이 깊어질수록 사람은 미묘한 영적 진동으로 전 우주에 더 많은 영향을 끼치고, 그 자신은 감각에 따른 변화에 영향을 덜 받는다."

당신은 전 인류를 위해 의도에 연결된 상태를 유지할 책임이 있다. 다시 말해 당신은 지금 이 순간 지구 반대편에 있는 누군가를 실망시킬 수도 있다!

* * *

이 장에서는 우리를 처음 이 세상에 태어나게 한 의도와 연결을 유지함으로써 우리가 세상에 어떤 영향을 끼치는지 이야기했다. 마하트마 간디Mahatma Gandhi는 이를 다음과 같은 말로 요약한다. “우리는 세상에서 우리가 보고자 하는 그 변화가 되어야 한다.” 그렇게 됨으로써 우리는 무한에서 유래한 우리의 영원한 부분과 연결된다. 무한의 온전한 개념을 이해하고, 무한이 우리의 능력에 영향을 미치는 방법을 이해하는 것은 매우 신비로운 일이다. 이는 1부 마지막 장에서 논의할 주제이다. 시간 속에서 시작하고 끝나지만, 왜인지 여기 있는 ‘나’. 이런 ‘나’가 항상 존재했고 앞으로도 계속 존재할 것임을 아는 육체와 정신에서 무한을 탐구할 것이다.

6
의도와 무한

"영원은 내세가 아니다…… 바로 현재다.
여기서 영원을 잡지 않으면 어디서도 잡을 수 없다."

조셉 캠벨 Joseph Campbell

바로 지금 여기서, 운동을 조금 해보자. 이 책을 내려놓고 큰 소리로 말하라. "나는 여기 출신이 아니다." 이 말의 의미를 명확히 하자면, 당신은 이 세계 안에 있지만 이 세계에 소속되지 않는다는 뜻이다. 당신은 현재 당신의 이름을 가진 육체이며, 그 육체는 분자와 뼈, 조직, 산소, 수소, 질소로 구성되어 있다고 배웠을 것이다. 당신은 자신을 특정한 이름을 가진 사람으로 알고 있고, 당신이 쌓아온 재산과 성취를 가진 사람으로 인식한다. 이러한 '자기self' 역시 몇 가지 무시무시한 정보를 알고 있다. 이 자기는 자신의 운이 좋다면 늙고 병들어 사랑한 모든 것을 잃게 되어 있음을 안다. 그런 다음 당신은 죽을 것이다. 이는 세계가 당신에게 주는 것을 요약한 것이다. 아마도 당신은 이른바 삶의 부조리함에 얼떨떨하고 놀랄 것이다. 두려움과 공포까지 자아내는 이 암울한 광경 속에서 나는 공포를 없앨 만한 개념 하나를 소개하고자 한다. 당신이 단지 뼈와 조직의 결합체에 불과하며 늙어 사라질 예정이라는 생각에 동의할 필요가 없다는 점을 알았으면 한다.

당신은 내가 지금까지 '의도'라 불러온 보편적 창조의 영역에서 왔다. 어떤 의미에서, 이 보편적 정신은 전적으로 비인간적이다. 그것은 순수한 사랑이고 애정이며 아름다움이고 창조성이어서 항상 확장하고 무한히 풍부하다. 당신은 이러한 보편적 정신에서 나왔다. 그리고 내가 계속 말해왔듯 '보편적'이라는 것은 '항상 모든 곳'에 있음을 뜻한다. 다시 말해 '무한하다'는 뜻이다. 당신의 소망이 이 영원한 원리와 보조를 맞춰 나아간다면 사실상 그 소망의 성취를 방해할 것은 아무것도 없다. 무한한 의도의 정신이 확장하고 수용하는 전진 운동을 당신의 자아가 거슬러야만 소망은 좌절된다. 삶은 그 자체로 영원하고, 그래서 당신은 삶이라 불리는 이 무한한 '비-실재'에서 솟아난다. 영원에 연결되어 지금 여기서 살아가는 당신의 능력이, 당신이 의도에 연결된 상태를 유지할지 말지 결정할 것이다.

삶은 영원하다

우리는 모두 수많은 무한이 모여 있는 무대에서 산다. 오늘 밤 바깥을 내다보며 우주의 무한함에 대해 고찰하라. 빛이 1년 동안 이동하는 거리로나 측정할 수 있는 아주 먼 곳에 별들이 있다. 당신이 눈으로 볼 수 있는 별들 너머로, 우리가 영원이라 부르는 끝없는 어떤 것 속에 수많은 은하계가 펼쳐진다. 정말이지 당신이 차지하고 있는 공간은 무한하다. 그 광대함은 우리가 다 볼 수조차 없을 정도로 거대하다. 우리는 끝도, 시작도 없는 무한한 우주 속에 있다.

다음 문장을 유심히 살펴보라. *삶이 무한하다면, 이것은 삶이 아니다.* 이 문장을 다시 읽고 삶이 정말로 무한한지 생각해 보라. 어떤 것이든 세심히 관찰하기만 하면 이 사실을 알 수 있다. 따라서 우리의 육체와 모든 성취와 소유물의 측면에서 볼 때, 어김없이 먼지 속에서 시작하고 끝나는 삶 자체는 삶이 아니라고 결론지어야 한다. 삶의 진정한 본질을 파악하면 당신의 삶을 극적으로 나아지게 할 수 있다. 이것은 엄청난 내적 변화로, 죽음에 대한 두려움을 없애고(존재할 수 없는 것을 어떻게 두려워하겠는가?), 무한한 정신세계에서 나온 모든 것이 유한한 세계로 들어가도록 의도하는 무한한 창조의 근원에 당신을 영원히 연결한다. 무한의 개념을 편안히 여기는 법을 배워라. 그리고 자신을 무한한 존재로 여겨라.

우리가 시작과 끝이 있는 이 유한한 세계에 있는 동안에도 의도의 힘은 영원하기에 무한한 본성을 유지한다. 당신이 경험하는 것 중 영원이 아닌 것은 결코 삶이 아니다. 그것은 당신의 자아가 창조한 환상으로, 무한한 근원에서 분리된 태도와 정체성을 유지하려 분투한다. 보통 스스로를 정신적 경험을 하는 인간이 아닌 인간의 경험을 가진 무한한 정신적 존재로 보려는 변화는, 대부분의 사람들을 두렵게 한다. 이 두려움을 지금 바로 직시하기를 권한다. 그렇게 하면, 모든 창조물에 일시적 형태를 부여하고자 하는 보편적 근원의 풍부함과 수용성에 영원히 연결될 것이다.

무한에 대한 두려움

우리는 모두 죽어가고 있는 육체 안에 있으며, 이 사실을 모두가 알고 있다. 그러나 우리 자신이 죽을 거라고는 생각하지 못하므로 마치 죽지 않을 것처럼 행동한다. 마치 '모든 사람이 죽지만 나는 죽지 않는다'고 말하는 것과 같다. 이것은 프로이트Freud가 관찰한 사실에 기인한다. 즉 우리는 스스로의 죽음을 상상할 수 없다. 그래서 그저 죽음을 부정하고, 죽지 않을 것처럼 살아가는데…… 이는 스스로의 죽음이 주입하는 공포 때문이다. 나는 이 장을 집필하려고 의자에 앉으며 한 친구에게, 나의 목표는 독자들에게 죽음의 두려움을 완전히 없애주는 것이라고 말했다. 정말 죽음에 대한 두려움이 조금이나마 사라졌는지 알려주길 바란다.

일곱 살 때 나는 형 데이비드David와 함께 미시간 마운틴 클레멘스 타운홀 로드 231번지의 양부모님 집에서 살았다. 나의 어머니가 가족과 재결합하기 위해 일하는 동안 스카프 부부가 우리를 돌봐주었다. 나는 그때 일이 마치 어제 일처럼 기억난다. 형과 내가 집 뒤쪽 베란다에 앉아 있는데, 스카프 부인이 손에 바나나 두 개를 든 채 눈물을 흘리며 밖으로 나왔다. 부인이 우리에게 바나나 하나씩을 주면서 말했다. "스카프 아저씨가 아침에 돌아가셨단다." 그때 처음으로 나는 죽음이라는 개념이 인간하고도 관련 있다는 것을 알았다. 나는 일곱 살의 순진한 마음에서 슬퍼하는 부인을 달래보려 이렇게 질문했다. "그럼 아저씨는 언제 다시 오는 거죠?" 그때 부인이 한 대답을 나는 결코 잊지 못한다. 부인은 이렇게 대답했다. "영영 못 와."

나는 위층의 내 침대로 올라가 바나나를 까먹고 누워서는 '영영'의 뜻을 이해하려 애를 썼다. 영원히 죽은 상태로 있다는 것은 실제로 무슨 뜻일까? 천년 또는 십억 광년까지는 어떻게 이해해볼 수 있었지만 '영영'이라는 개념은 끝도 없고 너무도 불가항력적이어서, 나는 속이 다 뒤집힐 지경이었다. 내가 이 이해되지 않는 '영영'의 개념을 소화하기 위해 무엇을 했을까? 간단히 말해, 그냥 까

먹어 버리고 위탁 가정에서 일곱 살짜리 아이가 할 만한 일을 했다. 이것이 바로 카스타네다가 한 말의 의미이다. 다시 말해 우리는 모두 육체 안에서 자기 방식대로 죽어가지만 마치 죽지 않는 듯 행동하는데, 그것이 우리가 실패하는 가장 큰 원인이다.

당신의 죽음

기본적으로 당신의 죽음을 둘러싼 딜레마에 대한 관점이 두 가지 있다. 첫 번째로, 우리의 육체는 태어나서 잠시 살다가 결국 쇠약해지고 지쳐버린다. 그래서 우리는 죽고, 영원히 죽은 상태가 된다. 산 사람의 입장에서 첫 번째 관점은 의식적으로든 무의식적으로든 받아들이기 공포스럽다. 두 번째 관점을 받아들이지 않는 한 죽음을 두려워하는 것은 당연하다. 혹 삶을 미워하거나 두려워하는 사람이라면 죽음을 환영할 수도 있겠다.

두 번째 관점은 간단히 말해 당신을 육체라는 일시적인 표현 속에 들어 있는 영원하고 무한한 영혼으로 보는 관점이다. 이 두 번째 관점은 단지 물질적 육체만 죽을 뿐, 당신은 창조된 그대로 완전하고 완벽하다고 본다. 또한 당신의 물질성이 의도의 보편적 정신에서 나왔다고 여긴다. 보편적 정신은 형태가 없었고, 지금도 없다. 사랑과 아름다움, 친절, 창조성을 띤 순수한 에너지이며, 어떠한 형태도 관여하지 않았으므로 죽을 수 없다. 형태도, 죽음도, 경계도,

퇴화도, 육체도 없고, 쇠약해질 가능성도 없다.

이 두 가지 관점 중 어떤 것이 당신을 더 편안하게 하는가? 어떤 관점이 평화나 사랑과 이어져 있는가? 어떤 관점이 두려움과 불안을 불러일으키는가? 당신이 무한함과 좋은 관계를 유지하게 하는 것은 무한한 자기의 개념이다. 영원하며 어디에나 있는 당신의 근원에 의식적으로 연결되어 당신 자신이 무엇보다도 무한한 존재임을 아는 것이 확실히 더욱 위로가 된다. 무한하기 때문에 당신의 근원은 어디에나 존재한다. 따라서 보편적 정신 전체는 어느 곳에서나 동시에 존재해야 한다.

따라서 정신은 당신을 포함한 모든 곳에 온전히 존재한다. 당신은 영영, 절대로 이러한 정신과 분리될 수 없다. 당신은 보편적 정신과 떨어질 수 있다는 터무니없는 생각에 웃게 될 것이다. 정신이 당신의 근원이다. 당신은 보편적 정신이다. 신은 당신을 통해 생각하고 존재하는 정신이다. 당신이 믿지 않더라도 이 정신은 항상 당신과 연결되어 있다. 심지어 무신론자라 해도, 신을 느끼기 위해 신을 믿을 필요는 없다. 그렇다면 질문은, 육체가 죽는지 아닌지가 아니라 무한의 어느 편에서 살고 싶은가가 되어야 한다. 당신에게는 두 개의 선택지가 있다. 무한의 소극적인 편에서 살 것인가, 무한의 적극적인 편에서 살 것인가. 어느 쪽이든 당신은 무한과 함께하기로 약속되어 있으며, 그 약속을 피할 방법은 없다.

무한과의 약속

이 장 서두에서 언급한 조셉 캠벨의 인용문을 다시 읽어보라. 영원은 지금이다! 바로 지금, 바로 여기에서 당신은 무한한 존재이다. 일단 죽음의 두려움에서 벗어나면 당신은 무한과 결합하고, 그 깨달음으로 인해 위로받고 안심하게 된다. 우리는 이 물질세계의 모든 것을 시공 연속체를 통해 인식한다. 그러나 무한은 시간과 공간을 선호하지 않는다. 당신의 육체를 구성하는 요소는 당신이 아니다. 당신은 단지 그 요소를 사용할 뿐이다. 당신은 시공간을 뛰어넘어 무한한 보편적 정신과 결합할 것이다. 당신이 이를 인식하지 못하는 것은 두려움 때문이다. 그러나 당신은 시공간에 무조건적으로 집착하는 당신의 임시 육체 속에 있는 동안에도 무한과의 약속을 지킬 수 있다. 이 장에서 나의 목적은 당신이 이 사실을 깨닫고 행하게 돕는 것이다. 당신이 이러한 결합을 이룬다면 죽음을 두려워하지 않는 삶을 살 것이라 장담한다.

우리의 물질적 육체와 소중한 것들이 있는 시공간이라는 감옥을 구성하는 요소를 살펴보자. 공간이라는 요소는 우리가 모든 사람과 사물로부터 분리되어 있음을 의미한다. 여기는 나의 경계로 한정한 내 공간이고, 저기는 너희들의 공간이라는 식이다. 당신이 가장 소중히 여기는 영혼의 짝조차 당신과 분리된 세상에서 산다. 아무리 가까운 공간이라 하더라도 경계로 분리되어 있다. 공간의 측면에서 우리는 언제나 따로 떨어져 있다. 무한과 약속하기 전에는 공간과 분리라는 것이 없는 무한한 세계를 상상하기가 대단히 어렵다.

시간 역시 분리의 한 요인이다. 우리는 과거의 모든 사건과 기억에서 분리되어 있다. 과거에 일어났던 모든 일은 바로 지금 일어나고 있는 일들과 분리되어 있다. 미래 또한 우리가 살아가는 지금, 여기와 분리되어 있다. 우리는 미래를 모르고, 과거는 잊었다. 따라서 우리는 시간이라는 불가사의한 환상에 의해, 지나갔거나 앞으로 일어날 모든 일과 분리된다.

그러나 당신의 무한한 영혼이 육체를 떠나면 더 이상 시공간의 제약을 받지 않는다. 분리의 개념이 더는 당신을 방해하지 못한다. 그러므로 내가 당신에게 묻고 싶은 것은 당신이 무한과의 약속을 믿느냐의 여부가 아니다. 그 피할 수 없는 약속을 언제 지킬 것이냐 하는 것이다. 시공간의 환상 속, 육체 안에 사는 지금 그 약속을 지킬 수도 있고, 죽을 때 지킬 수도 있다. 당신이 살아 숨 쉬는 동안 무한과의 약속을 지키기로 결정한다면 그것은 사는 동안 죽는 법을 배우는 셈이다. 이처럼 무한의 적극적인 측면으로 나아간다면 죽음에 대한 두려움은 사라지고, 당신은 죽음의 광기를 웃어넘기게 될 것이다.

당신의 진정한 본질을 깨닫고 죽음을 직시하라. 그리고 죽음의 두려움에 묶인 노예의 속박을 끊어라. 당신은 죽지 않는다. 이 사실을 선언하라. 이 사실을 깊이 생각하라. 다음과 같은 관점에서 죽음을 바라보라. 당신이 무한한 존재가 아니라면 당신의 삶의 목적은 무엇이겠는가? 물론 태어나고 일하고 재산을 쌓고 모두 잃고 병들고 죽는 일을 전부 겪는 것이 목적은 아닐 것이다. 당신의 무한한 본질을 깨닫고 의도의 일곱 가지 얼굴에 연결됨으로써, 당신은 자아가 둔 한계로부터 자유로워진다. 무한한 보편적 정신이 당신을 안내하고 도와주며 당신과 함께 일하도록 한다. 그리고 무엇보다도, 죽음과 죽음을 피할 수 없는 운명에 대한 두려움을 쫓아내면 당신은 압도적인 평화를 느낄 것이다. 이 땅을 떠나면서 두려움 없이 지극한 행복을 느꼈던 위대한 영적 스승들의 이야기는 감동적이다. 그들은 모든 의심을 떨쳐버렸고 모든 두려움에서 해방되었으며 은혜로운 무한과 만났다. 다음은 내가 오랜 시간 존경해온 몇몇 사람들이 죽기 직전에 남긴 유언이다.

> 내가 오래도록 소망한 시간이 지금 온다.
>
> — 아빌라의 테레사Teresa of Avila

> 서로에게 더욱 친절히 대하라.
>
> — 올더스 헉슬리Aldous Huxley

이것이 죽음이라면, 죽음은 삶보다 더 쉽다.

— 로버트 루이스 스티븐슨Robert Louis Stevenson

이것이 지상에서의 마지막이군! 나는 만족한다.

— 존 퀸시 애덤스John Quincy Adams

나는 천국에서 들으리라.

— 루트비히 판 베토벤Ludwig van Beethoven

빛, 빛, 세상에는 더 많은 빛이 필요하다.

— 요한 볼프강 폰 괴테Johann Wolfgang von Goethe

나는 평생 보고 싶어 했던 그 나라에 간다.

— 윌리엄 블레이크William Blake

저 건너편은 무척 아름답군.

— 토머스 에디슨Thomas Edison

신이시여, 신이시여, 신이시여.

— 마하트마 간디Mahatma Gandhi

당신이 아직 육체를 차지하고 있는 지금 유언을 적어보고, 무한한 존재로 옮겨 가는 게 어떻겠는가? 무한과의 약속을 생각할 때, 우리 대부분이 어떻게 삶을 살아가는지 살펴보라. 우리는 죽어가는 육체 속에 있으면서도 마치 우리에게는 죽음이란 것이 일어나지 않을 듯이 행동한다. 이러한 관점은, 무한과의 연결성이나 창조적 정신과 조화를 이루는 능력을 알지 못하는 무한의 소극적인 면에서 나온다. 무한과의 약속을 지금 지키는 것과 죽을 때 지키는 것의 본질적인 차이를 살펴보자. 전자는 무한의 적극적인 측면에 있는 것이고, 후자는 무한의 소극적인 측면에 머무른 채 무한을 회피하는 것이다.

무한의 두 가지 측면

무한의 적극적 측면에서 당신은, 자신이 죽어가는 한 육체 속에 있다는 사실을 완전히 인식한다. 게다가 당신의 내면은 육체나 육체의 정신, 또는 그 육체가 성취한 것이나 소유한 재산이 곧 당신이 아님을 안다. 무한의 이 적극적 측면에서 당신은 내가 앞에서 설명한 전차 손잡이를 잘 잡고 있고, 따라서 의도에 연결되어 있으며, 당신이 하는 모든 감각적 경험의 관찰자가 된다. 이것이 당신에게는 대단하게 느껴지지 않을지도 모른다. 그러나 일단 당신의 의식이 무한의 적극적 측면으로 옮겨 가면, 일상에서 일어나는 기적 같은 일들을 알아차리게 될 것이다. 무한의 적극적 측면에서 당신은 우선 일시적으로 인간의 경험을 하는 무한한 정신적 존재가 되며, 이러한 관점에서 모든 관계를 경험한다. 의도의 소극적 측면에서 경험하는 삶은 이와 정반대이다. 여기서 당신은 가끔 영적 경험을 하는 인간일 뿐이다. 당신의 삶은 죽음에 대한 두려움, 타인들과의 단절, 경쟁적인 행동 양식, 지배하고 이기려는 욕구에 지배된다. 무한의 소극적인 측면은 의도의 힘에서 당신을 분리시킨다.

다음은 무한의 적극적 측면에서 사는 사람들과, 이에 반해 자신의 영원한 본성을 거부하고 무한의 소극적 측면을 택한 사람들 사이에서 보이는 몇 가지 차이점이다.

운명의 감각

무한의 적극적 측면에서는 당신이 의도에 연결하는 것이 더 이상 선택이 아니라 주의를 기울여야 하는 하나의 소명으로 여겨질 것이다. 무한의 소극적 측면은 삶을 목적도 의미도 없는 혼돈으로 보게 만들지만, 무한의 적극적 측면은 당신이 내면 깊은 곳에서 느끼는 운명을 이행하도록 이끈다.

내 삶을 돌아보면 운명의 감각이 어릴 때부터 나를 이끌어 왔음을 깨닫는다. 나는 어릴 때부터 나의 삶에 풍부함을 현시할 수 있다는 사실을 알았다. 고등학교 시절과 대학교 시절 열정 없는 교사들의 따분한 강의를 들으며 지루해 죽을 것 같을 때도 많은 청중 앞에서 강연하는 나의 모습을 꿈꿨다. 그 시절 나는 열정을 갖고 살겠다고 맹세했고, 내게 어떤 이유가 있어 이곳에 있다는 사실을 어렴풋이 알았다. 내가 내 길을 가는데 누구든, 무엇이든 나를 가로막게 둘 수 없었다. 나는 내가 남편, 아버지, 저자 또는 독자이자 머리가 벗겨지기 시작한 키가 180센티미터 넘는 미국인 남성으로 가장한 무한한 영혼임을 항상 느꼈다. 그리고 나는 무한의 적극적 측면에서 살아가므로 내 안에 음악이 남아 있는 한 운명이 나를 죽게 하지 않을 것임을 느낀다.

당신도 나와 똑같은 선택을 할 수 있다. 당신이 어차피 죽을 육체에 불과하다는 생각을 버리고, 대신에 불멸하는 자기를 인식하라. 무한의 적극적 측면에서 당신의 더 큰 자기를 찾게 될 것이다. 이 자기의 아주 작은 부분만이 당신의 육체로 구현되었다. 단순히 자신을 무한한 존재로, 즉 불멸의 존재로 인식하는 것만으로도 의도에 연결된다. 그리고 보편적 근원의 경계 내에서 당신이 갈망하는 모든 것을 현시하는 능력을 갖게 될 것이다. 이외에 다른 방법은 없다.

운명에 대한 감각은 당신이 무한의 적극적인 측면에서 삶이라는 게임을 하고 있음을 깨닫게 한다. 운명에 대한 감각을 이용하기 전 당신은 삶에서 원하는 것과 하고자 하는 것을 동기로 삼았다. 그러나 무한의 적극적 측면에서, 당신은 운명이 당신에게 예정했던 일을 할 때임을 깨닫는다. 원하는 일들이 잘 풀리기를 바라기만 하고, 운이 바뀌기만을 기다리며, 다른 사람들이 당신을 위해 해주기를 바라는 것이 더는 옳게 느껴지지 않는다. 운명의 감각으로 인해 당신은 다음과 같은 사실을 깨달을 것이다.

'나는 영원하며, 이는 내가 따라야 할 운명을 이루기 위해 무한한 정신적 의도에서 나와 이 세상에 나타났음을 의미한다.'

당신은 의도의 언어로 당신의 목표를 말하기 시작하며, 그 목표가 실현될 것임을 알게 된다. 주어진 길을 순조롭게 나아가기 위해 의도의 힘의 협력을 얻어낸다. 무한에는 실패가 없기 때문에 당신은 실패할 수 없다.

13세기에 지어진 이 시는 당신에게 당신만의 운명이 있음을 깨닫게 해줄 것이다.

당신은 가능성을 갖고 태어났다.

당신은 선량함과 신뢰를 갖고 태어났다.

당신은 이상과 꿈을 갖고 태어났다.

당신은 위대함을 갖고 태어났다.

당신은 날개를 갖고 태어났다.

당신의 운명은 기는 것이 아니니, 기어 다니지 마라.

당신에게는 날개가 있다.

날개를 사용해 나는 법을 배워라.

— 루미Rumi

만일 루미가 이 시를 무한의 소극적 측면에서 지었다면 시구는 다음과 같았을 것이다.

당신은 자연의 우연한 사고로 만들어진 존재다.

당신은 운과 기회의 법칙에 의존한다.

당신은 쉽게 밀려다닐 수 있다.

당신의 꿈은 의미가 없다.

당신은 평범한 삶을 살 운명이다.

당신에게는 날개가 없다.

그러니 날 생각은 잊고 땅에 머물러라.

가능성의 감각

창조는 생각하는 것은 무엇이든 이룰 수 있다는 영원한 '가능성'에 따른 행동이다. 오늘날 우리가 당연하게 여기는 수많은 위대한 발명품 몇 가지만 떠올려보라. 비행기, 전깃불, 전화, 텔레비전,

팩스, 컴퓨터 같은 것들 말이다. 이것들은 모두 불가능이 아닌 가능성에 집중하고 자신이 마주한 조롱을 무시한 사람들의 창의적 아이디어의 결과물이다. 다시 말해, 가능성에 대한 감각은 무한의 적극적 측면이라는 비옥한 땅에서 자란다.

나는 여기, 내가 글을 쓰는 곳에서 '불가능'이라는 단어를 거부한 네 명의 아이에 관한 놀라운 이야기를 들었다.

에디Eddie는 손과 발이 없이 태어났다. 다섯 살 때 남아프리카 공화국에 가서는 오르고 싶은 산을 보았다. 그리고 그 산을 세 시간 만에 등반했다. 열세 살 때는 트롬본을 연주하기로 결심했다. 이 아이는 자신이 하려는 일을 하지 못할 이유를 모른다. 이 아이는 무한의 적극적인 측면에서 살며 무한한 가능성의 세계를 본다.

애비Abby는 심각하게 아픈 아이로, 심장 이식 수술이 필요했다. 엄마가 울자 애비는 엄마에게 말했다. "엄마, 울지 마. 나는 나아질 거야." 11시간이 지날 무렵 아이의 심장은 기적적으로 회복되었고, 애비는 나았다. 애비의 의도는 무한의 가능성의 세계에서 나왔다. 그 세계란 의도가 현시되는 무한의 적극적인 측면이다.

스테파니Stephanie는 다섯 살 때 뇌막염에 걸려 두 다리를 절단해야 했다. 현재 열두 살인 스테파니는 자전거를 타고 다니며 다리가 성한 대부분의 십대보다 더 큰 꿈을 꾼다. 스테파니의 슬로건은 '끝까지 가자'이다.

겨우 걸음마를 할 나이에 큰 심장 수술을 두 번 받은 프랭키Frankie의 부모에게 의사들은 자신들이 할 수 있는 일이 더는 없다고 말했다. 프랭키는 오직 생명 유지 장치에 의존해서 살았다. 의사들이 아이는 살아날 수 없고 고통만 받을 뿐이니 생명 유지 장치를 제거하길 권하자, 부모는 마지못해 동의했다. 그러나 프랭키는 살아났다. 프랭키는 무한한 가능성의 세계의 적극적인 측면에 있었던 것이다. 프랭키의 사진 아래 적힌 글이 모든 것을 말해준다. "나를 그렇게 쉽게 없애버릴 수 있다고 생각한 건 아니겠죠?"

의도의 힘은 무한한 가능성의 적극적인 측면에 머무는 것을 포함한다. 90대에도 계속 글을 쓴 조지 버나드 쇼George Bernard Shaw는 다음과 같이 말했다. "당신은 사물을 있는 그대로 보고 '왜?'라고 말한다. 하지만 나는 전혀 존재하지 않았던 것을 꿈꾸며, '왜 안 돼?'라고 말한다." 무한의 적극적인 측면에 머물러, 우리 모두에게 열려 있는 무한한 가능성을 보며 쇼의 말을 생각해 보라.

경외의 감각

당신은 단지 무한이라는 개념이 그 자체만으로도 경외심을 불러일으킨다는 사실을 인정해야 한다. 무한은 시작도 끝도 없다. 모든 곳에 동시에 존재한다. 시간도 없다. 그 모든 것이 지금 여기에 있다. 당신이 이 무한한 우주의 일부이고, 무한 속에서 생겨났다는 사실이 경탄스럽다. 이것을 묘사하기란 거의 불가능하다. 무한의 적극적 측면은 경외감을 불러일으킨다. 당신은 경외를 느낄 때 계속 감사하게 된다. 삶에서 행복과 성취에 이르는 가장 확실한 길은 당신에게 일어나는 모든 일에 대해 감사하고, 근원을 찬양하는 것이다. 그러면 재난이 발생한다 해도 그것을 축복으로 바꿀 수 있으리라 확신한다.

무한의 소극적 측면에서 당신은 이곳에 단지 잠깐 존재하기 때문에 우주나 지구, 그리고 그곳에 사는 생명체들에 대해 아무런 의무가 없다고 생각한다. 당신의 무한한 본성을 거부함으로써 매일 일어나는 기적을 당연시하며 살아간다. 그러나 당신의 영원한 본성을 알게 되면 당신은 완전히 다른 관점을 갖게 된다. 삶에 나타나는 모든 것에 계속 감사하게 된다. 이 상태에 머무르는 것이 당신의 의도를 성취하는 비밀이다. 이러한 감사 없이는 당신의 모든 노력이 수포로 돌아갈 것이다.

실제로 감사는 자력磁力을 만들어 낸다. 물론 자석은 사물을 끌어당긴다. 현재 당신이 가진 모든 좋은 것은 물론, 고난에도 진심으로 감사한다면 이 자력을 통해 당신의 삶에 더 좋은 것들이 흘러들어 오기 시작할 것이다. 내가 아는 성공한 사람들은 모두 자신이 가진 모든 것에 감사한다. 이렇게 감사하는 과정은 더 많은 것이 들어올 문을 연다. 적극적인 무한은 이런 식으로 작동한다. 주변에서 보는 모든 기적에 경외를 느끼면 그러한 기적을 더 많이 생각하고 보고 경험하게 된다. 반면에 감사하지 않는 태도는 풍요와 건강의 무한한 유입을 멈춰버린다. 문을 닫아버리는 셈이다.

겸손의 감각

무한의 적극적 측면은 겸손의 감각을 갖게 한다. 당신의 영혼이 겸손을 갖추면 당신은 자신이 이 세상에 홀로 있지 않음을 알게 된다. 의도의 힘의 마음을 감지하기 때문이다. 의도의 힘은 우리 모두의 안에 있다. 탈무드를 인용하자면, "당신이 다른 면에서 완벽하다 해도 겸손하지 않으면 실패한다." 무한의 적극적 측면을 받아들이는 과정에서 당신은 자신의 작은 자아가 난쟁이로 보일 정도로 매우 거대한 어떤 것, 즉 영원을 보게 된다. 당신의 작은 삶은 그 영원 속에서 아주 작은 삽화揷話에 지나지 않게 된다.

현대에 우울과 권태가 이토록 많이 생기는 이유 중 하나는 사람들이 자신의 작고 연약한 자아보다 더 크고 더 중요한 무언가에 연결된 자신을 보지 못하기 때문이다. 주된 초점이 자신의 재산과 외모, 동료들 사이에서의 명성에 있는, 즉 자아에 있는 젊은 사람들은 겸손의 감각이 매우 부족하다. 당신이 자신만 생각하고, 타인에게 어떻게 보일지만 생각한다면 의도의 힘에서 자신을 떼어놓는 것이다. 목적에 연결된 느낌을 갖고 싶다면 이 점을 분명히 알아둬라.

당신의 목적은 오로지 타인을 섬길 때, 그리고 당신의 육체, 정신, 자아보다 훨씬 위대한 어떤 것에 연결되어 있을 때에만 드러날 것이다.

나는 동료들에게 간절히 인정받고 싶어서 상담을 받으러 온 젊은 고객들에게 항상 말했다. 인정을 좇을수록 더욱더 반감을 살 것이며, 이는 인정을 구걸하는 사람을 아무도 곁에 두고 싶어 하지 않기 때문이라고 말이다. 가장 인정받는 사람들은 인정받는 것에 개의치 않는다. 그러므로 정말 인정받고 싶다면 당신 자신에 대한 생각을 멈추고, 타인에게 다가가 그들을 돕는 데 집중하라. 무한의 적극적인 측면은 당신을 겸손하게 한다. 무한의 소극적 측면은 오직 나, 나, 그리고 나에게만 계속 집중하게 하여, 결국 의도에 연결되는 것을 막는다.

빌헬름 슈테켈Wilhelm Stekel은 겸손의 중요성에 대해 주목할 만한 지적을 했다(그의 말은 제롬 데이비드 샐린저J. D. Salinger의 《호밀밭의 파수꾼Catcher in the Rye》에 인용되었다). 슈테켈은 이렇게 말했다. "미숙한 사람은 대의를 위해 고상하게 죽으려 하는 반면 성숙한 사람은 대의를 위해 겸손히 살려 한다."

관대함의 감각

만일 태양에게 "왜 우리에게 빛과 온기를 주니?"라고 묻는다면 태양은 이렇게 대답할 것이다. “그렇게 하는 것이 나의 본성이기 때문이야.” 우리는 태양처럼 되어야 한다. 그래서 베푸는 본성을 정착시키고 나눠줘야 한다. 무한의 적극적 측면에 있으면 베푸는 것이 당신의 본성이 된다.

아무리 작은 것일지라도, 자신의 것을 더 많이 줄수록 당신의 삶의 문은 더 많이 열린다. 이는 당신의 베풂을 보상해줄 뿐만 아니라 주고자 하는 갈망을 부추기고, 그 결과 받는 능력 또한 높인다. 무한의 소극적 측면에 있다면 당신은 삶을 결핍의 관점에서 본다. 그래서 비축하는 방식으로 삶을 살게 된다. 이러한 관점에서 생각하면 당신은 의도에 닿으려는 경향은 물론 관대함까지 잃는다. 무한한 공급과 무한한 시간, 무한한 근원을 지닌 무한한 우주를 보지 못한다면 당신은 부를 쌓기만 하고 인색해지기 쉽다. 의도의 힘은 역설적으로 타인에게 기꺼이 베푸는 것을 통해 느낄 수 있다. 의도는 하나의 에너지장이고, 이 영역은 무한한 공급에서 나온다. 그런데 돈이 없다면 당신은 무엇을 줄 수 있을까? 내가 좋아하는 스와미 시바난다Swami Sivananda의 조언을 깊이 생각하기를 권한다. 그가 제안하는 모든 것을 당신은 무한히 소유하고 있다.

당신이 주기 가장 좋은 것은

적에게는 용서이고,

반대자에게는 관용이며,

친구에게는 마음이다.

자녀에게는 모범이고,

아버지에게는 존경이며

어머니에게는 당신을 자랑스러워할 행동이다.

당신 자신에게는 존중이고

모든 사람에게는 사랑이다.

주는 삶을 살아라. 결국, 근원과 자연이 끊임없이 하는 일은 주는 일이다. 나무는 열매가 익으면 숙이며, 구름은 부드러운 비를 뿌리고, 고매한 사람들은 상냥하게 인사한다. 이것이 관대함이다.

앎의 감각

무한한 의도의 근원은 의심하지 않는다. 근원은 모든 것을 알고, 따라서 그 앎에 따라 행동한다. 무한의 적극적 측면에서 산다면 당신도 그렇게 될 것이다. 당신의 마음에서 모든 의심이 완전히 사라질 것이다. 당신은 인간이라는 일시적인 형상 안에 있는 무한한 존재로서 무엇보다도 정신적인 본성을 바탕으로 스스로를 인식할 것이다.

무한의 적극적 측면에서 나오는 이러한 앎의 감각은 당신이 더는 한계 내에서 사고하지 않는다는 것을 의미한다. 당신은 근원이다. 근원은 한계가 없다. 근원은 경계를 모르며, 끝없이 확장하고 한없이 풍부하다. 당신 역시 그렇다. 의심을 버리는 것은 본래의 자기와 다시 연결되겠다는 결정이다. 이것은 자기실현의 삶을 사는 사람들의 특징이다. 그들은 한계가 없는 무한의 방식으로 사고한다. 무한함의 특징 중 하나는 자신이 가지려는 것이 이미 존재하는 것처럼 생각하고 행동하는 능력이다. 이것은《성공과 내적 평화를 위한 열 가지 비결》이라는 책에서 다룬 비결 중 하나이다. 의도의 힘은 의심하지 않기에, 의도에 연결되면 당신이 지닌 앎의 감각은 당신이 갖고자 하는 것이 이미 존재한다고 생각한다. 여기에는 어떠한 반대 의견도 없다.

의도의 힘에 접근하기 위한 조언을 하나 주겠다. 모든 창조의 에너지가 영원히 공급되는 무한의 적극적 측면에 머물러라. 당신이 하려는 것과 되려는 것을 밤낮으로 꿈꿔라. 그러면 그 꿈들이 당신의 의도를 이해할 것이다. 당신의 꿈과 의도에 의심을 허락하지 마라. 꿈꾸는 사람들이 세계를 구원한다. 보이는 세계가 보이지 않는 세계에 의해 지탱되듯이 인간의 현시는 홀로 꿈꾸는 사람들의 비전을 양분으로 이루어진다. 꿈꾸는 사람이 되라.

열정의 감각

그리스인들은 우리의 언어에서 가장 아름다운 말 중 하나인 '열정enthusiasm'을 물려주었다. '열정'은 '내면에 있는 신'으로 번역된다. 당신의 내면에는 무한하고 열정적인 영혼이 있어서 그 자신을 표현하길 원한다. 그것은 당신의 내면에 있는 신이며, 당신의 운명을 깊이 느끼라 말한다. 우리의 모든 행동은 당신이 유래된 영감에 의해 측정된다. 당신의 행동에서 의도의 일곱 얼굴이 드러난다면 이는 당신 안에 있는 신으로부터 솟아나는 것이다. 그것이 열정이다. 당신이 의도의 힘을 따라할 때, 당신은 느끼게 되어 있던 열정을 느낄 것이다.

열성적이고 열정적인 감정의 장점은 대단히 유쾌한 기분과 기쁨이 함께 느껴진다는 점이다. 내게 여기 앉아 당신에게 진심 어린 글을 쓰는 것보다 더 큰 기쁨을 주는 일은 없다. 나는 가르침이 모든 의도의 근원, 즉 모든 창조의 보편적 정신에서부터 나를 통해 나가기를 열망한다. 간단히 말해, 나는 기분이 좋고 즐거우며 내 영감 덕분에 기쁘다. 기분이 아주 좋아지고 싶다면 거울을 들여다보고 말하라. "나는 영원하다. 나의 이 이미지는 사라지겠지만 나는 무한하다. 나는 이유가 있어서 잠시 이곳에 존재한다. 나는 모든 일을 열정적으로 할 것이다." 그런 다음 당신의 모습을 응시할 때 느낌이 어떤지 주목하라. 즐거움은 열정이 주는 경이로운 이점이다. 이는 기분이 나쁠 일이 전혀 없는 무한의 적극적 측면에 있을 때 찾아온다.

소속감

영원히 계속되는 세계에서 당신은 당연히 소속되어야 한다! 무한의 적극적 측면은 강렬한 소속감뿐만 아니라 우주 안의 모든 사람 및 사물과 연결되어 있다는 강렬한 느낌을 불러일으킨다. 당신이 소속되지 않기란 불가능하다. 당신이 여기에 존재한다는 것은 당신을 이곳에 있도록 의도한 신성한 보편적 근원이 존재한다는 증거이기 때문이다. 그러나 무한의 소극적 측면에 있다면 당신은 타인으로부터 소외감을 느낀다. 모든 것이 덧없고 당신이 무한하고 완전한 신의 일부가 아니라는 생각은 당신을 자기 불신, 불안, 자기 거부, 우울감을 비롯해 이 책에서 말한 여러 낮은 에너지들에 빠지게 한다. 이런 비참한 감정들을 떨쳐버리기 위해서 해야 할 일은 무한을 인식하는 것이다. 시바난다가 자신의 추종자들에게 가르쳤듯이 말이다.

> 모든 생명은 하나이다. 세계는 하나의 집이다.
>
> 모든 사람이 한 인간 가족의 구성원이다.
>
> 모든 창조물이 하나의 완전한 유기체이다.

이 완전체에서 독립된 인간은 아무도 없다.

인간은 타인들에게서 스스로 분리됨으로써 비참해진다.

분리는 죽음이다.

통일은 영원한 삶이다.

* * *

이것이 무한의 적극적 측면과 소극적 측면에 대한 나의 결론이다. 당신의 무한한 본성에 대해 날마다 가능한 한 자주 되새겨라. 사소한 결과를 내는 데 그칠 지적 변화처럼 들릴지 모르겠지만, 무한의 적극적 측면에 머물며 당신의 무한한 본성을 주기적으로 되새긴다면 당신의 갈망이 현시될 것이라고 나는 확신한다. 이 주제와 관련해 내가 읽은 글 중 윌리엄 블레이크William Blake의 말이 특히 뛰어나다.

"지각의 문이 정화된다면 모든 것이 있는 그대로의 모습으로, 즉 '무한'으로 나타날 것이다."

명심하라. 우리는 우리 자신과 의도의 영역 사이의 연결 고리를 깨끗이 하려 노력하고 있다는 것을.

이 장의 개념을 실행하기 위한 다섯 가지 제안

1. 당신은 무한과 맺은 약속이 있고 결국에는 이 물질세계를 떠나야 한다는 사실을 이미 알고 있다. 그러므로 그 일을 나중이 아니라 좀 더 일찍 하겠다고 결정하라.

바로 오늘, 지금이 그 약속을 지킬 가장 좋은 때이다. 그러므로 지금 당장 단호하게 해버려라. 스스로에게 간단히 선언하라. "나는 더 이상 이 육체/정신과 같지 않다. 이 순간부터 그 꼬리표를 거부한다. 나는 무한하다. 나는 모든 인간과 하나이다. 나는 나의 근원과 하나이며, 앞으로는 이러한 관점으로 나 자신을 보기로 한다."

2. 날마다 다음의 주문을 거듭 말하면서 신은 지속되지 않는 것을 창조하지 않고 창조할 수도 없다는 사실을 되새겨라.

"나는 영원히 존재할 것이다. 사랑이 영원하듯이 나의 진정한 본성도 영원하다. 절대로 다시는 두려워하지 않을 것이다. 왜냐하면 나는 영원하기 때문이다." 이러한 내적 확신은 당신을 무한의 적극적 측면에 있게 하며, 당신의 진정한 수준 높은 정체성에 대한 의심을 없애준다.

3. 명상할 때, 무한의 개념에 대해 두 가지 신념을 취할 수 있다는 점을 생각하라.

앞서 언급했듯이 실질적으로 당신은 가끔 영적 경험을 하는 인간이거나 잠깐 인간의 경험을 하는 무한한 영적 존재이다. 어느 쪽이 당신에게 사랑을 느끼게 하는가? 어느 쪽이 두려움을 불러일으키는가? 사랑이 우리의 진정한 본성이자 모든 것의 근원이므로, 두려움을 일으키는 것은 어떤 것이든 실재할 수 없다. 당신도 알고 있듯 사랑의 감정은 무한한 존재로서의 당신 자신과 관련되어 있다. 그러므로 당신은 진실을 알려주는 사랑의 감정에 의지해야 한다. 무한의 적극적 측면에 있다면 당신은 안전, 사랑, 의도에 영원히 연결된 기분을 확실하게 느낄 수 있다.

4. 자신이 두려움이나 절망, 걱정, 슬픔, 불안, 죄책감 등 낮은 에너지의 생각을 하고 있음을 알아채면 잠시 멈추고, 이런 생각을 무한의 적극적 측면의 관점으로 설명할 수 있는지 잘 생각해 보라.

당신이 영원히 존재하며 언제나 근원에 연결되어 있다는 사실을 깨닫는다면 완전히 새로운 시각을 갖게 된다. 무한의 맥락에서 볼 때 한순간이라도 감사와 사랑을 느끼지 않는다면 삶의 에너지를 낭비하는 것이다. 지각의 렌즈를 깨끗이 닦고 모든 것을 있는 그대로, 즉 윌리엄 블레이크가 말했듯, 무한한 것으로 여김으로써 낮은 에너지를 빠르게 없애고 의도의 힘에 곧바로 연결될 수 있다.

5. 잠시 시간을 내서 세상을 떠난 사람들 중 당신과 가까웠던 사랑하는 사람들을 생각해 보라.

당신이 자신의 무한한 본성을 알고 무한의 적극적 측면에 머문다면, 그들의 존재를 느낄 수 있다. 그들은 영원히 죽을 수 없고 죽지도 않았다. 존 오도노휴John O'Donohue는 켈트족의 지혜에 관한 책 《영혼의 동반자Anam Cara》에서 내가 동의하며 실제로 경험까지 한 사실을 다음과 같이 표현했다.

> 나는 죽은 사람들 가운데서 우리의 친구들이 정말로 우리를 지키며 보살핀다고 생각한다…… 우리는 보이지 않는 세계에 있는 친구들과 아주 창의적인 방식으로 연결될 수 있을지도 모른다. 죽은 사람들을 위해 비통해할 필요가 없다. 왜 슬퍼해야 하는가? 그들은 지금 그림자도, 어둠도, 외로움도, 고독도, 고통도 없는 곳에 있다. 그들은 고향에 있다. 그들을 창조한 신과 함께 있다.

당신은 이미 죽은 사람들과 소통할 뿐만 아니라 그들의 존재를 느낄 수도 있다. 무한의 적극적 측면에서 살면서 살아 있는 동안 죽을 수 있고, 그림자와 어둠을 없앨 수 있다.

* * *

이로써 이 책의 1부를 마친다. 2부는 이 새로운 의도와의 연결이 삶에서 다양한 방식으로 작용하게끔 하는 방법을 설명할 것이다. 1부와 마찬가지로, 당신이 상상할 수 있는 모든 일을 성취할 수 있는 가능성을 열 뿐만 아니라 무한의 적극적 측면에서는 모든 일이 가능함을 인식하고 읽어나가라.

| 2부 |

의도가 작용하게 하는 법

THE POWER OF

INTENTION

"우리는 이미 하나인데, 스스로 그렇지 않다고 생각한다.
따라서 우리가 회복해야 할 것은 본래 우리에게 있던 통일성이다.
무엇이든 우리가 되어야 할 것은 우리의 현재 모습이다."

토머스 머튼 Thomas Merton

7
항상 나 자신을 존중하라

"사람은 자기 자신의 인정 없이는 편안할 수 없다."

마크 트웨인 Mark Twain

단순한 진리로 이 장을 시작하겠다. 당신은 지금껏 믿어왔듯 물질 입자에서 생겨나지 않았다. 부모의 행복한 교제로 당신이 잉태된 순간이 당신의 시작은 아니다. 당신에게는 시작이 없었다. 그 입자는 모든 입자와 마찬가지로 의도의 보편적 에너지장에서 나왔다. 당신은 창조의 보편적 정신의 일부이다. 그래서 삶에서 의도의 힘에 접근하기 위해서는 당신 안의 신을 보아야 하며, 스스로를 신성한 창조물로 여겨야 한다.

이 책을 읽는 바로 이 순간 이 개념에 주목하라. 당신이 읽는 이 엄청난 내용을 깊이 고찰하라. 당신은 신의 일부이다. 당신은 모든 창조의 근원인 보편적 정신에서 생겨난 살아 숨 쉬는 창조물이다. 당신과 신은 동일한 존재이다. 간단히 말해, 당신이 스스로를 사랑하고 신뢰한다면 당신은 당신을 창조한 지혜를 사랑하고 신뢰하는 것이고, 당신 자신을 사랑하고 신뢰하지 못한다면 당신은 자아를 위해 무한한 지혜를 부정하는 것이다. 여기서 기억해야 할 중요한 점은, 삶의 매 순간 당신은 신의 주인이 될 것인지 자아의 인질이 될 것인지 선택한다는 사실이다.

주인인가 인질인가

당신의 자아는 책 앞부분에 쓴 믿음의 집합으로, 물질적 측면에서 당신이 이루고 축적한 것이 당신이라 규정한다. 당신이 품고 있을지 모르는 자기 회의와 자기 거부의 감정은 오로지 자아 때문이다. 자아의 수준 낮은 기준에 따라 살아가려 하면 당신은 바로 그 자아의 인질이 된다. 한 인간으로서 당신의 가치가 당신이 습득하고 성취한 것으로 측정되어 버린다. 적게 가졌다면 당신은 가치가 적은 사람이고, 따라서 타인에게 존중받을 가치가 없다. 타인이 당신을 존중하지 않는데, 타인이 당신을 어떻게 보느냐에 당신의 가치가 달려 있다면 당신이 스스로를 존중하는 것은 생각도 못할 일이 된다. 당신은 낮은 수준의 자아 에너지에 사로잡혀 계속 타인을 통해 자존감을 얻으려고 애쓰게 된다.

타인과 자신이 갖지 못한 것, 그리고 신과 자신이 떨어져 있다고 믿는 자아의 신념은, 자신을 존중하라는 의도에 부응하며 살려는 능력을 방해한다. 더 나아가 자아의 분리 개념은 점점 더 스스로를 다른 사람들과 경쟁하는 존재라고 느끼게 하고, 남을 이기는 횟수를 바탕으로 스스로의 가치를 평가하게 만든다. 자아의 인질이 되면 실패에 대해 평가받는다고 느끼기 때문에 자신을 존중할 수 없게 된다. 부정적 자아가 만든 이 암울한 심상 때문에 자기 거부가 생겨난다. 당신을 자아의 인질로 만들고, 당신이 유래된 근원의 주인 역할을 하지 못하게 만든다.

신의 주인이 된다는 것은 자신의 근원과 진정으로 연결되어 있음을 안다는 것이다. 또한 당신이 유래된 근원과 연결이 끊길 수 없음을 아는 것이기도 하다. 개인적으로 나는 신의 주인 노릇을 대단히 즐긴다. 매일 아침 여기서 글을 쓸 때 나는 의도의 근원으로부터 단어와 아이디어를 받고 있음을 느끼고, 이를 통해 이 페이지들을 적어나간다. 나는 나에게 이 모든 글을 주는 근원을 신뢰하며, 따라서 나를 이 물질세계로 데려온 근원을 신뢰한다. 나는 근원에 영원히 연결되어 있다.

이러한 인식은 절대로 이 책을 집필하려는 의도에 무관심하다는 뜻이 아니다. 내 말은, 내가 의도에 따라 이 책을 출간해 당신 손에 쥐여줄 자격이 있다는 것이다. 다시 말해, 나는 신의 일부인 나를 존중한다. 나는 의도의 힘에 다가간다. 그러면 의도의 힘을 존중하는 나의 태도가 나 자신에 대한 존중감을 높인다.

따라서 당신 자신을 사랑하고 존중함으로써, 당신은 의도의 힘에 연결되는 순간 신의 주인이 된다. 그리고 당신의 의식과 일상에 창조의 에너지를 불러들인다.

의도의 에너지와 자존감

만일 당신이 건강과 부, 다정한 인간관계를 이룰 의도를 달성할 자격이 있다는 사실을 믿지 않는다면, 당신은 일상에 창조적 에너지가 흘러들어 오는 것을 막는 장애물을 만들게 된다. 우주 안의 모든 것은 다양한 주파수로 움직이는 에너지라는 사실을 기억하라. 주파수가 높을수록 당신은 영적 에너지에 더 가까워진다. 낮은 주파수에 있다면 결핍과 문제를 겪는다. 의도 자체는 모든 것을 존재하게 하려는 의도를 가진 통일된 에너지장이다. 이 영역은 자연법칙의 고향이며, 모든 인간 내부의 영역이다. 이는 모든 가능성의 영역이며, 당신이 존재함으로 인해 당신의 것이 된다.

당신이 의도에 연결되어 있음을 부정하는 믿음 체계를 갖는 것이야말로 당신이 의도의 힘에 접근하지 못하게 한다. 스스로 모든 가능성의 영역을 즐길 가치가 없다고 생각한다면, 당신은 낮은 에너지를 내뿜을 것이다. 이것이 사실상 당신이 끌어당기는 에너지 패턴이 되고, 그러면 당신은 창조하는 정신의 한없는 풍부함을 받을 가치가 없다는 메시지를 우주에 보내는 셈이 된다. 이내 당신은 자기 경멸이라는 내면의 확신에 따라 행동할 것이다. 그러면 당신은 의도의 창조적 영역의 도움을 받을 가능성이 없다고 여기고, 창조적인 에너지가 삶에 흘러들어 오는 것을 막게 된다. 왜일까? 이것은 모두 당신이 스스로를 가치 없는 사람으로 여기기 때문이다. 이 경멸만으로도 당신의 의도가 삶에서 실현되는 것을 충분히 방해할 수 있다.

당신이 존중받을 가치가 없다고 단언하면 끌어당김의 법칙이 경멸을 끌어당긴다. 모든 것을 주는 의도에게 당신이 존중받을 가치가 없다는 메시지를 보낸다면, 당신은 만물의 근원에게 말 그대로 "내가 원하는 것이 뭐든 내 쪽으로 흘러오지 않게 하십시오. 그것을 받을 자격이 없다고 생각하기 때문입니다."라고 말하는 것과 같다. 그러면 근원은 이에 대한 응답으로 그 흐름을 멈출 것이다. 이로써 스스로가 무가치하다는 당신 내면의 확신을 재확인시키고, 수많은 방식으로 더 많은 경멸을 끌어당길 것이다. 당신은 과식과 유해한 물질로 스스로를 중독시킴으로서 자신의 육체를 해할 것이다. 그리고 행동 방식과 옷차림, 운동 부족, 타인을 대하는 방식 등 여러 가지 방식으로 자존감 결여를 드러낼 것이다.

이 음울한 상황에 대한 해결책은 자기 자신을 존중하고, 우주가 주는 모든 것을 받을 자격이 있다고 진심으로 느끼려 하는 것이다. 누구나 성공하고 행복할 자격이 있다면, 모든 사람에게 자격이 있는 것이다. 왜냐하면 모든 사람이 항상 의도에 연결되어 있기 때문이다. 간단히 말해 자기 자신을 무시하는 것은 신의 가장 위대한 창조물 가운데 하나를 무시할 뿐만 아니라 신 또한 무시하는 것이다. 근원을 무시하면 당신은 그에게 '아니요'라고 말하고, 의도의 힘에서 돌아서는 것이다. 이것은 당신의 확고부동한 의지를 실천시키는 에너지의 흐름을 멈추게 한다. 의도와의 연결을 존중하지 않는다면 그 어떤 긍정적 사고도 전혀 도움을 주지 못한다. 당신의 생각의 근원을 찬양하고 사랑해야 한다. 이것은 지성이라는 전지전능한 근원과 조화를 이루는 자아 존중감을 가져야 한다는 뜻이다. 생각의 근원은 무엇인가? 당신의 존재다. 당신의 존재에서 생각과 행동이 비롯된다. 당신의 존재를 미워한다면 결국 의도를 성취하지 못할 것이다.

모든 동물이 그렇듯 당신도 자연스럽게 스스로를 존중해야 한다. 자신이 갖고 싶은 것을 가질 자격이 없다고 생각하는 너구리는 없다. 만일 그런 너구리가 있다면 그 너구리는 먹이나 은신처 등 자신이 원하는 무언가를 가질 자격이 없다고 생각하는 내면의 확신에 따라 행동하여 결국 죽고 말 것이다. 너구리는 자신이 존중받을 만하다는 사실을 안다. 자신을 거부할 이유를 절대로 찾지 않으며 완벽한 질서 속에서 너구리답게 산다. 우주는 베푼다. 그래서 너구리는 우주가 베푸는 것들을 자신의 세계로 끌어당긴다.

자신에 대한 생각은 세상에 대한 생각이다

당신은 당신이 사는 이 세상을 어떻게 생각하는가? 보통의 사람들은 어떠하다고 생각하는가? 당신은 악이 선을 이긴다고 생각하는가? 세상에는 이기적이고 자기중심적인 사람들이 많을까? 평범한 사람이 성공할 수 있을까? 정부 기관과 그 대표자들은 모두 부패하고 신뢰할 수 없는 자들일까? 삶은 불공평할까? 연줄이 없다면 성공할 수 없을까?

이러한 태도는 모두 삶과 당신 사이의 개인적 상호작용에 대한 판단에서 나온다. 당신의 생각이 세상에 대한 비관적인 관점을 반영한다면, 그것은 사실 당신이 스스로를 비관한다는 뜻이다. 당신의 사고가 세상에 대한 긍정적 관점을 반영한다면, 그것은 당신이 당신의 삶을 긍정적으로 느낀다는 뜻이다. 당신이 일반적으로 세상에 대해 품고 있는 태도는 원하는 것을 이루려는 당신의 능력을 얼마나 존중하는지 보여주는 좋은 척도이다. 비관론은 행복한 현실을 이룰 수 있게 도와줄 의도의 힘에 접근할 수 있을 거라 생각하지 말라고 을러댄다.

나는 뉴욕에서 9·11 테러 발생 이후 이런 대화를 들었다. 할아버지가 손자에게 말했다.

"내 안에서 늑대 두 마리가 짖어대고 있단다. 한 늑대는 분노와 증오, 비통함, 그리고 복수심으로 가득 차 있단다. 또 한 마리는 사랑과 친절, 동정심, 용서하는 마음을 품고 있고 말이야."

"어떤 늑대가 이길 것 같아요?" 손자가 물었다.

할아버지가 대답했다. "내가 먹이를 주는 녀석이 이기겠지."

우리는 두 가지 방식으로 우리가 사는 세상의 상황을 볼 수 있다. 우선 증오와 편견, 학대, 기아, 빈곤, 범죄를 보고 이 세계가 끔찍한 세계라고 결론지을 수 있다. 이렇게 짖는 늑대를 먹이면 우리가 경멸하는 것을 더욱더 많이 보게 된다. 우리가 매우 악하다고 생각하는 것들로 스스로를 채우는 짓일 뿐이다. 하지만 우리는 세상을 자기애와 자아 존중의 관점에서 볼 수도 있다. 그러면 이 시대에 일어난 인종 간 관계 개선, 다수의 독재 정권 몰락, 낮아진 범죄율, 잔인한 인종차별 정책의 폐지, 환경 운동에 대한 의식 고양, 핵무기와 대량 살상 무기 제거에 대한 많은 이들의 의욕이 보일 것이다. 세상에는 악행도 벌어지지만 선한 행위 또한 수없이 많이 일어나고 있음을 떠올리게 되는 것이다. 그러면 우리는 인류의 희망이라는 입장에 서서 짖는 두 번째 늑대를 먹일 수 있다. 스스로를 신성한 창조물로 본다면 당신은 세계를 보는 시각에서도 이러한 희망을 찾을 것이다. 어두운 비관론자들은 당신과 당신의 자존감에 영향을 끼치지 못할 것이다.

세상에 대해 우울한 심상을 갖고 있다면 당신은 개인의 의도를 이루도록 돕는 잠재적 지원을 받아들이지 못한다. 당신이 타인을 경멸하는데 그들이 왜 당신의 도움을 원하겠는가? 보편적 힘을 거부하는 사람에게 그 힘이 왜 끌려오겠는가? 그토록 타락한 세상이 고결한 의도를 가진 누군가를 어떻게 돕겠는가? 이 질문들에 대한 대답은 명백하다. 당신은 마음으로 느끼는 것을 당신의 삶에 끌어당긴다. 당신이 존중받을 가치가 없다고 생각한다면 당신은 경멸을 끌어당긴다. 약한 자존감은 의도와의 연결 고리에 녹이 슨 결과이다. 이 연결 고리를 깨끗이 청소해야 한다. 그리고 이 정화 작업은 당신의 마음속에서 일어난다.

나는 의도를 적용하는 것에 관한 제2부의 첫 장으로 특별히 자존감을 선택했다. 왜냐하면 자신에 대한 존중이 없다면 의도의 모든 과정이 멈추기 때문이다. 스스로를 계속해서 존중해 주지 않는다면 의도는 가장 낮은 수준으로만 작용할 것이다. 의도의 보편적 영역은 곧 사랑과 친절, 아름다움이며, 이를 물질세계에 가져온다. 모든 것을 창조하는 보편적 정신의 작업을 따라 무언가를 만들어내고 싶다면 사랑과 친절, 아름다움의 속성과 조화를 이뤄야 한다. 만일 신이 창조한 누구든 또는 무엇이든 경멸한다면 당신은 창조적 힘을 경멸하는 것과 같다. 당신은 그 창조물 가운데 하나이다. 스스로를 경멸한다면, 당신은 의도의 힘에 연결되기를 단념했거나 잊었거나 아니면 최소한 그 가치를 훼손하는 것이다.

당신의 전반적인 세계관이 자신에 대한 존중감을 바탕으로 한다는 사실을 인식하는 것이 중요하다. 무한한 가능성을 믿어라. 그러면 당신은 자신의 가능성을 믿게 된다. 평화롭게 살며 모든 사람을 수용하는 인간의 가능성에 굳건히 서라. 그러면 당신은 평화롭게 살고 삶의 가능성을 받아들이는 사람이 된다. 우주는 풍요와 번영으로 가득 차 있고, 그것을 모든 사람이 누릴 수 있음을 이해하라. 그러면 당신은 당신에게도 모습을 드러내는 풍요의 편에 있게 된다. 자존감은 자신이 신성하게 연결되어 있음을 내적으로 아는 것에서부터 나와야 한다. 무엇도 이 신성한 토대를 흔들지 못하게 하라. 이렇게 하면 당신의 연결 고리가 깨끗해지고, 자존감은 당신 개인이 선택하는 것임을 알게 된다. 타인이 당신에 대해 어떻게 생각하느냐와는 아무 상관이 없다. 당신의 자존감은 오직 자기self에서 나온다.

자존감 안의 자기

자존감을 잃게 만드는 가장 큰 실수는 아마도 자신의 의견보다 타인의 의견을 더 중요시하는 것인 듯싶다. 자존감은 말 그대로 '자기'에서 비롯된다. 이 '자기'는 당신을 여기에 존재하도록 의도한, 다시 말해 형태 없는 무한한 상태에서 분자와 물질적인 실체로 존재하게끔 의도한 의도의 보편적 영역에서 왔다. 자신을 존중하지 못한다면 당신은 창조의 과정도 무시하는 것이다.

당신을 향한 의견이 적지 않음을 알게 될 것이다. 그 의견에 당신의 자존감이 약해지게 둔다면 당신은 자신을 누르고 타인을 존중하려 하는 것이며, 권리를 포기하는 것이다. 그러면 당신은 평가와 적대감, 불안의 낮은 에너지 상태의 태도로 의도의 영역에 다시 연결되려 하게 된다. 당신의 에너지 진동은 다시 낮아지고, 삶에 비슷한 낮은 에너지만 더 많이 끌어당길 것이다. 높은 에너지가 낮은 에너지를 무효화하고 바꾼다는 사실을 명심하라. 빛이 어둠을 몰아내고, 사랑이 증오를 녹인다. 저급하고 부정적인 생각과 견해를 바탕으로 당신의 자화상을 그렸다면, 당신은 보편적 정신에게 똑같은 일을 하라고 요구하는 셈이다. 왜일까? 왜냐하면 주파수가 높은 의도라는 보편적 근원은 순전히 창조성과 사랑, 친절, 아름다움, 풍부함 그 자체이기 때문이다. 자존감은 높은 에너지를 끌어당긴다. 자존감 결여는 낮은 에너지를 끌어당긴다. 다른 방식은 없다.

타인의 부정적인 견해는 당신에게 작용하는 타인의 낮은 에너지 자아를 나타낸다. 아주 간단히 말해 당신이 누군가를 평가하는 순간 당신은 그를 사랑하지 않는 것이다. 마찬가지로 당신에게 가해지는 평가에는 당신을 향한 애정이 없다. 당신의 자존감도 그 평가와 아무런 상관이 없다. 그들의 평가는 (그리고 당신의 평가도) 당신을 근원에서 멀어지게 하고, 따라서 의도의 힘에서 떨어뜨린다. 나의 친구이자 동료인 제럴드 잼폴스키Gerald Jampolsky가 말했듯이 "타인을 평가하고자 하는 유혹에 저항할 수 있다면, 타인이 용서를 가르치는 삶의 스승임을 알 수 있다. 타인은 내가 그들을 평가하지 않고 용서해야만 마음의 평화를 얻을 수 있음을 상기시켜 준다."

이것이 자존감 속에 있는 '자기'로 돌아오는 방법이다. 당신을 평가하는 사람들을 평가하며 자존감을 낮추는 대신에 그들에게 용서라는 조용한 축복을 보내고, 그들도 당신에게 똑같이 하리라고 상상하라. 당신은 의도에 연결되고, 항상 당신의 신성을 존중하게 될 것이다. 당신은 의도의 영역 안에 있는 당신의 위대한 힘을 누릴 수 있도록 길을 깨끗이 치웠다.

의도를 현실로 만들어라

이 장을 마무리하며 항상 스스로를 존중하기 위해 의도를 키우는 열 가지 방법을 제시하겠다.

1단계: 깨어 있는 동안 거울로 자신의 눈을 바라보면서 "나는 나를 사랑한다."라고 가능한 한 많이 말하라.

'나는 나를 사랑한다.' 이 마법의 세 마디는 당신이 자존감을 유지하게 해준다. 처음에는 이 말을 하기 어려울 것이다. 당신이 지금까지 살아오면서 겪은 환경과, 자아가 당신을 붙잡고자 하는 경멸 때문이다.

'나를 사랑한다'는 말이 다른 사람보다 우월해지고 싶은 자아의 욕구 표출이라고 느낄 수도 있다. 그러나 이것은 결코 자아의 말이 아니다. 자존감에 따른 확언이다. 자아의 마음을 초월하여 자신에 대한 사랑은 물론 신의 정신과도 연결되어 있음을 단언하라. 이것이 당신을 타인보다 우월하게 만들지는 않지만 당신을 타인과 동등해지게 하고, 당신이 신의 한 부분임을 축하하게 한다. 당신의 자존감을 위해 확실하게 말하라. 여기에 당신의 존재를 의도한 힘을 존중하기 위해 이 말을 하라. 이 확언은 당신이 근원에 계속 연결하여 의도의 힘을 되찾을 방법이다. 나는 나를 사랑한다. 쑥스러워하지 말고 말하라. 자랑스럽게 말하며 사랑과 자존감의 화신이 되라.

2단계: 다음 문장을 적어 반복해서 말하라. "나는 창조된 그대로 온전하고 완전하다!"

어디에 가든 이 생각을 해라. 이 문장을 적어서 주머니에 넣고, 자가용 안, 냉장고, 침대 옆에 붙여 놓은 에너지와 자존감의 원천으로 삼아라. 이 문장을 갖고 다니며 당신이 있는 공간에 두기만 해도 에너지가 곧장 당신에게로 흘러올 것이다.

자존감은 당신이 유래된 근원을 존중하는 마음과, 타인이 어떻게 생각하든 그 근원에 다시 연결되겠다는 결정에서 나온다. 처음에는 당신이 항상 의지할 수 있는 하나의 근원, 즉 당신을 정의하는 신성한 에너지에게 한없이 존중받을 가치가 있다는 사실을 계속 되새기는 것이 매우 중요하다. 이러한 노력이 당신의 자존감을, 그리고 결과적으로 의도의 힘을 삶에 이용하는 능력을 놀라울 정도로 높일 것이다. 거듭 되새겨라. '나는 나의 육체와 같지 않다. 내가 쌓은 재산도, 성취한 것도, 명성도 아니다. 나는 창조된 그대로 온전하고 완전하다!'

3단계: 타인과 모든 생명체를 존중하라.

자존감의 가장 큰 비결은 타인을 더 높이 평가하는 것일 듯싶다. 이렇게 하는 가장 쉬운 방법은 그들 안에서 나타나는 신을 보는 것이다. 타인의 외양이나 실패, 성공, 사회적 지위, 부 또는 결핍을 보지 말고 그들을 창조한 근원에게 감사와 사랑을 보내라. 모든 사람이 신의 자녀이다. 모든 사람이 말이다! 신을 믿지 않는 것처럼 행동하는 사람들에게서도 이 점을 보려고 노력하라. 사랑과 존경을 보냄으로써 에너지의 방향을 바꿔 근원에서 멀어지는 대신 근원으로 돌아가게 할 수 있다는 사실을 깨달아라. 간단히 말해, 당신이 주어야 하는 존중을 보여줘라. 당신이 타인에게 평가와 낮은 에너지를 보내면 바로 그것들을 끌어당길 것이다. 타인을 평가한다면, 당신은 그들을 규정하는 게 아니라 당신 자신을 평가받아야 하는 사람으로 규정하는 셈임을 명심하라. 당신을 향한 평가에도 이와 동일한 것이 적용된다.

4단계: 스스로는 물론, 당신이 만나는 모든 사람에게 이렇게 확언하라. "나는 소속되어 있습니다!"

소속감은 에이브러햄 매슬로Abraham Maslow가 자기실현 피라미드에서 가장 높은 곳에 배치한 속성 중의 하나이다(이에 대해서는 다음 장에서 설명하겠다). 자신이 소속되지 않은 것 같다거나 엉뚱한 곳에 있다는 느낌이 든다면 자존감이 부족하기 때문일 수 있다. 모든 사람이 소속되어 있음을 알고 당신 자신과 당신의 신성함을 존중하라. 이것이 문제가 되면 안 된다. 당신이 우주 속 이곳에 존재한다는 것이 여기에 소속되어 있다는 유일한 증거이다. 사람이 당신이 여기 소속될지 말지 결정하는 것이 아니다. 정부가 정하는 것도 아니다. 당신은 지적 체계의 한 부분을 이룬다. 창조의 지혜가 당신을 지금 여기서 이 귀중한 공간을 차지하고 형제와 부모로 구성된 가족과 함께 존재하도록 했다.

필요할 때마다 되뇌이고 확언하라. '나는 소속되어 있다!' 그리고 다른 모든 사람 역시 소속되어 있다. 아무도 이곳에 우연히 존재하지 않는다!

5단계: 당신은 결코 혼자가 아니라는 사실을 기억하라.

내가 혼자일 수 없음을 아는 한 나의 자존감은 손상되지 않는다. 내게는 파트너 격인 존재 '상급자'가 있다. 그분은 절대로 나를 버리지 않고, 내가 나의 근원을 저버린 듯했을 때도 내 곁에 꼭 붙어 계셨다. 보편적 정신이 나를 이 세상에 태어나게 하고 나를 통해 일할 만큼 나라는 존재를 존중한다면, 그리고 내가 위험하고 삿된 것에 빠져 있을 때도 나를 보호한다면, 나 역시 이 관계를 존중해야 마땅하다고 생각한다. 애리조나주 피닉스의 KTAR 라디오에서 토크쇼를 진행하는 내 친구 팻 맥마혼Pat McMahon이 테레사 수녀와 인터뷰를 진행하기 전 스튜디오에서 만난 일을 이야기해 주었다. 그는 그녀를 위해 뭔가를 할 수 있게 해달라고 부탁했다. "무엇으로든 어떤 식으로든 수녀님을 돕고 싶습니다." 그러자 테레사 수녀가 말했다. “내일 아침 오전 4시에 일어나 피닉스 거리로 나가세요. 그곳에 사는 사람 중 자기가 혼자라고 생각하는 사람을 찾아서 혼자가 아님을 알려주세요.” 훌륭한 조언이다. 왜냐하면 자기 의심에 빠져 있거나 길 잃은 듯 보이는 사람은 자신이 혼자가 아니라는 사실을 잊었기 때문에 자존감도 잃은 것일 테니 말이다.

6단계: 당신의 육체를 존중하라.

당신은 영원 가운데 아주 잠깐 동안 보이지 않는 당신 내면의 존재를 받아들일 수 있도록 완벽한 육체를 받았다. 당신의 몸은 크기나 모양, 색 또는 상상하는 그 어떤 질병과도 상관없이, 당신이 이곳에 존재하는 목적에 맞는 완벽한 창조물이다. 건강해지기 위해서 애쓸 필요가 없다. 건강은 당신이 해치지만 않는다면 이미 갖고 있는 것이기 때문이다. 하지만 당신이 과식하거나, 운동하지 않거나, 유해한 물질 혹은 마약으로 몸을 지나치게 자극한다면 건강을 해칠 수 있다. 그렇게 하면 몸이 아프거나, 지치거나, 신경이 과민해지거나, 불안해지거나, 우울하거나, 살이 너무 찌거나 성질이 나빠지는 등 다 열거할 수 없을 정도로 다양한 질병에 걸린다. 당신이 머무는 몸이라는 성전을 존중함으로써 자기 존중의 삶을 살라는 의도를 충족시킬 수 있다. 어떻게 해야 하는지 당신은 이미 안다. 또 다른 식이요법이나 운동 안내서 또는 개인 트레이너는 필요

없다. 내면으로 들어가 당신의 몸에 귀를 기울이고, 자존감이 요구하는 존엄과 사랑으로 몸을 대하라.

7단계: 언제나 당신을 존중하는 근원과 의식적으로 교류하기 위해 명상하라.

거듭 강조하고 싶다. 명상은 오감으로 감지할 수 없는 것을 경험하는 하나의 방법이다. 의도의 영역에 연결되어 있다면 당신은 당신 안의 지혜에 연결되어 있는 것이다. 이 신성한 지혜는 당신을 무척 존중하고, 당신이 이곳에 있는 동안 당신을 소중히 여긴다. 명상은 당신이 자기 존중의 상태를 유지하도록 하는 한 방법이다. 주변 상황과 상관없이, 당신이 명상이라는 신성한 상태에 들어가는 순간, 존중받는 창조물로서의 가치에 대한 의심이 전부 녹아 없어진다. 명상의 엄숙함에서 나와 근원에 연결됨을 느끼고, 모든 존재를, 특히 당신 자신을 존중하게 될 것이다.

8단계: 적에게 사과하라.

사과하는 행위는 적에게 존중이라는 신호를 보낸다. 용서하는 에너지를 밖으로 내보냄으로써 존중하는 긍정적 에너지가 당신 자신에게 되돌아오는 것을 발견할 것이다. 여전히 당신이 옳다고 생각하더라도, 분노나 비통함, 긴장 대신 친절함을 내비치고 사과할 수 있을 만큼 마음을 넓게 가지면 당신은 상대를 용서할 때보다도 훨씬 더 스스로를 존중하게 된다. 누군가를 향해 분노한다면 당신의 마음은 그 자신을 쇠약하게 만드는 에너지의 존재에 분노한다. 지금 당장 잠시 시간을 내서 당신의 마음을 상하게 하는 사람을 마음속으로 마주 보고, 사과하고 싶다고 말하라. 그러면 당신의 기분이 훨씬 좋아지는 것을 느낄 것이다. 이처럼 분위기가 개선될 때 느끼는 좋은 기분이 바로 자아 존중감이다. 낮은 에너지의 감정에 집착하지 않고 사과하기 위해서는 큰 용기와 인격의 힘, 내적 확신이 필요하다.

9단계: 자존감 안에 '자기'가 있음을 항상 기억하라.

이렇게 하려면, 당신에 대한 타인의 생각은 사실이 아니라 단지 의견임을 알아야 한다. 내가 500명의 청중 앞에서 강연을 하면 그날 저녁 강연이 끝난 그곳에는 나에 대한 500가지 의견이 생긴다. 나라는 존재는 그 의견 중 어떤 것도 아니다. 사람들이 나를 어떻게 보는지는 내 책임이 아니다. 내가 책임질 수 있는 것은 단 하나, 나의 성품이다. 그리고 이는 우리 모두에게 해당한다. 만일 내가 나를 존중한다면 나는 자존감을 느끼며 자아에 기대는 것이다. 그러나 내가 나를 의심하거나 자책한다면 나는 자존감을 잃을 뿐만 아니라 계속해서 더 많은 의심과 낮은 에너지의 의견을 끌어당기고, 그로 인해 더욱더 자책하게 된다. 자존감을 위해 자기에게 기대지 않는다면 우리 모두를 여기에 있게 한 보편적 정신에 연결된 상태를 유지하지 못한다.

10단계: 항상 감사하라.

감사는 앞으로 이어질 각 장의 마지막 단계에 해당한다. 당신의 삶에 나타나는 모든 것을 경시하지 말고 감사하는 사람이 되어라. "하나님, 모든 것에 대해 감사합니다."라고 말하며 삶은 물론 당신이 보고 경험하는 모든 것에 감사를 표현한다면 당신은 신의 천지창조를 존중하게 된다. 이러한 존중은 당신의 내면에 있으며, 당신은 오직 내면에 있는 것만 줄 수 있다. 감사는 존중과 정확히 같은 것이다. 자신을 존중한다는 것은 다른 사람에게도 존중을 베푼다는 것이며, 그러면 열 배로 돌려받을 것이다.

나사렛 예수가 마태를 통해 하는 말로 이 장을 맺겠다. "그러므로 하늘에 계신 너희 아버지께서 완전하신 것 같이 너희도 완전하여라". 당신이 유래한 완벽함에 다시 연결하라.

이보다 더 자기를 존중할 수는 없을 것이다!

8
목적을 갖고 살아가라

"진리를 추구하는 데 실패한 사람들은 삶의 목적을 잃은 사람들이다."

붓다

"인생의 유일한 목적은 신적인 자기를 깨닫는 것이다.
다른 모든 일은 쓸모없고 가치 없다."

시바난다

목적의식은 에이브러햄 매슬로가 50여 년 전에 만든 자기실현 피라미드의 가장 꼭대기에 위치한다. 이 연구를 통해서 매슬로 박사는 목적의식을 느끼는 사람들은 인간이 보여야 할 가장 높은 경지의 삶을 산다는 것을 발견했다. 내가 인간개발과 동기 부여, 영적 깨달음 분야에서 일한 수년 동안 많은 사람이 이 주제에 대해 가장 많이 물었다. 사람들은 내게 이런 질문을 거듭 해왔다. "저의 목적을 어떻게 찾아야 하나요? 그런 게 정말로 존재하나요? 저는 왜 제 삶의 목적을 모를까요?" 자기실현을 이룬 대부분 사람은 인생의 여정에서 목적의식을 갖고 살아간다. 그러나 많은 사람이 자기 삶의 목적을 거의 느끼지 못하고, 심지어 삶에 목적이 있다는 사실조차 의심한다.

목적과 의도

이 책의 주제는 의도란 우주에 있는 하나의 힘이며, 모든 것과 모든 사람이 이 보이지 않는 힘과 연결되어 있다는 것이다. 우주는 우리 모두가 속한 지적 체계이다. 그리고 여기에 있는 모든 것은 그 지성에서 나왔으므로, 이곳에 존재하게 되어 있지 않은 것은 이곳에 존재하지 않는다. 따라서 이곳에 존재한다면 존재하게 되어 있었다는 뜻이고, 이것으로 충분하다. 즉 당신이 존재한다는 사실 자체가 당신에게 목적이 있다는 뜻이다. 내가 이미 말했듯이 우리 대부분에게 중요한 질문은 '나의 목적은 무엇인가?'이다. 이러한 의문은 목적을 궁금해하는 사람들의 수만큼이나 많은 형태로 나타난다. 예를 들면 이렇다. 나는 무엇을 해야 할까? 건축가? 아니면 플로리스트? 수의사가 되어야 할까? 사람들을 도와야 하나 아니면 자동차를 수리해야 하나? 가정을 이뤄야 하나 아니면 밀림에서 침팬지를 구해야 하나? 우리는 수많은 선택지에 혼란스러워하고, 옳은 선택을 하고 있는지 의심한다.

이 장에서는 이런 의문은 잊어라. 대신 믿음의 자리로 나아가 의도라는 보편적 정신을 신뢰하라. 동시에 당신은 보편적 정신에서 나왔고, 언제나 그것의 일부였다는 사실을 기억하라.

의도와 목적은 유전자의 이중 나선처럼 자연스럽고 아름답게 얽혀 있다. 여기에 우연이란 없다. 당신은 입자와 형태를 지닌 세계에 들어오기 전에 지원한 목적을 위해 이곳에 존재한다. 당신이 문제라고 여기는 대부분은 사실 당신이 의도와 끊어져 있고, 따라서 당신의 진정한 영적 정체성을 몰라서 나타나는 결과이다. 당신이 목적의식을 갖고 살려는 의도를 행하려면 기본적으로 그 연결 고리를 깨끗이 닦고 다시 연결하는 과정을 거쳐야 한다. 의도와의 연결 고리를 깨끗이 할 때 당신은 매우 중요한 사실을 두 가지 깨달을 것이다. 우선 당신의 목적에 있어 당신이 무엇을 하는지보다 어떻게 느끼는지가 중요하다는 것을 알게 될 것이다. 두 번째 깨달음은 당신이 목적의식을 가지면 의도의 힘을 활성화해 의도의 일곱 얼굴과 일치하는 무언가를 창조하게 되리라는 것이다.

목적의식을 느껴라

'나는 살아가면서 무엇을 해야 하는가?'라는 의문에 대한 대답으로 이렇게 말하겠다. 당신은 이 세계에 빈손으로 와서 빈손으로 갈 것이다. 그러므로 당신이 해야 하는 일은 오직 하나, 당신의 삶을 내주는 것이다. 다른 사람들을 도우며 당신의 삶을 내줄 때 당신은 목적의식을 가장 잘 느낄 것이다. 다른 사람들에게, 당신이 사는 지구에, 당신의 근원에게 내줄 때 당신은 목적의식을 느낀다. 당신이 하기로 선택한 일이 무엇이든, 결과를 기대하지 않고 다른 사람들을 위해 봉사하겠다는 마음이 있다면 당신에게 풍요가 얼마나 흘러들어 오든 목적의식을 느낄 것이다.

그러므로 당신의 의도는 목적의식을 갖고 사는 것이다. 그런데 이 점에서 영적인 근원은 어떤 존재일까? 영적 근원은 끊임없이 자기 생명을 내주는 과정을 통해 무에서 유를 창조한다. 당신이 내주고 창조하는 것이 무엇이든, 당신도 이렇게 해야 의도와 조화를 이룬다. 그 순간 목적의식을 느낀다. 보편적 정신이 항상 목적의식을 가지고 행동하듯이 말이다.

여기서 한 단계 더 나아가자. 모든 생명의 보편적 근원이 자신의 힘으로 하는 일에 대해 고민할까? 가젤 또는 지네를 세상에 들여오는 일로 근심할까? 어디서 살지 또는 궁극적으로 무엇을 창조할지 염려할까? 아니다. 당신의 근원은 그저 의도의 일곱 얼굴을 통해 자신을 표현하는 일에만 관심을 가진다. 세세한 일은 저절로 이루어진다. 마찬가지로 당신에게 목적의식이 있다는 감각은 의도의 일곱 얼굴의 표현으로 이어진다.

직업 선택이나 당신에게 예정된 일을 하는 것과 무관한 내면의 정서 상태에 머물러라. 타인을 위해 봉사하거나 자신의 한계를 넘어 친절을 베풀 때 당신은 근원에 연결되어 있음을 느낄 것이다. 당신이 옳은 일을 하고 있음을 알기에 행복과 만족을 느낄 것이다.

나는 이메일을 읽을 때나 공항을 걸어갈 때, 식당에서 식사할 때 자주 이런 말을 들으며 내가 목적의식을 갖고 살고 있음을 깨닫고, 내적 성취감과 만족감을 느낀다. "웨인 다이어 씨, 당신 덕에 제 삶이 바뀌었어요. 제가 길을 잃었다고 생각했을 때 당신이 나타났어요." 이것은 인세를 받거나 훌륭한 서평을 받는 것과는 또 다르다. 이 역시 즐겁지만 말이다. 개인적인 감사의 말은 내가 목적의식을 갖고 살아가고 있음을 지속해서 알려준다.

사실상 나는 내가 선택한 일 외에도 매일 수많은 방식으로 목적의식을 느낀다. 도움이 필요한 사람을 도울 때, 식당이나 상점에서 기분이 상한 직원을 격려할 때, 유모차에 혼자 있는 아이를 웃게 할 때, 아니면 쓰레기를 주워 쓰레기통에 넣을 때 나는 나 자신을 내주고, 그렇게 함으로써 목적의식을 느낀다.

본질적으로 내가 하고자 하는 말은 이렇다. 의도의 일곱 얼굴을 표현함으로써 목적의식을 가져라. 그러면 세부적인 일들이 당신을 발견할 것이다. 당신의 목적이 무엇인지 또는 그것을 어떻게 찾을지 물을 필요가 전혀 없을 것이다.

목적이 당신을 발견할 것이다

앞장에서 나는 의도와의 연결을 방해하는 것들을 살펴보고, 우리의 생각이 가장 큰 장애물임을 지적했다. 우리는 우리가 하루 종일 생각하는 바로 그것이 된다고 강조했다. 당신은 무엇 때문에 당신이 목적의식을 갖지 못한다고 생각하는가? 가령 당신이 목적과 떨어져 삶의 방향 없이 표류한다고 생각한다면, 당신은 정확히 그렇게 될 것이다.

그러나 여기는 목적이 있는 우주이고, 그 안에서 당신의 생각과 감정과 행동은 자유의지의 일부이자 의도의 힘에 연결되어 있다는 사실을 생각하라. 목적도 방향도 없는 당신의 생각까지도 당신의 목적의 일부라고 생각하라. 사랑하는 사람을 잃을지도 모른다는 생각이 그를 더욱 사랑하게 만들고, 병에 대한 생각이 건강을 더욱 소중히 여기게 하듯, 당신이 중요하지 않다는 생각이 당신의 가치를 깨우쳐 준다는 점을 생각하라.

목적을 궁금해하고 그 목적에 이어질 방법을 물을 만큼 깨어 있다면 지금 의도의 힘이 당신을 쿡쿡 찌르고 있는 것이다. 당신이 왜 여기에 있는지 의문을 품는 행위 자체가, 당신의 생각이 의도의 영역에 다시 연결되도록 당신을 부추긴다는 증거이다. 당신의 목적에 대해 생각하게 만드는 근원은 무엇인가? 당신은 왜 목적의식을 갖고 싶어 하는가? 왜 목적의식이 성공한 사람이 지닌 최고의 특성이라고 생각하는가? 이런 생각은 에너지와 지성의 무한한 저장고에서 온다. 어떤 의미에서 목적에 대한 생각은, 사실 당신에게 다시 연결되고 싶어 하는 당신의 목적이다. 사랑과 친절, 창조, 풍요의 무한한 저장고는 창조하는 지성으로부터 자라났으며, 당신만의 방법으로 이러한 보편적 정신을 표현하도록 격려하고 있다.

이 장 시작 부분에서 소개한 인용문 두 개를 다시 읽어보라. 붓다는 진리에 주목하고, 시바난다는 '신적인 자기를 깨닫는 것'이 우리의 진정한 목표라고 주장한다. 이 책 전체는 의도의 힘에 연결되고 자아를 놓아버리는 것에 중점을 둔다. 자아는 신성한 창조의 근원과 우리가 떨어져 있다고 믿게 만들고, 궁극적 진리의 깨달음에서 멀어지게 한다. 이 궁극적 진리가 당신의 생각의 근원이다.

내면의 존재성은 당신이 여기에 있는 이유를 안다. 그러나 자아는 당신이 돈과 명성, 인기와 감각적 쾌락을 좇도록 부추기며, 그래서 삶의 목적을 놓치게 한다. 당신은 만족감을 느끼고 명성을 얻을지 모르지만 속으로는 오래전 페기 리Peggy Lee가 부른 '이게 다야?Is That All There Is?'라는 노래가 상징하듯 자책감을 느낀다. 자아의 욕구에 집중하면 충족되지 못한 느낌이 남는다. 내면 깊은 곳, 존재의 수준에 맞춰라. 그 내적인 공간 아닌 공간에서 당신은 의도의 힘에 연결된다. 의도가 당신을 발견할 것이다. 의도의 힘과 접촉하고 그것에 귀 기울이도록 의식적으로 노력하라. 영혼의 근원에 존재하는 당신이 되도록 연습하라. 의도와 목적이 완벽히 일치해 '이것이 바로 그것임을 그냥 아는' 직관에 도달하는 영혼의 수준으로 가라.

고요한 내면의 앎

존경받는 심리학자이자 철학자인 윌리엄 제임스William James는 이렇게 썼다. "우리는 무엇을 해야 하는지 마음속 깊은 곳에서는 알지만…… 어쩐지 시작할 수가 없다…… 매 순간 우리는 마법이 풀리기를 기대한다…… 그러나 마법은 풀리지 않고, 우리는 그것과 함께 떠돈다……."

상담사이자 수많은 청중 앞에서 삶에 대해 이야기하는 강사로서의 경험을 바탕으로 나 역시 같은 결론에 도달했다. 우리 모두의 내면 깊은 곳 어딘가에 목적에 대한 부름이 있다. 그것이 항상 합리적이거나 명확하지는 않으며, 심지어 터무니없어 보일 때도 있다. 하지만 앎은 거기에 있다. 당신의 내면에는 스스로를 표현하게 하는 고요한 무언가가 있다. 그것은 의도의 힘에 귀를 기울이고, 사랑과 친절, 수용을 통해 의도의 힘에 연결되라고 말하는 당신의 영혼이다. 이 조용한 내면의 앎은 절대로 당신을 홀로 내버려두지 않을 것이다. 이 앎을 무시하고 이것이 존재하지 않는 것처럼 행동할 수도 있다. 하지만 홀로 명상하는 시간이 되면, 당신의 음악으로 채워지길 갈구하는 공허함을 느낄 것이다. 그것은 당신이 위험을 무릅 쓰고 당신의 자아와 타인의 자아를 무시하기를 바란다. 자아는 항상 더 쉽거나, 안전하거나, 확실한 길만이 최선이라고 말하기 때문이다.

아이러니하게도 이것은 특정한 과제를 수행하거나 직업을 갖거나 특정한 곳에서 살아가는 것과는 관련이 없다. 그보다는 타고난 기술이나 관심을 사용해 창조적이고 사랑을 베푸는 방식으로 스스로를 나누는 일에 가깝다. 이것은 춤이나 글쓰기, 치료, 가드닝, 요리, 육아, 교육, 작곡, 노래 부르기, 서핑 등 어떤 행위도 포함할 수 있다. 이 목록에는 제한이 없다. 하지만 이 목록에 적힌 활동으로 당신은 스스로의 자아를 강화할 수도 있고, 반대로 다른 사람들에게 봉사할 수도 있다. 자아를 만족시키면 궁극적으로 당신의 목적을 실현하지 못하고 의심하게 된다. 그러나 타인에게 봉사하기 위해 위의 활동들을 한다면 당신은 목적 있는 삶의 더없는 행복을 느끼며, 역설적으로 갖고 싶어 하는 것을 더 많이 끌어당긴다.

내 딸 스카이Skye가 이를 잘 보여 준다. 스카이는 처음 말을 할 때부터 스스로가 노래를 부르고 싶어 한다는 것을 알았다. 마치 다른 사람들을 위해 노래 부르는 운명을 갖고 이 세상에 태어난 것 같았다. 몇 년이 흐르자 스카이는 나의 강연에서 노래를 부르기 시작했다. 네 살 때를 시작으로 스물한 살이 된 지금까지도 매년 노래를 부른다. 스카이는 내가 텔레비전에 출연할 때도 노래를 불렀고,

그러면 사람들은 항상 즐거워했다.

스카이는 대학교에서 음악 과정을 열심히 들으며 음악의 학문적이고 이론적인 면을 공부했다. 스카이가 3학년일 때 우리는 그 아이의 목적과, 그 아이가 늘 품고 있던 조용한 내적 앎을 주제로 이야기를 나눴다. 스카이가 물었다. "제가 학교를 중퇴하면 화내시겠어요? 그냥 교실에 앉아 음악 이론을 연구하는 것만으로는 제가 해야 하는 일을 할 수 없을 것 같아요. 그냥 저만의 음악을 만들어 노래하고 싶어요. 오직 그 생각뿐이에요. 그래도 아빠와 엄마를 실망시켜 드리고 싶지 않아요."

독자들에게 자기 안에 있는 음악과 함께 죽어가지 말라고 해 놓고, 어떻게 스물한 살 된 딸에게 계속 학교를 다니는 게 맞으며 나도 그렇게 했으니 학교에 계속 다니라고 말하겠는가? 나는 그 아이가 걸음마를 할 때부터 내면의 고요한 앎에 귀를 기울이고, 그 마음을 따르라고 격려했다. "마음을 준다는 것은 전부를 주는 것이다."라고 간디Gandhi가 말했듯이 말이다. 마음은 신이 스카이 안에…… 그리고 당신 안에 존재하는 곳이다.

나는 딸에게 유명해지거나 돈을 버는 데 관심을 쏟지 말고 딸의 음악을 들을 사람들에게 봉사하여 삶의 목적을 이루기 위해 최대한 노력하라고 조언했다. 그리고 다시 덧붙이며 일깨웠다. "자잘한 일은 우주가 처리하게 놔두거라. 너는 네 아름다운 마음속에 있는 것을 표현해야 해서 곡을 쓰고 노래하는 것이란다." 그리고 그녀에게 끝에서부터 생각하라고, 이루고자 하는 모든 것이 이미 여기 있어서 그것에 연결되기만을 기다리는 것처럼 행동하라고 말해 줬다.

최근에 딸아이가 음반을 내지 못해 낙심한 목소리로 전화를 했다. 딸아이는 음반을 내지 못했다는 생각을 계속 품고 있었다. 결과적으로 정말 음반을 내지 못했고, 좌절감은 컸다. 나는 딸에게 사용할 스튜디오와 같이 일할 준비가 된 음악가들, 완성된 음반, 실현된 그녀의 의도를 상상하면서 끝에서부터 다시 생각하라고 강력하게 권했다. 그리고 내가 강연에서 쓸 음반을 언제까지 완성해야 하는지 알려주었다. 내가 텔레비전에 출연할 때 이따금 함께 출연했듯이 이번에도 내 강연 때 노래를 할 수 있다고 말해주었다.

딸이 끝에서부터 생각하자 필요로 했던 모든 것이 구체적으로 실현되었다. 의도가 딸아이의 불굴의 의지와 함께 일하기 시작했다. 스카이는 자신의 음반을 내줄 스튜디오를 찾았다. 딸에게 필요했던 음악가들이 신기한 방식으로 나타났으며, 마침내 음반을 낼 수 있었다.

스카이는 자신이 좋아하는 곡들뿐만 아니라 '어메이징 그레이스Amazing Grace'와 '평화의 기도The Prayer of St. Francis'를 포함해 내가 권한 여러 곡을, 그리고 직접 작곡한 '라벤더 꽃밭Lavender Fields'를 날마다 지칠 줄 모르고 불렀다. 특히 자신이 작곡한 노래를 부를 때는 깊은 자긍심과 열정을 보였다. 그리고 보라. 이제 딸아이의 음반 〈스카이에게는 한계가 없다This Skye Has No Limits〉가 발매되어, 내 강연에서 노래를 부를 때마다 대중을 만나고 있다.

스카이가 나와 무대에 서면 큰 기쁨과 사랑을 느낀다. 그 아이는 내가 아는 그 누구보다 더 긴밀하게 의도의 일곱 얼굴과 조화를 이루고 있기 때문이다. 그러니 영적인 의도를 가진 나의 천사 중 하나인 그 아이에게도 이 책을 바친다.

영감과 목적

당신이 위대한 목적에 의해 영감을 받으면 모든 것이 당신을 위해 일하기 시작할 것이다. 영감은 충만한 기운으로 되돌아가 의도의 일곱 얼굴에 연결되는 순간 온다. 영감을 받으면 위험해 보였던 길을 따라가야 한다고 느끼게 된다. 내면에 있는 진리인 지복을 따르고 있기에 위험은 사라진다. 이것은 진정 당신의 의도와 조화를 이루는 사랑이다. 본래 사랑을 느끼지 못하면 진리를 느끼지 못하고, 당신의 진리는 당신이 정신에 연결될 때 모두 감춰진다. 그래서 목적의식을 갖고 살려는 당신의 의도를 이루기 위해서는 영감이 그토록 중요한 것이다.

내가 더 이상 영감을 주지 않는 일을 그만두었을 때, 걱정했던 일들은 마법처럼 하나하나 해결되었다. 나는 교사로서 받은 급여의 세 배를 더 주는 큰 회사에서 여러 달을 일했지만 충만한 기운을 느끼지 못했다. 나의 내적 앎이 나를 쿡 찔렀다. "네가 해야 할 일을 해." 그리고 강의와 상담이 내 삶의 목적이 되었다.

내가 글을 쓰고 대중 강연을 하기 위해 일류 대학 교수직을 떠난 것은 위기가 아니었다. 나는 반드시 떠나야만 했다. 내 마음을 따르지 않는다면 행복을 느낄 수 없으리라는 것을 알았기 때문이다. 자잘한 일들은 우주가 처리해 주었다. 왜냐하면 나는 내가 하는 일에 사랑을 느꼈고, 결과적으로 나의 진리대로 살아가고 있었기 때문이다. 사랑을 가르치자, 바로 그 사랑이 나를 나의 목적으로 안내했다. 사랑의 에너지와 함께 금전적 보상도 흘러왔다. 이 모든 일이 어떻게 일어났는지 모르겠지만, 나는 내면의 앎을 따랐고 이를 결코 후회하지 않는다!

월급과 연급, 안정적인 직업, 익숙한 환경을 포기하기란 너무 위험하다고 생각할지 모른다. 그것은 당신 마음속의 불빛이 어둑하기 때문이다. 그러나 빛, 즉 당신의 앎에 주의를 기울인다면 전혀 위험하지 않다. 당신의 강력한 앎을 보편적 정신이 주는 믿음과 결합하라. 그러면 의도의 힘이 작용하는 것을 인정하게 된다. 당신에게 필요한 것은 내적 앎에 대한 신뢰뿐이다. 나는 이것을 '믿음'이라 부르는데, 어떤 목적을 이루기 위해 외부의 신을 믿는 것이 아니라 당신의 존재 중심에서부터 들려오는 소명에 대한 믿음을 의미한다. 당신은 목적의식을 갖고 의도의 힘에 연결되어 살아가기로 한 신성하고 무한한 창조물이다. 모든 것은 근원에 조화롭게 연결된 당신의 존재 주위를 맴돈다. 당신이 당신의 목적에 대한 내면의 앎을 신뢰하고 의도의 힘의 통로가 되기를 선택하면 믿음이 모든 위험을 없애줄 것이다.

의도를 현실로 만들어라

다음은 오늘부터 목적의식을 가지고 살아가기 위해 당신의 의도를 실천하는 열 가지 방법이다.

1단계: 지적 체계에서는 당신을 포함해 누구도 우연히 나타나지 않았음을 단언하라.

의도의 보편적 정신은 모든 창조물에 대한 책임이 있다. 그것은 자신이 지금 무엇을 하는지 안다. 당신은 이 보편적 정신에서부터 나왔고, 그래서 이것에 무한히 연결되어 있다. 당신의 현재 삶에는 의미가 있으며, 당신은 목적이 있는 삶을 살아갈 능력을 갖고 있다. 첫 단계는 당신이 목적을 갖고 이곳에 있다는 사실을 깨닫는 것이다. 이것은 당신이 어떤 일을 하기로 예정되었는지 깨닫는 것과는 다르다. 살아가면서 당신이 하는 일은 변하고 바뀔 것이다. 사실 변화는 당신이 사는 동안 매일 매시간 일어날 수 있다. 당신의 목적은 당신이 무엇을 하는가가 아니라 당신의 생각이 나오는 당신 안의 장소, 즉 존재성과 관련되어 있다. 그래서 당신이 '인간 행동'이 아니라 '인간 존재'라 불리는 것이다! 글과 생각을 이용해, 당신의 언어로 단언하라. 당신은 목적을 가지고 여기에 존재하며, 항상 이러한 의식을 가지고 살아가려 의도한다고 말이다.

2단계: 아무리 작더라도 봉사할 수 있는 기회를 붙잡아라.

목적의식을 갖고 살아가기 위해 당신의 의도에서 자아를 버려라. 살아가면서 하고자 하는 것이 무엇이든 당신이 노력하는 주된 동기가 만족 또는 보상을 얻으려는 욕망 외의 것이나 사람이 되게 하라.

여기서 아이러니한 것은 받기보다 주기에 집중할 때 당신이 받는 보상이 배가된다는 사실이다. 당신이 하는 일을 깊이 사랑하고, 그 사랑이 보편적 정신이 있는 깊은 내면에서부터 나오게 하라. 그런 다음, 당신의 노력에서 발생한 사랑과 열정, 기쁨의 느낌을 팔아라. 만일 초인적인 '슈퍼 부모'가 되는 것이 목적의식이라 느껴진다면, 당신의 에너지와 내적 추진력을 아이들에게 쏟아부어라. 만일 시를 쓰거나 치아 교정을 하는 데서 목적의식이 느껴진다면 자아를 옆으로 제쳐두고 당신이 사랑하는 그 일을 하라. 어떤 사람에게 또는 어떤 목적에 도움을 주려는 관점에서 일하고, 당신의 보상에 관한 자잘한 일은 우주가 처리하게 두라. 순수한 사랑을 품고 할 일을 하면서 목적의식을 갖고 살아가라. 그러면, 모든 창조에 궁극적인 책임을 지는 의도의 힘과 함께 창조하게 될 것이다.

3단계: 당신의 목적을 의도의 영역에 일치시켜라.

이것은 당신이 의도를 성취하기 위해서 할 수 있는 가장 중요한 일이다. 보편적 영역과 일치한다는 것은, 당신이 여기 존재하는 이유를 당신 자신은 모르더라도 창조주는 안다는 믿음을 가진다는 뜻이다. 작은 정신을 큰 정신에 내주고, 당신이 이 세상에 나타난 것처럼 당신의 목적도 나타날 것을 기억한다는 뜻이다. 목적 또한 창조성과 친절, 사랑, 무한히 풍부한 세계를 받아들임으로써 탄생했다. 이러한 연결 상태를 순수하게 유지하라. 그러면 모든 행동에 대한 안내를 받을 것이다.

'될 일은 되게 되어 있다'는 말은 운명론이 아니다. 이것은 당신이 유래된 힘이며 당신 안에 있는 의도의 힘에 대해 믿음을 갖는 것이다. 당신이 유래된 근원과 일치하게 되면 근원은 당신이 선택한 삶을 창조하도록 도울 것이다. 그러면 일어나는 모든 일이 마치 정확히 그렇게 되도록 의도된 듯이 느껴진다. 당신은 어떤 것과 조화를 이룰지 선택할 수 있다. 우주에 뭔가를 바라는 것에 초점을 맞춘다면 당신의 삶에서 그 바람을 이룰 수 있는 이는 당신뿐이라고 느낄 것이다. '어떻게 하면 나의 타고난 재능과 갈망으로 봉사할 수 있을까?'라는 다정한 질문에 초점을 맞추라. 그러면 우주 역시 "어떻게 너를 도와줄까?"라는 다정한 물음으로 응답할 것이다.

4단계: 타인이 당신의 목적에 대해 하는 말을 무시하라.

누가 당신에게 어떤 말을 하든, 오직 당신만이 당신의 목적을 알 수 있다. 만일 당신의 내면에서 타오르는 갈망을 느끼지 못한다면 그것은 당신의 목적이 아니라는 것이다. 친척이나 친구들이 자신이 느끼는 무언가가 당신의 운명이라고 설득하려 들지 모른다. 그들은 당신에게서 먹고사는 데 도움이 될 만할 재능을 볼 수도 있고, 자신이 평생 해온 일을 당신이 하면 행복할 것이라 생각해서 그 뒤를 따르기를 바랄 수도 있다. 수학이나 장식, 전자 장치 수리 분야에 관한 당신의 재능이 어떤 일에 대한 소질을 나타낼지도 모른다. 그러나 궁극적으로 당신이 목적을 느끼지 못하는 일과는 공명할 수 없다.

당신의 목적은 당신과 근원 사이에 존재하며, 당신이 의도의 영역과 점점 더 비슷한 모습과 태도를 갖출수록 스스로가 목적에 의해 안내받고 있음을 확실히 알게 될 것이다. 어떤 영역에서 소질이

나 기량이 전혀 없을지 모르는데도 내심 그 일에 끌릴 수 있다. 적성 검사 결과는 잊어라. 기량이나 전문 지식이 부족하다는 사실도 잊어라. 가장 중요한 것은, 타인의 의견 따위는 무시하고 당신의 마음에 귀 기울이는 것이다.

5단계: 만물을 창조하는 의도의 영역이 당신을 위해 일한다는 사실을 명심하라.

알베르트 아인슈타인은 우리가 사는 우주를 호의적이라고 믿을지 적대적이라고 믿을지 정하는 것이 삶에서 가장 중요한 결정이라고 말했다. 당신이 만물을 창조하는 의도의 힘을 우호적으로 보는 한 그 힘은 당신에게 우호적이며 당신과 함께 일할 것이다. 이 사실을 아는 것이 매우 중요하다. 우주는 생명을 돕고, 만물에 자유롭게 흘러들며, 한없이 풍부하다. 왜 이런 우주를 다르게 보려고 하는가? 우리가 직면하는 모든 문제는 스스로가 신과, 그리고 서로와 분리되어 있어 갈등 상태에 있다는 믿음에서 생긴다. 갈등 상태는 저항력을 만들어내서 수많은 사람이 자신의 목적에 대해 혼란을 느끼게 만든다. 우주는 항상 기꺼이 당신 편에서 일하고, 당신은 언제나 적대적이 아닌 우호적인 세상에 있다는 사실을 깨달아라.

6단계: 자기 목적을 아는 사람들의 삶을 연구하고 모방하라.

당신은 누구를 가장 존경하는가? 존경하는 사람들의 전기를 읽고 그들이 어떻게 살며, 장애물에 부딪혔을 때 무엇에서 동기를 얻어 목적의식을 유지했는지 탐구해보라. 나는 늘 다소Tarsus의 사울이후 사도 바울로 불린다에게 매료되었다. 그의 편지와 가르침은 신약성서의 주요 부분이 되었다. 테일러 콜드웰Taylor Caldwell은 성 바울의 삶에 관한 최고의 소설《위대한 하나님의 사자Great Lion of God》를 썼는데, 나는 그 소설에서 엄청난 영감을 받았다. 또한 니코스 카잔차키스Nikos Kazantzakis가 소설《성 프란치스코St. Francis》에서 보여준 성 프란치스코의 목적의식을 따르는 삶의 방식에도 깊은 감명을 받았다. 나는 시간이 나면 목적의식 있는 삶을 사는 모범을 보인 사람들에 관한 책을 꼭 읽는다. 당신도 그렇게 하기를 바란다.

7단계: 목적에 대해 혼란스럽게 느껴지더라도 당신에게 의도된 삶을 살고 있는 것처럼 행동하라.

신에게 더 가까워지게 하고 기쁨을 주는 것을 날마다 삶 속에 끌어들여라. 장애물 같은 사건을 당신의 결의를 시험하고 목적을 찾을 완벽한 기회로 여겨라. 손톱이 부러진 것에서부터 질병이나 실직, 이사에 이르는 모든 일을 익숙한 일상의 틀에서 벗어나 목적으로 이동할 기회로 여겨라. 목적을 이루고 있는 것처럼 행동하고,

장애물을 당신 깊은 내면의 느낌을 믿도록 일깨워 주는 우호적인 존재로 여기면 당신은 목적의식 있는 사람이 될 수 있을 것이다.

8단계: 목적의식을 유지하기 위해 명상하라.

내가 앞에서 언급한 자파 명상 기법을 활용하고, 내면에 집중해 당신의 운명을 실현하도록 안내해 달라고 근원에게 요청하라. 매튜 맥퀘이드Matthew McQuaid가 보낸 다음의 편지는 목적의식에 집중한 명상에 따른 흥미로운 결과를 잘 보여 준다.

친애하는 다이어 박사님께,

아내 미셸이 기적적으로 임신했습니다. 박사님의 제안을 모두 실천함으로써 보편적 정신을 통한 기적이 일어난 것이죠. 5년 동안 아내와 저는 불임으로 힘들었습니다. 우리는 박사님이 알려주신 대로 했습니다. 비싸고 복잡한 치료들은 아무 효과가 없었습니다. 의사들도 포기했습니다. 임신에 실패할 때마다 우리의 믿음도 시험받았습니다. 담당 의사가 치료 초기 단계에 배아를 냉동시켰습니다. 여러 해에 걸쳐 총 50개가 넘는 배아를 아내의 자궁에 이식했습니다. 우리 부부의 경우 냉동 배아로 임신이 성공할 확률은 0에 가까웠습니다. 박사님도 아시듯이, 영적인 사전에 0은 존재하지 않습니다.

영하 250도에서 6개월간 생존한 소중한 냉동 배아 하나가 아내의 자궁에서 새 집을 찾았습니다. 아내는 지금 임신 중기입니다.

"그래서 어쩌라는 건가? 나는 이런 편지를 날마다 받네."라고 말씀하실 수 있습니다. 그러나 제 편지에는 하나님의 증거가 담겨 있습니다. 박사님이 여러 책에서 매우 유창하게 쓰셨듯이 아주 작은 원형질 한 방울, 즉 한 인간의 퓨처 풀future-pull을 가진 살아 있는 물질 세포 하나는 연구실에서 생명을 유지하다가 냉동실에서 생명을 잃습니다. 모든 분자운동과 생화학 과정이 멈춥니다. 그러나 존재의 본질은 냉동되기 전에 이미 거기에 있었습니다. 영적인 본질은 냉동되어 있는 동안 어디로 갔을까요? 세포들은 살아 있었다가 죽었지만, 영적인 본질은 세포의 물리적 상태에도 불구하고 살아 있었을 것입니다. 냉동된 세포들의 진동 주파수는 낮았지만 그 영혼의 진동 주파수는 측정할 수 있는 수준을 넘었을 것입니다. 존재의 본질은 물질 수준 또는 세포 덩어리 밖에 있었을 것입니다. 이 본질은 영혼의 영역 외에 어디로도 갈 수 없습니다. 존재의 본질은 그곳에서 기다리고 있습니다. 그것은 늘 그래왔듯 한 존재에 녹아들어 현시되기를 기다리고 있습니다. 박사님이 이 사건을 저처럼 기적 그 자체인 강력한 이야기로 봐주시기를 바랍니다. 육체 안에 영혼이 깃들고, 그다음 육체가 영혼을 가지는 한 예시로 말입니다.

이제 백만 달러짜리 질문을 해 보겠습니다. 제가 자파 명상을 실천했기 때문에 그 배아 하나가 혹독한 냉동 상태에서 살아나 현시할 수 있었을까요? 제가 입을 벌려 주문을 외웠기 때문일까요? 저에게는 의도의 힘에 대한 앎이 있었고, 그것을 전혀 의심하지 않았습니다. 자파 명상과 무한한 인내를 날마다 실천했습니다. 고요히 명상하는 시간에 저는 아기의 냄새를 맡을 수 있습니다. 아내는 힘든 시간에 제가 보여준 확신과 믿음에 고마워할 것입니다. 저를 안내해 주심에 감사합니다. 이제 제게 불가능한 것은 아무것도 없습니다. 제가 원했을 수도 있는 다른 것이 이루어지는 과정에 비해, 지금 아내의 뱃속에 아기가 현시되는 과정에는 어려움이 없었습니다. 진정으로 복종하면 원하는 모든 것이 계획에 따라 모습을 드러내는 듯할 것입니다. 다음에는 다른 불임 부부들의 꿈을 실현하도록 돕는 일을 하고 싶습니다. 저는 어떻게든 희망이 없다고 느끼는 사람들을 도울 것입니다.

감사합니다.

많은 사람이 자파 명상을 실천함으로써 삶에서 목적의식을 가졌고 마침내 성공을 이룬 이야기를 써서 보내주었다. 나는 자파 명상을 활용해 자신들의 신성한 사명이라고 느끼는 임신에 성공한 사람들의 글을 읽으면서 의도의 힘에 깊이 감동을 받는다. 그러한 경험을 바탕으로 다른 불임 부부들을 돕겠다고 한 매튜의 결심이 특히 마음에 든다.

9단계: 생각과 감정이 행동과 조화를 이루게 하라.

당신의 목적을 실현하는 가장 확실한 방법은 생각하고 느끼는 것과, 일상을 살아가는 방식 사이의 갈등 또는 충돌을 없애는 것이다. 부조화 속에 있다면 실패나 타인을 실망시키는 것에 대한 두려움으로 인해 자아 중심적인 태도가 활성화되는데, 이는 당신을 목적에서 멀어지게 한다. 행동은 생각과 조화를 이뤄야 한다. 조화를 이루는 생각을 믿고, 기꺼이 그것에 따라 행동하라. 스스로를 진실하지 못하거나 비겁한 사람으로 보기를 거부하라. 그러한 생각들은 당신이 의도된 대로 행동하지 못하게 할 것이기 때문이다. 당신의 위대한 영웅적 임무에 대한 생각과 느낌이 일상의 활동과, 늘 존재하는 의도의 영역과 조화를 이루도록 날마다 단계를 밟아 나아가라. 신의 의지와 조화를 이루는 것이 당신이 도달할 수 있는 가장 높은 상태의 목적이다.

10단계: 항상 감사하라.

당신의 목적을 생각할 수 있다는 것에 대해 감사하라. 인류와 지구, 신을 위해 봉사할 수 있다는 놀라운 선물에 대해서 감사하라. 목적의 장애물처럼 보이는 것에 대해 감사하라. 간디가 말했듯이

"신의 안내는 가장 어두운 순간에 온다."라는 말을 기억하라. 길에서 스쳐 가는 모든 사람을 포함해 끊임없이 변화하는 삶 전체를 보라. 일자리, 성공, 외견상의 실패, 재산, 손실, 승리 등 모든 것을 감사의 관점에서 보라. 당신은 어떤 이유를 위해 여기에 존재한다. 이것이 목적의식을 갖는 비결이다. 만물의 근원인 의지와 조화를 이루며 목적 있는 삶을 살 기회를 가진 것에 대해 감사하라. 감사할 이유는 아주 많다.

* * *

목적을 추구하는 것은 행복을 추구하는 것과 같은 듯하다. 행복에 이르는 길이 따로 있는 것은 아니다. 행복 자체가 길이기 때문이다. 그리고 목적을 갖고 사는 삶도 마찬가지이다. 그것은 찾아내야 할 무언가가 아니다. 목적 있는 삶이란 타인을 위해 봉사하고, 자신이 하는 모든 일에 목적을 두며 삶을 살아가는 방법이다. 정확히 이것이, 이 장의 제목인 의도를 실현하는 방법이다. 목적의식을 갖고 삶을 살 때 당신은 사랑 안에 산다. 사랑 안에 살지 않을 때 당신은 목적에서 떨어져 있는 것이다. 이것은 개인이나 단체, 기업, 정부에 모두 똑같이 해당한다. 정부가 국민에게 과도한 봉사료를 물린다면 그 정부는 목적에서 멀어진 것이다. 정부가 폭력을 사용해 분쟁을 해결한다면 아무리 정당화한들 그 정부는 목적에서 멀어진 것이다. 기업이 이익 추구라는 명분으로 바가지를 씌우거나 사기 또는 조작을 한다면 그 기업은 목적에서 멀어진 것이다. 종교가 편견과 증오를 허용하거나 추종자들을 학대한다면 그 종교는 목적에서 멀어진 것이다. 이것은 당신에게도 똑같이 해당한다.

의도의 힘에 접근하려는 당신의 목표는 당신의 근원으로 돌아와 의도 자체인 행위를 모방하면서 깨달음을 가지고 살아가는 것이다. 그 근원이란 바로 사랑이다. 따라서 당신의 목적을 이해하고 살아가는 가장 빠른 방법은 자신이 사랑의 방식으로 생각하는지 자문하는 것이다. 당신의 생각은 당신 안에 있는 사랑의 근원에서부터 흘러나오는가? 사랑의 생각을 행하는가? 이 물음들에 대해 "예."라고 대답할 수 있다면 당신은 목적의식을 갖고 살아가는 것이다. 그러면 나는 더 해줄 말이 없다!

9
가족과 진실하고 평화로운 관계를 맺어라

"친구들은 가족에게 사과하는 신의 방식이다!"
웨인 다이어

우리는 진정한 나로 살며 가족들과 평화롭게 지내기를 원하는데도, 왠지 모르게 식구들의 기대나 요구로 인해 불행해지고 스트레스를 받는다. 진정한 나로 사는 대신 어떤 가족과 척지느냐, 아니면 진심을 보이지 않는 대가로 사이좋게 지내느냐 하는 갈등을 자주 겪는 것 같다. 친척들과 가깝게 지내면서 의도의 힘에 연결한다는 것이 모순처럼 들릴지도 모르겠지만 사실은 그렇지 않다. 친척들과 진실하면서도 사이좋은 관계를 맺을 수 있다. 그러나 먼저, 가장 가까운 가족들과 당신 자신과의 관계를 평가해 봐야 한다. 타인이 당신을 대하는 방식은 당신이 스스로를 대하는 방식과 깊이 연관되어 있고, 타인도 당신이 알려준 그대로 당신을 대우한다는 사실을 알게 될 것이다.

당신은 당신이 알려준 대로 대접받는다

앞 장에서 나는 당신의 내면의 언어에 주목하라고 충고했다. 의도에 연결하는 데 있어 가장 큰 장애물 중 하나는 타인의 바람이나 기대를 생각하는 것이다. 가족이 당신을 이해하고 인정해 주지 않음에 화를 내고 집중할수록 당신은 더욱더 이해받지 못하고 인정받지 못할 것이다. 왜 그럴까? 당신이 생각하는 것이 점점 더 커지기 때문이다. 당신을 실망시키는 것과 당신이 원하지 않는 것을 생각할 때조차 말이다.

이러한 의도에 이끌렸다면 당신은 어떤 식구가 당신을 자극할지 이미 알 가능성이 크다. 만일 그들의 기대에 지나치게 영향을 받고 그들의 삶의 방식 때문에 피해를 본다고 느낀다면 생각을 바꿀 필요가 있다. 그들의 행동에 대한 생각에서, 당신이 현재 중요하게 생각하는 것으로 생각을 바꿔라. 자신에게 말하라. "나는 이들의 의견을 내 생각보다 더 중요하게 여긴 결과 이들에게 나를 대하는 방법을 가르쳤다." 이어서 다음과 같이 힘주어 말하라. "이제부터 나는 나를 어떻게 대할지를 그들에게 가르치겠다!" 가족이 당신을 대하는 방식에 대해 스스로 책임을 지면, 의도의 보편적인 정신과 조화를 이루면서도 가족들과 관계를 맺는 데 도움이 된다.

왜 타인이 당신을 대하는 방식을 당신이 스스로 가르쳤다고 하는지 의문이 들 수도 있다. 답은 이렇다. 당신은 오랜 전통과 같은 가족의 압력을 받아도 참을 뿐만 아니라 스스로를 신성한 근원에서 끊어내고, 수치심과 책망, 절망, 후회, 불안, 심지어 증오와 같은 낮은 에너지의 감정에 빠졌기 때문이다. 선의든 간섭이든 당신이 친척들의 평가를 기꺼이 받아들임으로써 그들에게 당신을 대하는 방법을 가르친 것이다.

당신의 가족 관계는 당신 마음에 달려 있다.

눈을 감으면 가족들은 보이지 않는다. 그들이 어디로 간 걸까? 아무 데도 가지 않았다. 하지만 이런 연습을 하면 가족들이 당신의 마음속에 당신의 생각대로 존재한다는 것을 인정하는 데 도움이 된다. 그리고 신은 당신과 같은 마음이라는 것을 기억하라. 마음속에서 가족이 의도와 조화를 이루도록 했는가? 아니면 가족을 의도의 보편적 근원과 대립하는 존재로 보면서 자신을 버리거나 분리했는가? 가족은 모두 당신의 마음속에 있는 개념이다. 그들의 힘이 얼마나 강하든 그 힘은 당신이 준 것이다. 가족과의 관계가 잘못되었거나 뭔가 부족하다고 느끼는 것은 당신 안의 뭔가가 잘못되었음을 나타낸다. 왜냐하면 당신이 타인에게서 보는 것은 당신에게 있는 어떤 측면을 반영하기 때문이다. 당신에게 없는 것은 당신의 주의를 끌지 않을 것이므로, 그것 때문에 괴롭지도 않을 것이다.

가족들과의 관계의 성격을 바꾸려면 그들에 대한 마음을 바꾸고 생각을 180도 전환해 상상할 수 없는 것을 상상해야 한다. 상상할 수 없는 것이란 무엇일까? 그것은 당신이 맺는 관계에서 '고통받는 원인은 바로 당신'이라는 개념이다. 당신이 가장 별나고 치사하며 짜증 나는 사람이라고 생각하는 그 사람들 때문이 아니다. 그 사람들은 당신이 여러 해에 걸쳐 다양한 반응과 행동으로 허락한 대로 당신을 대하는 것이다. 그들 모두는 당신이 의도의 근원에서 분리시킨 당신의 마음속에 관념적으로 존재한다. 이 상황은 당신이 사는 동안 만나는 모든 사람과, 특히 가족과 평화롭게 지내기로 선택할 때 기적적으로 바뀔 수 있다.

가족에 대한 당신 내면의 언어가 그들의 잘못에 초점을 맞춘다면, 그들과의 관계는 잘못된 방식으로 흘러갈 것이다. 당신의 내면 언어가 그들의 짜증 나는 행동에 중심을 둔다면 당신은 앞으로 짜증 나는 행동을 보게 될 것이다. 가족이 불쾌하다는 이유로 그들을 탓한다면 당신은 불쾌해진다. 불쾌함은 당신의 생각에서부터 오기 때문이다. 내면의 관심과 삶의 에너지를 다른 것에 두기로 결심하면, 당신의 관계는 변할 것이다. 가족과의 관계가 존재하는 당신의 생각 속에서 당신은 더 이상 불쾌해하거나 화내거나 상처받거나 실망하지 않을 것이다. 마음속으로 '나의 의도는 가족들과 진정한 관계를 맺고 평화롭게 지내는 것이다'라고 생각한다면, 바로 그런 상황을 경험할 것이다. 가족들이 이전과 똑같이 행동한다 해도 말이다.

마음을 바꾸면 관계가 바뀐다

가족들과 진실하고 평화로운 관계를 맺는 것은 오직 생각에 달려 있다. 당신은 당신 안에 진실하고 평화로운 감정을 창조하려고 의도함으로써 생각을 바꾸는 법을 배울 수 있다. 당신이 허락하지 않는 한 아무도 당신을 화나게 만들 수 없다. 그런데 과거에 당신은 너무도 자주 허락해 주었다. 진실하고 평화롭게 지내려는 의도를 실천한다면 낮은 에너지 안에 있기로 한 과거의 결정을 뒤집는 셈이다. 당신은 평화에 연결되어 친척들에게 평화를 가져다주겠다고 결심한 것이다. 그리고 그렇게 함으로써 곧바로 가족 모임의 에너지를 바꿀 힘을 얻는다.

당신을 불안하고 불편하게 하며 낙심하게 만드는 원인인 가족에 대해 생각해 보라. 당신은 그들의 마음에 안 드는 점이나 그들이 당신을 대하는 방식에만 집중했고, 그래서 그들과의 관계는 늘 불편했다. 이제 새로운 관점에서 관계를 맺는 상상을 해보라. 적대감의 낮은 에너지에 반응하거나, 적의를 내세우거나, 관련된 모든 사람의 에너지장을 낮추면서 자신을 과시하지 말라. 대신 평화의 의도로 반응하라. 높은 에너지가 모든 낮은 에너지를 녹일 수 있다는 사실을 기억하라. 낮은 에너지에 대해 낮은 에너지로 반응한다면 당신은 진실하지도 평화롭지도 않게 되며, 의도의 힘에 연결되지도 못한다. 낮은 에너지로 "나는 매우 무례한 당신을 존중하지 않는다. 세계에 분노하는 당신에게 분노한다. 나는 대단한 허풍쟁이인 당신을 싫어한다."라고 말하거나 생각하는 셈이다.

그러나 당신이 마주하는 낮은 에너지가 아니라 내보이려 하는 높은 에너지에 관심을 둔다면 당신은 의도에 연결되고, 낮은 에너지가 있는 곳에 보편적 근원의 특성을 가져올 결심을 하는 것이다. 예수가 제자들에게 이렇게 말하는 것을 상상해 보라. "나는 나를 경멸하는 사람들을 경멸한다. 그들과는 아무것도 하고 싶지 않다." 또는 "사람들이 나를 평가하면 나는 무척 화가 난다. 주변 사람들이 이토록 적대적인데 내가 어떻게 평화로울 수 있겠느냐?" 말도 안 되는 상상이지 않은가. 왜냐하면 예수는 우주에서 가장 높은 사랑의 에너지를 나타내기 때문이다. 예수는 의심과 적의를 가진 사람들이 있는 곳에 사랑을 가져왔고, 그분의 존재만으로 주변 사람들의 에너지를 끌어올렸다.

나도 당신이 예수 그리스도가 아님을 안다. 하지만 우리의 위대한 스승들로부터 배워야 할 위대한 영적 교훈이 있다. 우리가 있는 곳에 평화를 가져오려 의도한다면 당신은 의도의 수준에서 사는 것이고, 당신이 사는 곳에 평화를 남길 것이다. 나는 이러한 교훈을 몇 년 전 처가 식구들에게서 배웠다.

내가 의도의 힘을 깨닫기 전, 친척들이 방문하면 나는 처가 식구들 몇 명의 태도와 행동 때문에 늘 마음이 상했다. 일요일 오후면 불쾌한 일을 예상하면서 불안하고 나쁜 기분으로 친척들의 방문을 준비했다. 그리고 그 예상이 빗나간 적은 거의 없었다! 나는 내가 싫어하는 것에 생각을 집중했고, 친척들과의 관계를 그런 식으로 규정했다. 그러다가 의도의 힘을 이해하고 자아를 버리게 되면서 나는 친척들에 대한 이전의 불쾌하고 성난 평가를 친절과 수용, 사랑, 아름다움으로 바꾸었다.

가족들이 모이기 전 나는 모든 상황에서 내가 선택한 모습이 되자고 마음속으로 되새겼다. 그리고 진정으로 평화로운 사람이 되어 좋은 시간을 보내기로 선택했다. 전에는 불쾌하게 여겼던 상황에서 나는 장모님에게 말했다. "그건 미처 생각해 보지 못했네요. 더 말씀해 주세요." 이전에는 무시했던 일에 이렇게 대답했다. "흥미로운 시각입니다. 언제 이 깨달음을 얻으셨나요?" 다시 말해 나는 가족 모임에 평화의 상태를 유지하려는 나의 의도를 가져왔고, 가족들을 평가하기를 거부했다.

그러자 놀라운 일이 일어나기 시작했다. 내가 친척들이 집에 오기를 고대하게 된 것이다. 친척들이 전에 생각했던 것보다 훨씬 현명한 사람들로 보이기 시작했다. 실제로 나는 친척들과 함께하는 시간을 즐겼고, 과거에 불쾌하게 여겼던 상황이 벌어질 때마다 그냥 넘어가거나 사랑과 친절로 반응했다. 나는 젊었을 때 인종이나 종교에 대한 편견을 드러내는 말에 분노와 적의를 품었다. 지금은 그런 경우 나의 견해를 친절하고 부드럽게 암시하며 조용히 대응하고, 문제가 저절로 사라지게 한다.

여러 해가 지나 나는 친척들이 어느새 인종적, 종교적인 비난을 멈췄을 뿐만 아니라 친척들이 소수 인종에게, 그리고 자신들과 다른 종교를 가진 사람들에게 관용을 넘어 사랑을 표현하는 것을 알아차렸다.

나의 주된 의도는 평화의 상태에 머무는 것이었지만 친척들의 낮은 에너지에 참여하지 않음으로써 가족 전체가 더욱 화목해지고 즐거워졌다. 깨우침을 주는 대화도 많이 이어졌다. 나는 가르치려 했던 만큼 친척들에게서 배워야 했다. 나를 향한 평가에 전혀 동의하지 않을 때조차, 그들과 평화로운 관계를 맺으려는 의도를 되새기면 평화로울 수 있었다. 나는 싫어하는 것이나 놓치고 있는 것, 늘 그대로였던 것에 대해 더 이상 생각하지 않았다. 가족 모임에 즐거움과 사랑을, 그리고 내가 가장 중요하게 여기는 평화를 가져오는 것에 초점을 맞추었다.

의도를 현실로 만들어라

이 장에서 언급한 의도를 현실로 만들기 위해 필요한 단계를 살펴보자.

1단계: 당신의 의도를 말과 글로 확실히 하고, 깊은 갈망으로 발전시켜라.

당신이 평화로운 가정을 만들고자 하면, 당신의 가족이 자연스럽게 평화로워지도록 모든 일이 일어나기 시작할 것이다. 성인이나 신에게 기적을 일으켜 달라고 기도하는 대신, 결코 사라지지 않을 내적 깨달음의 기적을 달라고 기도하라. 이 내면의 빛을 경험하면 당신이 누구와 있든 또는 어디에 있든 그 빛은 영원히 당신과 함께할 것이다. 이 역동적인 힘이 당신 안에 있다. 이 힘은 당신의 몸을 관통하는 큰 기쁨으로 느껴질 것이다. 결국 당신의 생각은 숭고해지고, 내적 세계와 외적 세계가 하나가 될 것이다. 이러한 내면의 빛을 자각하기를 열망하고 당신의 의도가 현실이 되기를 갈망하라.

2단계: 자신을 위해 의도하는 것을 가족을 위해서도 의도하라.

당신을 비판하거나 평가하고, 당신에게 화를 내거나 증오를 표출하며 흠을 찾는 사람은 자기 자신과 평화를 이루지 못하는 사람이다. 당신 스스로 평화를 이루기를 원하는 것보다 더 강하게 그들이 자신과 평화를 이루기를 원하라. 그들을 위해 이러한 의도를 가짐으로써 당신은 자신에게서 초점을 옮길 수 있다. 이를 위해 어떤 말이나 행동이 필요하지는 않다. 그저 당신과 화목하지 않은 가족의 모습을 마음에 그린 다음 그들에게 찾아오길 바라는 평화를 느껴라. 당신의 내면의 대화가 바뀌고, 그 가족과 평화롭고 진실한 관계를 경험하게 될 것이다.

3단계: 당신이 먼저 다른 사람들에게서 찾고자 하는 평화가 되라.

가족과의 관계에서 평화가 없다면, 그것은 당신의 내면에 평화가 없음을 의미한다. 내면이 불안이나 두려움, 분노, 우울, 죄책감 등 낮은 에너지의 감정으로 채워져 있을 수 있다. 이러한 감정을 한 번에 다 없애려 하지 말고, 가족을 대할 때와 같은 방식으로 대하라. 평화롭지 않은 감정들에게 친절하게 "안녕" 하고 인사한 후 그냥 놔두라. 평화롭지 않은 감정에 평화로운 감정을 보내는 것이다. 당신이 경험하는 낮은 에너지들은 "안녕"이라는 친절한 인사를 통해 높은 에너지가 되고, 당신 안에 신성함이 자라면 결국 사라질 것이다. 이러한 평화를 얻으려면 고요한 명상을 해야 한다. 단 2분의 조용한 휴식일지라도 신성한 것에 집중하고, 내면의 주문을 반복해 말하라.

4단계: 의도의 일곱 얼굴과 조화를 이루라.

의도의 보편적 정신이 어떤 특성을 가지는지 상기하라. 그것은 창조적이고 친절하며, 사랑스럽고 아름답다. 항상 확장하고 한없이 풍부한 데다 모든 생명을 수용한다. 앞에서 소개한 매치 게임을 하라. 그리고 아주 고요하고 굳은 의지로, 당신을 끌어내리고 당신의 평화를 방해하는 모든 사람에게 만물의 근원의 얼굴을 가져다주어라. 이러한 영적 에너지는 당신뿐만이 아니라 가족 모두를 변화시킬 것이다. 평화적인 관계를 맺으려는 의도는 먼저 당신의 머리에서, 그다음 당신의 마음에서 형태를 갖추고, 궁극적으로 현실이 될 것이다.

5단계: 가족의 평화를 가로막는 모든 장애물을 점검하라.

타인이 당신에게 품고 있는 기대에 분노하는 내면의 언어에 귀를 기울여라. 당신을 화나게 만드는 것을 생각하면 당신은 그 생각대로 행동하며 그와 동시에 그것을 더욱더 끌어당긴다는 사실을 기억하라. 당신이 낮은 에너지에 똑같이 낮은 에너지로 반응할 때 당신의 에너지 수준을 점검하라. 그리고 이러한 관계에서 더 이상 불쾌해하거나 스스로가 옳다고 주장하지 않겠다는 것을 자아에게 상기시켜라.

6단계: 마치 그러한 것처럼 행동하라.

당신이 현시하고자 의도한 것이 이미 현실이 된 것처럼 행동하라. 가족을 그들의 진정한 정체성인 사랑과 빛으로 보라. 어떤 사람이 인도의 성자 바바 묵타난다Baba Muktananda에게 물었다. "내게서 무엇을 보십니까?" 바바가 대답했다. "당신 안의 빛을 봅니다." 앞의 사람이 다시 물었다. "어떻게 그럴 수 있죠? 나는 분노에 젖어 있는 데다 형편없는 사람입니다. 당신도 다 알 것 아닙니까?" 바바가 대답했다. "아닙니다. 나는 빛을 봅니다."(이 이야기는 스와미 치드빌라사난다 구루마이Swami Chidvilasananda Gurumayi의 《나의 마음Kindle My Heart》에 나온다.)

타인에게서 빛을 보라. 그리고 오직 그것만 보이는 것처럼 타인을 대하라.

7단계: 결과에 연연하지 말라.

친척들의 행동과 상관없이 진실하고 평화로운 태도를 가져라. 당신이 의도에 연결되어 있고 높은 에너지를 발산하는 한, 당신은 평화를 이룬다. 가족들이 당신처럼 생각하고 느끼고 믿게 만드는 것이 당신의 본분이나 목적이 아니다. 당신이 받고 싶은 대우를 친척들에게 인격적으로 가르쳐야 그들이 극적으로 바뀔 가능성이 크다. 그러나 그들이 바뀌지 않고 여전히 평화적이지 않더라도 그들의 변화를 보려는 욕구를 버려라. 모든 것은 신성한 질서 안에서 작용한다. '손을 놓고 신께 맡겨라'라는 말이 유용한 조언이 될 것이다. 놓음으로써 당신은 평화를 보장받고, 타인도 그렇게 하도록 도울 가능성이 커진다.

8단계: "나는 내 삶에 오직 평화만 끌어당긴다."라고 확언하라.

나는 특히 자녀들이나 먼 친척들과 함께 있는 날에 이러한 확언을 여러 번 상기한다. 또한 식료품점에 갔을 때나 비행기에서 승무원들과 인사할 때, 우체국에 갔을 때, 자가용을 운전할 때도 한다. 이 확언을 절대적 진리로 삼아 굳은 의지를 갖고 조용히 되뇌면, 이것이 언제나 나를 위해 작용한다. 하루 종일 사람들이 미소나 감사, 호의적 몸짓, 친절한 인사로 반응한다. 가족에게 평화롭지 못한 기분이 들 때면 《기적 수업A Course in Miracles》에서 읽은 "나는 이것보다 평화를 선택할 수 있다."라는 생각을 떠올린다.

9단계: 원한을 품지 말고 용서하라.

가족과의 관계에서 평화를 유지하는 비결은 용서다. 그들은 그들이 살아오면서, 그리고 조상들이 살아오면서 배운 것을 행할 뿐이다. 그들을 이해하고 진심으로 용서하라.

《기적 수업》에 나오는 다음 구절이 용서의 의도를 실현하려 할 때 도움을 줄 것이다.

> 평화를 원하는가? 용서가 평화를 준다.
>
> 행복과 고요한 마음,
>
> 목적에 대한 확신,
>
> 세상을 초월하는
>
> 가치와 미에 대한 감각을 원하는가?
>
> 어느 것에도 방해받지 않는 평온과
>
> 결코 상하지 않는 상냥함,
>
> 변치 않는 깊은 위로,
>
> 결코 뒤집히지 않는 완벽한 안식을 원하는가?
>
> 용서가 그 모든 것을 준다.

10단계: 항상 감사하라.

식구들과 화목하지 않은 상태에 있지 말고, 그들이 당신의 삶에 존재한다는 사실과 그들을 통해 배우는 모든 것에 감사를 드려라.

* * *

이상이 날마다 실천할 수 있는 열 가지 단계이다. 이러한 의도가 당신에게 현시될 것을 알고 나아가면서, 비난을 통해서는 나쁜 관계를 결코 개선할 수 없음을 매일 상기하라.

10
성공을 느끼고 풍요를 삶에 끌어당겨라

"하나님은…… 여러분에게 모든 은혜를 넘치게 주실 수 있습니다."

사도 바울

"아무것도 부족하지 않음을 깨닫는다면 온 세계가 너희에게 속한다."

노자

내가 성공을 느끼고 삶에 풍요를 끌어당기는 비결 중 하나는 마음에 품고 거의 매일 적용하는 내적 진리에 있다. 그 진리는 다음과 같다. "사물을 보는 방식을 바꿔라. 그러면 당신이 보는 사물이 바뀐다." 이것은 항상 나에게 진리이다.

이 짧은 격언이 표명하는 사실은 실제로 양자물리학에서도 발견된다. 어떤 사람들에 따르면 양자물리학은 당신이 생각하는 것보다, 그리고 상상하는 것보다 오묘한 분야다. 아주 미세한 아원자 수준에서 하나의 입자를 관찰하는 행위가 입자를 변화시킨다는 사실이 밝혀졌다. 삶의 무한히 작은 구성 요소를 관찰하는 방식이, 그것이 무엇이 될지 정하는 결정적 요인이라는 것이다. 이런 은유를 더 큰 입자로 확장하고, 우리 자신을 인간이라 불리는 더 큰 육체나 그보다 더 큰 삶 안에 있는 입자로 본다면, 우리가 세계를 보는 방식이 세계에 영향을 준다는 상상도 그렇게 큰 과장이 아니다. 아주 다양한 방식으로 반복되는 말이 있다. "소우주가 그러하듯이 대우주도 그러하다." 이 장을 읽을 때 양자물리학으로 떠나는 짧은 여행이 우리 삶에 대한 하나의 은유임을 명심하라.

그렇다면 성공을 느끼고 번영과 풍요를 경험하려는 당신의 의도는 우주가 비롯된, 그리고 가장 중요하게는 성공과 풍요가 비롯될 의도의 영역에 대해 당신이 어떤 관점을 갖느냐에 달려 있다. 사물을 보는 방식을 바꿀 나의 작은 격언은 이 장에서 말하는 의도를 삶에 가져올 매우 강력한 도구가 된다. 먼저 당신이 사물을 어떻게 보는지 살펴보고, 그다음 의도의 정신이 사물을 어떻게 보는지 살펴보자.

당신은 삶을 어떻게 바라보는가

당신이 삶을 바라보는 방식은 본질적으로 당신이 가진 기대감을 보여주는 척도이다. 이러한 기대감은 당신에게 자격이 있고 당신이 성취할 수 있다는 배움에 기반한다. 대체로 가족이나 공동체, 제도 같은 외부 영향력에 의해 이런 기대를 강요받으며, 언제나 당신 곁에 존재하는 내면의 동반자인 자아의 영향도 받는다. 기대감의 원천은 대체로 한계나 결핍, 가능성에 대한 비관론 같은 신념이다. 당신이 이러한 신념을 바탕으로 삶을 바라본다면, 이 비관적 세계관은 곧 당신이 스스로에게 기대하는 것이 된다. 이처럼 제한적인 관점에서 풍요와 번영, 성공을 끌어당기기란 불가능하다.

나는 풍요를 끌어당기고 성공을 느끼는 일이 가능함을 진심으로 안다. 왜냐하면 앞에서 말했듯, 나는 어릴 때 큰 결핍의 삶을 보냈기 때문이다. 나는 부모님에게서 멀리 떨어져 양부모님 댁에서 살았다. 아버지는 알코올 중독자에 교도소를 드나들어 우리 곁에 없었다. 나는 이 진리가 당신에게도 작용할 수 있다는 것을 안다. 나 같은 사람도 성공할 수 있다면 모든 사람이 성공할 수 있기 때문이다. 우리는 모두 똑같은 신성한 풍요의 힘을 공유하며, 똑같은 의도의 영역에서 나왔으니 말이다.

당신이 세계를 어떻게 바라보는지 점검해 보라. 불공평과 모순을 낙관적인 관점에서 보기 위해 생명력을 얼마나 집중하는지 자문해 보라. 당신은 세상을 바라보는 시각을 바꿀 수 있는가? 늘 결핍을 보았던 곳에서 부의 가능성을 볼 수 있는가? 관점을 바꾸는 것만으로도 현재 상황을 변화시킬 수 있는가? 나는 이 질문들에 전부 '예'라고 대답한다. 사물을 보는 방식을 바꾸는 작업은, 이전에는 생각하지 않았던 것을 열심히 바라보는 일이다.

의도는 삶을 어떻게 바라보는가

모든 창조를 담당하는 의도의 영역은 끊임없이 그리고 한없이 베푼다. 형태가 없는 순수한 정신을 수많은 물질적 형태로 계속 바꾼다. 게다가 이 의도의 영역은 제한 없이 준다. 이러한 창조적 근원에는 부족이나 결핍 같은 개념이 없다. 그래서 보편적 정신의 자연적인 풍부함에 대해 생각할 때 우리는 다음의 두 가지 주요 개념을 발견한다. 첫째는 영원히 준다는 것이고, 둘째는 무한히 준다는 것이다.

의도의 힘은 영원히 베풀며 한계가 없다. 그래서 당신이 성공하고 삶에 풍요를 끌어당기려는 의도를 성취하겠다면 확실히 이 두 가지 속성을 받아들여야 한다. 풍요와 성공을 원한다면 그것을 위해 애쓰는 대신 우주에 어떤 메시지를 보내야 할까? 당신의 근원은 풍부하고, 당신 자체가 곧 당신의 근원이다. 따라서 당신은 이 사실에 응해야 한다. 당신의 근원은 항상 봉사하고 베풀며 당신은 당신의 근원이므로, 당신은 항상 봉사하고 베풀어야 한다. 근원은 당신이 근원과 조화를 이룰 때만 함께 일할 수 있다!

의도의 영역은 '제발 내게 돈을 더 보내주세요.'라는 메시지를 당신이 스스로를 결핍 상태로 보는 것으로 이해한다. 하지만 근원에게는 결핍의 개념이 없다. 근원은 돈이 부족하다는 것이 무슨 의미인지조차 모른다. 따라서 당신에게 이렇게 응답할 것이다. "돈이 더 많이 필요한 상태가 되게 하겠다. 왜냐하면 네가 스스로를 그렇게 생각하고, 나는 너와 같은 마음이기 때문이다. 네가 원하지 않고 갖고 있지 않은 것을 더 많이 주겠다." 자아에 지배당한 당신은 '나의 바람이 거부당하고 있다!'라고 반응할 것이다. 그러나 진실은 보편적 근원이 오로지 풍요와 베풂만 안다는 것이다. 따라서 당신의 의도가 '나는 돈이 충분히 있다. 그래서 이미 충분한 돈이 내게 흘러들어 오게 하겠다'라면 보편적 근원은 당신에게 돈이 흐르게 할 것이다.

이것이 허튼소리처럼 들릴지 모르겠지만, 장담컨대 의도의 보편적 정신은 정확히 이런 식으로 작동한다. 당신을 이곳에 살도록 의도한 힘으로 되돌아갈수록 당신은 무한한 풍요가 나타나는 것을 보게 될 것이다. 결핍이라는 개념을 없애라. 왜냐하면 신은 결핍을 알지 못하기 때문이다. 창조적인 근원은 결핍에 대한 당신의 믿음에 반응해 그 믿음을 실현시킨다.

이제 이 장 초반에 말한 주장을 다시 생각해 보라. "당신이 사물을 보는 방식을 바꾸라. 그러면 당신이 보는 사물이 바뀐다." 확실히 말하는데, 보편적 정신은 오직 자신의 본성과 조화를 이룰 때만 흐르며, 그 본성이란 무한한 풍요를 주는 것이다. 보편적 정신의 본성과 조화를 이루라. 그러면 당신의 모든 갈망이 반드시 현시된다. 우주는 다른 방법은 알지도 못한다. 만일 당신이 보편적 정신에게 부족한 것을 말하면 보편적 정신은 그 대답으로 당신을 원하는 것에 이르지 못하고 늘 더 필요하기만 하며 부족한 상태에 둘 것이다. 그러나 당신이 의도한 것이 이미 현시되었다고 느낀다면 당신은 의도와 하나가 된다. 절대로 의심을 허락하지 말고 비관적인 생각에 귀 기울이지 말라. 당신은 만물을 창조하는 의도의 영역과 함께 있을 것이다.

당신은 부족함이나 결핍에서 생겨날 수 없다. 당신은 모든 것을 허락하는 속성에서부터 생겨나야 한다. '허락'이 핵심이다. 성공을 느끼고 풍요를 끌어당기려는 시도에서 '허락'이 얼마나 자주 무시당했는지를 살펴보자.

허락의 기술

창조의 보편적 정신은 항상 베푼다. 결코 문을 닫지 않고, 휴가를 가지 않으며, 쉬는 날이 없고, 끊임없이 내준다. 모든 것과 모든 사람이 예외 없이 의도라는 보편적 정신에서 나온다. 그런데 모든 것이 이 보이지 않는 무한한 에너지장에서 나온다면, 어째서 어떤 것은 그 성질을 공유하는 반면 또 어떤 것은 의도와 별개인 듯 보일까? 보편적 정신이 항상 한없이 풍부하게 주더라도, 당신이 어떤 식으로든 부족과 결핍을 느낀다면 보편적 정신이 주는 풍부함이 당신의 삶에 들어오는 데 저항이 생긴다.

모든 것을 주는 근원을 당신의 삶에 허락한다는 것은, 항상 공급되는 풍요를 가로막는 방해물을 당신이 인식한다는 뜻이다. 우주가 에너지와 인력에 기반을 둔다는 것은, 만물이 특정한 주파수에 진동한다는 뜻이다. 당신이 진동하는 주파수가 의도의 주파수와 대립하고 있다면 당신은 저항을 만들고, 이로써 풍부함이 당신의 삶 속으로 흘러오는 것을 막는다. 당신 개인의 진동이 허락의 기술을 이해하는 열쇠이다. 조화를 이루지 못하는 진동은 대체로 당신의 생각과 감정의 형태로 나타난다. 당신에게 자격이 없다는 믿음을 강조하는 생각은 에너지에 모순을 일으킨다. 모순은 같은 에너지의 연결을 멈춘다. 이렇게 해서 당신은 불허의 영역을 만든다. 허락은 항상 당신의 근원과 조화를 이루는 것임을 명심하라. 당신의 생각은 의도와 관련된 존재에서 나올 수도, 모순된 존재에서 나올 수도 있다.

당신이 보편적 정신의 일부라는 사실을 기억하라. 당신이 스스로를 의도의 일곱 얼굴과 조화를 이루는 상태로 본다면 보편적 정신은 당신과 조화롭게 작용할 수밖에 없다. 가령 당신이 더 높은 급여를 주는 더 나은 직장을 원한다고 해보자. 이미 그 직장을 얻었다고 상상하라. 마음으로 볼 수 있으므로 그 직장에 대해 의심하지 말고 당신에게 자격이 있다고 생각하라. 당신이 만물을 창조하는 보편적 정신의 일부이고, 모순된 진동이 없으므로 보편적 정신은 이를 이뤄줄 수밖에 없다. 그렇다면 여기서 잘못될 게 뭐가 있겠는가? 허락의 기술이 방해받는 이유는 오직 당신의 허락하지 않는 습관 때문이다.

저항 영역을 형성해 풍요가 자유롭게 흐르지 못하게 하는 생각에는 오랜 역사가 있다. 불허의 습관은 당신이 여러 해에 걸쳐 쌓고 의존해 온 신념 체계에서 성장했다. 게다가 당신은 타인의 저항을 허락하고, 이 문제에 대한 타인의 인정을 갈구한다. 당신은 타인의 반대 의견을 요청하고, 자신이 선택한 직업을 갖지 못한 사람들의 신문 기사를 읽으며, 부족한 일자리 전망과 경기 하락에 대한 정부 보고서를 검토하고, 불안한 세계 정세를 논하는 텔레비전 보도를 시청한다. 그러면 저항은 훨씬 강력한 설득력과 함께 더욱 단단해진다. 불허의 지지자들에게 동조한 것이다.

이제 당신이 할 일은 이러한 신념 체계와 이를 지지하는 모든 요소를 점검하고 이렇게 말하는 것이다. "전부 바꾸기에는 너무나 큰일이 되는군. 대신에 나는 불허를 작동시키는 생각을 지금 당장 바꾸겠어." 이전에 당신이 어떻게 생각했든 또는 저항 아래서 얼마나 오래, 얼마나 큰 압력을 받았든 상관없다. 대신에 불허를 작동시키는 생각을 오늘 당장, 한 번에 한 가지씩 멈춰라. 이렇게 말함으로써 시작할 수 있다. "나는 성공을 느낀다. 나는 지금, 여기에 있는 풍요를 느끼려고 한다." 이 말을 반복하라. 당신이 새로 만든 말이어도 좋다. 깨어 있는 시간 동안 생각을 성공과 풍부함의 새로운 신념으로 넘치게 하라. 이러한 생각을 충분한 시간 동안 활성화하면 그것이 당신의 습관적인 사고방식이 되고, 단계적으로 저항을 없앨 수 있을 것이다.

그러면 그 생각은 스스로에게 조용히 "나는 성공 자체이다. 나는 풍부함이다."라고 말하는 기도와 같은 메시지가 된다. 당신이 성공이자 풍요 그 자체일 때, 당신은 만물을 창조하는 근원과 조화를 이룬다. 그러면 근원은 자기만이 아는 유일한 방법으로 작동할 것이다. 즉, 당신이 저항하지 않으므로 원하는 것을 끊임없이 베풀고 준비해줄 것이다. 당신은 더 이상 결핍에 진동하지 않으며, 당신이 내뱉는 모든 말의 진동은 당신이 근원으로부터 불러내는 것과 일치한다. 당신과 근원은 당신의 마음속에서 하나다. 당신은 저항의 생각을 찾아내고, 그 길에서 벗어나기로 결정했다.

저항 없는 믿음의 삶과 허락을 실천할 때 성공은 더 이상 당신이 선택하는 어떤 것이 아닌, 당신 자신이 된다. 풍요가 더 이상 당신을 피해 가지 않는다. 당신이 풍요이고, 풍요가 당신이다. 풍요가 당신의 저항 너머로 방해받지 않고 흐른다. 여기 풍요를 막힘없이 흐르게 하는 또 하나의 힌트가 있다. 당신은 삶에 나타나는 것에 집착하거나 그것을 축적하지 말아야 한다.

풍부함과 초연함, 그리고 당신의 감정

만물을 창조하는 의도의 풍부함과 당신의 진동을 일치시키는 것이 결정적인 만큼 삶에서 만나는 모든 풍요를 다 붙잡고 소유할 수는 없다는 점을 인식하는 것 역시 중요하다. 이는 성공과 부를 붙잡고 그것에 집착하려는 것은 진정한 당신이 아니라 당신의 그 골칫덩이 자아이기 때문이다. 당신은 당신이 소유한 것도, 당신이 하는 일도 아니다. 당신은 어느 정도의 부를 축적해 성공한 사람으로 위장한 무한하고 신성한 존재이다. 그 부는 당신이 아니다. 그러므로 당신은 어떻게든 물질에 집착하는 일을 피해야 한다.

초연함은 당신의 진정한 본질이 무한하고 신성한 의도의 영역의 일부임을 아는 데서 나온다. 그때 당신은 감정의 중요성을 깨닫는다. 기분이 좋아지는 것이 보석을 닦는 것보다 훨씬 가치 있어진다. 풍요를 느끼는 것이 은행 계좌의 돈보다 나으며, 타인의 평가를 넘어선다고 느낀다. 진정으로 풍요와 성공을 느끼려면, 당신이 갈망하는 것에서 떨어져 나와 그것이 당신에게, 그리고 당신을 지나 흘러가도록 허락해야 한다. 당신을 지나 흘러가게 하는 것이 중요하다. 무엇이든 에너지의 흐름을 방해하는 것은, 바로 그 자리에서 의도의 창조 과정을 멈추게 한다.

집착이 그러한 장애물 가운데 하나이다. 어떤 것이 당신에게 올 때 흘러가게 두지 않고 붙잡는다면, 흐름을 멈추게 하는 것이다. 비축하거나 소유하려 하면 흐름은 멈춘다. 당신의 저항 외에는 아무것도 흐름을 멈추게 할 수 없음을 명심하고 순환이 계속되게 해야 한다. 당신의 느낌과 감정은 저항을 감지하고 성공과 풍부함을 느끼는 능력을 평가하는 감각적 척도이다.

당신의 감정에 주의하라.

감정은 갈망을 실현하기 위해 당신이 신성한 에너지를 얼마나 많이 불러내는지 알려주는 내면의 느낌이다. 감정은 갈망이 이루어지는 과정에서 당신이 어떻게 행동하는지를 평가하는 측정 수단이 된다. 특별히 긍정적인 반응은 당신이 의도의 신성한 에너지를 부르고, 그 에너지가 저항 없이 당신에게 흘러오기를 허락하고 있음을 나타낸다. 예를 들어 열정과 순전한 지복, 존경, 완전한 낙관, 의심할 수 없는 신뢰나 깨달음의 감정은, 성공과 풍요를 이루고자 하는 당신의 갈망이 보편적 근원을 끌어당기는 매우 강력한 힘을 갖고 있음을 보여 준다. 이러한 감정에 세밀히 주의를 기울이는 법을 배워야 한다. 감정은 단지 에너지가 없는 삶의 단면이 아니다. 당신이 의도와의 연결 고리를 어떻게 닦고 정화할지를 관장하는 존재다. 그래서 그 순간에 얼마나 많은 생명력을 불러내는지, 끌어당기는 힘을 얼마나 많이 활용하는지 정확하게 알려준다.

풍요는 의도의 본성이 갖는 자연스러운 상태이다. 풍요에 대한 당신의 갈망은 저항 없이 흘러야 한다. 당신의 의도 또는 갈망과, 이를 삶에 불러내는 가능성에 대한 믿음 사이의 불일치가 저항을 만들어낸다. 당신이 무언가를 원하면서도 그것이 불가능하거나 당신에게 그것을 가질 자격이 없다고, 그만한 기술이나 인내심이 없다고 믿는다면, 당신은 저항을 만들고 스스로에게 풍요를 허락하지 않는 것이다. 감정은 갈망을 충족시키는 데 필요한 에너지를 얼마나 잘 끌어당기고 있는지를 알려준다. 절망감과 불안, 비난, 증오, 두려움, 수치심, 분노의 강한 감정들은, 당신이 성공과 풍부함을 원하면서도 자신에게는 불가능하다고 믿는다는 메시지를 전달하는 것이다. 이러한 부정적 감정들은, 어서 당신의 갈망과 의도의 갈망의 균형을 맞추라고 힌트를 주는 것이다. 부정적인 감정은 당신이 의도로부터 무언가를 끌어당기는 힘이 약하거나 아예 없다고 말해 준다. 긍정적인 감정은 당신이 의도의 힘에 연결되어 있고 의도의 힘을 이용하고 있음을 말해 준다.

의도에게서 풍요를 끌어당기는 힘을 키우는 가장 효과적인 방법 하나는, 돈에서 초점을 돌려 우정과 안전, 행복, 건강 같은 높은 에너지를 만들어내는 데 관심을 두는 것이다. 여기서 고양된 감정을 느낄 것이며, 그 감정을 통해 만물을 창조하는 근원과 함께하는 매치 게임으로 돌아왔음을 알게 된다. 당신이 풍부한 행복과 건강, 안전, 우정에 관심을 두면 그 모든 것을 얻는 데 필요한 수단이 당신에게로 흘러올 것이다. 돈은 그 수단 가운데 하나일 뿐이다. 그래서 당신의 진동 에너지가 풍부함 주변으로 빠르게 발산될수록, 큰 돈이 더 많이 나타날 것이다. 성공과 풍요를 끌어당기는 힘을 나타내는 긍정적인 감정들은 당신이 의도를 함께 적극적으로 실현하게 할 것이다.

모든 것이 제자리로 돌아갈 때까지 그저 기다리라고 말하는 것이 아니다. "나는 성공을 느끼고 부를 끌어당기려 한다."라고 선언하면 당신의 감정 에너지가 이동하고, 바라는 것이 이미 실현된 것처럼 행동하게 된다는 것이다. 당신의 행동은 의도의 얼굴과 조화를 이룰 것이고, 그러면 당신은 사라지는 것을 찾으려 하는 대신 본래 당신 자신을 되찾게 될 것이다.

나는 현시점에서 모든 갈망이 창조하는 의도의 근원으로부터 내려와 나의 삶에 현시될 수 있고 현시될 것을 분명히 알지만, 어떤 갈망도 가지지 않으려 한다. 부의 지표를 향한 나의 갈망은, 내가 이 책에 쓴 모든 것을 실천함으로써 전부 현시되었다. 나는 저항을 없애고 창조적인 근원에 연결됨으로써 풍요를 허락할 수 있었다. 나의 근원을 완전히 신뢰한다. 여러 해에 걸쳐 나는 불가능해 보이는 것을 원하면 결과적으로 기분이 나빠진다고 배웠다. 그래서 나는 덜 바라야 한다고 생각했다. 하지만 그 때문에 나는 의도의 무한한 힘으로부터 더 멀어졌다. 여전히 나는 우주의 풍부함과 조화되지 않는 진동 속에 있었다.

나는 내가 풍부함과 조화 속에 있다면 다른 사람들을 가난하거나 배고프게 하지 않았을 것임을 이해하기 시작했다. 내가 이룬 풍요는 가난과 굶주림을 없애는 데 도움이 되었다. 내가 낮은 주파수에 있으면 타인을 도울 기회가 적어진다는 사실은 큰 깨달음이었다. 나는 나의 근원과 조화를 이루는 진동 속에 있어야 함을 배웠다. 이 장을 쓰는 이유 중 하나는 당신이 적게 요구할 필요가 없고, 풍요를 원한다고 죄책감을 느낄 필요가 없다는 확신을 주기 위해서이다. 당신과 모든 사람이 한없이 받도록 하기 위해서이다.

* * *

나는 성공과 풍요에 대한 위의 내용을 숨 쉬듯 실천한다. 나는 당신이 추구하는 풍요처럼, 보편적 근원으로부터 나를 통해 흐르는 메시지를 흡수해 풍요를 끌어당기고 성공을 느낄 수 있음을 그 어떤 의심저항 없이 안다. 여기에 그 메시지를 전부 쓰고자 하는 나의 바람과, 메시지가 어떤 방해도 받지 않고 당신에게 흘러가도록 기꺼이 허락하려는 나의 마음 사이에 모순은 없다. 어떻게 아느냐고? 이 순간 나는 형언할 수 없는 기쁨과 평온, 경외감을 느낀다. 나는 이러한 감정 상태를 신뢰한다. 이러한 감정은 만물을 창조하는 의도의 정신으로부터 이 메시지를 창조하기 위해 매우 강한 끌어당김의 힘을 사용하고 있다는 사실을 알려주기 때문이다. 나는 조화와 풍요의 진동과 공명하고 있으며, 성공의 감정은 공명을 통해 이루어진 나의 의도이다. 당신의 삶에 무엇인가가 풍부히 흐르기를 바란다면 한번 해보라.

의도를 현실로 만들어라

다음은 이 장의 의도, 즉 성공을 느끼고 삶에 풍요를 끌어당기기 위한 10단계다.

1단계: 세계를 풍요로우며 무엇이든 주는 호의적인 곳으로 보라.

거듭 말하지만 당신이 사물을 보는 방식을 바꾸면 당신이 보는 사물이 바뀐다. 당신이 세계를 풍요롭고 호의적인 곳으로 보면, 당신의 의도는 정말로 실현 가능해진다. 사실은 가능함을 넘어 확실해질 것이다. 왜냐하면 당신의 세계는 높은 주파수를 통해 느껴질 것이기 때문이다. 이 첫 단계에서 당신은 제한하기보다는 공급하는 세계를 받아들인다. 당신에게 나쁘게 돌아가는 세계가 아니라 당신이 성공하고 풍요로워지기를 바라는 세계를 보게 될 것이다.

2단계: "나는 내 삶 속에 성공과 풍부함을 끌어당긴다. 왜냐하면 그것이 본래 나의 모습이기 때문이다."라고 확언하라.

이러한 확언은 당신이 근원의 진동과 조화를 이루게 한다. 당신의 목표는 갈망하는 것과 실제로 삶에 끌어당기는 것 사이의 차이를 없애는 것이다. 풍요와 성공은 당신 앞에 나타나기 위해 기다리고 있지 않다. 당신이 이미 풍요와 성공 그 자체이다. 따라서 근원은 단지 그 자체를, 결과적으로 당신의 본모습만을 줄 수 있다.

3단계: 항상 허락하라.

저항은 풍부함을 향한 당신의 갈망과, 당신의 능력 또는 자격에 대한 믿음 사이의 불일치이다. 허락은 완벽한 합일을 의미한다. 허락하는 태도는 당신을 그만두게 하려는 타인의 노력을 무시하는 것이다. 또한 이전에 당신의 삶의 일부이거나 그렇지 않은 부에 대해 가졌던 자아 지배적인 신념에 더는 의존하지 않겠다는 뜻이다.

부정적인 생각이나 의심의 형태로 나타났던 저항은, 허락의 태도 속에서 당신과 근원이 하나이고 동일하다는 단순한 깨달음으로 바뀐다. 당신이 바라는 풍요가 곧장 당신에게로 막힘없이 흘러온다고 상상하라. 근원과 합일되는 것을 방해하는 생각이나 행동은 무엇이든 거부하라.

4단계: 지금 이 순간 의도의 일곱 얼굴과 조화를 이루는 생각을 활성화하라.

'지금 이 순간'이 중요하다. 이 단계에서 당신의 신념 체계를 구성하는 생각을 바꿀 희망이 없는 것 같다면, 지금 이 순간에 주목하라. 너무나 오랫동안 결핍의 말을 하고 성공과 풍요를 가로막는 저항을 만들어왔다고 해서, 과거의 신념 체계를 만든 생각을 바로잡기에는 시간이 부족하다고 여기며 좌절할 것인가?

그러한 신념을 가지고 살았던 과거를 놓아버리고, 좋은 감정을 느끼도록 허락하는 생각을 지금 당장 활성화하라. 타인이 당신의 바람은 다 헛되다고 말할 때마다 "나는 기분 좋아지고 싶어."라고 말하라. 의도와 부조화를 이루는 낮은 에너지의 생각이 들 때마다 "나는 기분 좋아지고 싶어."라고 말하라. 결국 지금 이 순간 당신을 기분 좋게 만드는 생각들을 활성화할 것이고, 이것은 당신이 의도와 다시 연결되고 있음을 나타내는 지표가 된다. 좋은 느낌을 갖길 원한다는 것은 신을 느끼길 원한다는 말이다. 기억하라. “신은 선하며, 신이 창조한 모든 것은 선했다.”

5단계: 풍부함과 성공의 느낌을 주는 행동을 하라.

여기서 핵심 단어는 ‘행동’이다. 나는 이것을 ‘이미 그런 것처럼 행동하기’ 또는 ‘끝에서부터 생각하기’라 부르고, 그런 식으로 행동했다. 풍부함과 성공을 향해 당신을 밀어주는 복장을 갖춰라. 당신이 추구하는 풍요와 성공이 이미 온 것처럼 열정적인 감정을 갖고 행동하라. 타인에게 열정적인 목소리로 말하라. 전화에는 영감 어린 목소리로 응답하라. 자신감과 기쁨을 품은 태도로 면접에 임하라. 신비로워 보이는 책들을 읽고, 새롭게 느껴지는 대화에 세심한 주의를 기울여라.

6단계: 당신의 번영과 성공이 타인에게 유익하며, 당신이 풍요를 선택했기에 아무도 결핍을 겪지 않는다는 것을 기억하라.

다시 말하지만 공급은 무한하다. 관용을 많이 베풀수록 당신은 타인과 더 많은 것을 공유해야 할 것이다. 이 책을 씀으로 인해 내게 굉장한 풍요가 여러 방식으로 흘러왔다. 더욱 중요한 것은, 책의 편집자들과 그래픽 디자이너들, 책을 배송하는 트럭 운전사들, 트럭을 만드는 자동차 제조 근로자들, 이들이 먹는 것을 경작하는 농부들, 서점의 직원들…… 모든 사람이 풍요를 얻는다는 사실이다. 내가 나의 지복을 따라 이 책을 썼기 때문이다.

7단계: 의도의 보편적 정신과의 연결 상태를 알려주는 안내 체계인 당신의 감정을 주시하라.

열정과 더없는 기쁨 같은 강한 감정은 당신이 보편적 정신에 연결되어 있음을, 또는 '영감 받았음'을 나타낸다. 영감을 받으면 당신은 잠자는 힘들을 활성화하고, 당신이 어떤 형태로든 추구하는 풍요가 삶 속으로 계속 흘러온다. 분노와 화, 증오, 불안, 절망과 같은 낮은 에너지의 감정을 느낀다면, 그것은 당신이 강렬하게 원하는 것이 의도의 영역과 전혀 조화를 이루지 못함을 알려주는 힌트이다. 기분이 좋아지고 싶다면, 당신이 좋은 기분을 뒷받침하는 생각을 활성화할 수 있는지 확인하라.

8단계: 의도의 영역이 당신에게 관대하듯 당신의 풍부함으로 세상을 관대하게 대하라.

당신이 받은 것을 축적하거나 소유함으로써 풍요의 에너지의 흐름을 멈추게 하지 말라. 풍요의 에너지가 계속 흐르게 하라. 성공하여 타인에게 봉사하고, 당신의 자아보다 더 큰 근원을 위해 사용하라. 초연함을 실천할수록, 모든 것을 주는 만물의 근원과 더욱더 조화를 이룰 것이다.

9단계: 성공과 풍요의 근원인 내면의 정신에 대해 명상하는 시간을 가져라.

명상을 대체할 것은 없다. 명상은 풍요와 특히 관련 있다. '존재에 대한 인식'에서 모든 것이 나온다는 것을 알아야 한다. 신의 이름을 주문처럼 되뇌는 것은 기록된 역사만큼이나 오래된 현시 기법을 사용하는 것과 같다. 특히 나는 앞에서 언급한 자파 명상을 활용한다. 이것이 효과적임을 안다.

10단계: 당신의 삶에 현시되는 모든 것에 감사하는 자세를 기르라.

당신이 갈망하는 것이 아직 이루어지지 않았을지라도 감사하고, 경외하며 감사하는 마음을 품으라. 당신의 삶에서 가장 암울한 시기조차도 감사로 바라봐야 한다. 근원에서 나오는 모든 것에는 목적이 있다. 모든 것이 유래된 근원에 당신이 다시 연결된 것에 감사하라.

* * *

세계와 우주를 창조하는 에너지가 당신의 내면에 있다. 그것은 끌어당기는 힘과 에너지를 통해 작용한다. 모든 것은 진동하고, 모든 것에는 진동 주파수가 있다. 사도 바울이 말했듯이 "하나님은 여러분에게 모든 축복을 풍부하게 주실 수 있다." 하나님의 주파수에 맞추라. 그러면 아무런 의심 없이 알게 될 것이다!

11
스트레스 없는 평온한 삶을 살아라

"걱정은 정신적 불안감의 표시이다."

토머스 머튼 Thomas Merton

"우리 능력이 제한되어 있으며 우리가 불안해지고 불행해질 거라고
마음 깊이 믿는다면, 믿음이 부족한 것이다.
진정으로 신을 믿는 사람은 어떤 것에 대해서든 걱정할 이유가 없다."

파라마한사 요가난다 Paramahansa Yogananda

스트레스 없는 평온한 삶을 살려는 의도를 실현하는 것은 당신의 가장 위대한 운명을 현시하는 방법 중 하나이다. 우리가 이곳에 존재하도록 의도되었을 때 근원은 우리가 이 땅에서 행복하고 즐거운 경험을 하길 바랐을 것이다. 기쁘고 행복한 상태라면, 당신은 순수하고 창조적이며, 더없이 행복하고 따지지 않는 기쁨으로 가득 찬 의도의 진정한 상태로 돌아온 것이다. 당신이 창조된 자연스러운 상태는 건강과 행복이 있는 웰빙을 느끼는 상태이다. 이 장은 당신이 이 자연스러운 상태에 접근하고 이 상태로 돌아가는 것에 관

한 장이다.

당신은 평화롭고 즐거운 근원에서 창조되었다. 당신이 활기차고 기쁘다면 모든 것과 평화로운 관계에 있는 것이다. 당신은 이렇게 살도록 의도되었고, 당신의 생각과 감정, 행동은 조화를 이루도록 예정되었다. 기쁠 때 당신은 삶의 모든 면에서 충족감을 느끼고 용기가 난다. 간단히 말해, 불안과 스트레스에서 자유로워지는 것이 의도의 영역과 함께 기쁨에 이르는 길이다. 행복하고 기뻐하며 삶의 충만함과 목적의식을 느끼는 순간 만물을 창조하는 의도의 보편적 정신과 일치된다.

스트레스와 불안이 가득하고, 절망감과 우울감이 들며, 안정제가 필요한 삶에는 자연스러운 것이 없다. 고혈압과 과민한 위, 지속적인 불안감, 긴장과 불면, 잦은 불만과 분노를 일으키는 불안한 생각들은 당신을 자연스러운 상태에 있지 못하게 한다. 믿든 안 믿든 당신에게는 당신이 원하는 스트레스 없는 평온한 삶을 만들어낼 힘이 있다. 당신은 이 힘을 이용해 불만 혹은 기쁨을, 불안 혹은 평온을 끌어당길 수 있다. 의도의 일곱 얼굴과 조화를 이룰 때 당신은 만물의 근원에 접근하여 스트레스 받지 않고 평온하고자 하는 당신의 의도를 실현할 수 있다.

잘 살고 있다는 감정을 갖는 것이 자연스러운 일이라면, 우리는 왜 그토록 많은 불편함과 긴장을 느낄까? 이 질문에 대한 답이 당신이 갈망하는 평화로운 삶에 이르는 비결을 알려줄 것이다.

스트레스는 자아의 갈망이다

이 성가신 자아는 당신이 스트레스나 불안을 느낄 때 작동한다. 자아는 당신이 세상에서 실제로 뭔가를 하고 있다고 느낀다. 그렇기 때문에 당신이 스트레스에 더욱 효과적으로 대응한다고 여길지도 모른다. 아마도 그렇게 하는 것이 옳다는 믿음 또는 습관, 관습 때문일 것이다. 오로지 당신만 그 이유를 분석할 수 있다. 그러나 어쨌건 사실은 당신이 스트레스에 익숙하고 평온함에는 익숙하지 않다는 것이다. 그래서 자아는 스트레스를 원한다.

하지만 실제 세상에는 스트레스나 불안이 없다. 이런 것이 존재한다는 거짓 믿음을 만드는 것은 당신의 생각이다. 스트레스는 포장하거나 만지거나 볼 수 없다. 단지 스트레스 가득한 생각에 열중한 사람들만 존재한다. 우리가 스트레스 가득한 생각을 할 때 몸에서는 유용한 메시지나 주의를 끄는 신호 같은 반응을 만들어낸다. 이 메시지들은 메스꺼움이나 혈압 상승, 위경련, 소화불량, 궤양, 두통, 심박수 증가, 호흡 곤란과 작은 불편감에서부터 심하게는 생명을 위협하는 질병까지 수많은 느낌으로 나타날 수 있다.

우리는 스트레스가 마치 세상에 존재하며 우리를 공격하는 무언가인 것처럼 말한다. 불안이 전투원이라도 되는 듯 "불안이 나를 덮치고 있어."라는 식으로 말한다. 그러나 외부의 힘이나 개체가 당신을 공격한 결과 스트레스가 나타나는 경우는 매우 드물다. 스트레스는 의도와의 연결 고리가 약해져서 나타난 결과이다. 당신은 평화이자 기쁨이다. 그러나 자아가 당신의 삶을 지배하도록 허락했다. 다음은 자아에서 비롯된, 스트레스를 끌어들이는 생각들이다.

- 행복한 것보다 내가 옳은 것이 더 중요하다.
- 이기는 것이 최고이다. 패배한다면 스트레스를 받아야 한다.
- 근원과의 관계보다 명성이 더욱 중요하다.
- 성공은 행복과 만족감보다 돈과 재산으로 측정된다.
- 타인에게 친절한 것보다는 타인보다 우월한 것이 훨씬 중요하다.

다음에 소개하는, 너무 심각해지지 않고 마음을 편하게 먹는 방법은 로자먼드Rosamund와 벤자민 잰더Benjamin Zander(보스턴 필하모닉 관현악단의 지휘자)의 저서 《가능성의 기술The Art of Possibility》에서 발췌한 것이다. 책에서는 우리가 어떻게 스트레스와 불안이라 이름 붙인 많은 문제를 자아가 일으키게 하는지를 유쾌하게 설명한다.

두 나라 총리가 앉아 국가 간 문제를 논하고 있었다. 그때 몹시 흥분한 남자 하나가 불쑥 들어와 쿵쿵거리며 소리치고 주먹으로 책상을 쾅쾅 쳐댔다. 주최국의 총리가 남자를 꾸짖었다. "피터, 부디 규칙 제6조를 기억하게." 그러자 피터라는 남자는 즉시 평정을 되찾았고, 사과하고는 물러났다. 총리들은 회담을 재개했으나 20분 만에 또다시 중단해야 했다. 병적으로 흥분한 여자가 머리를 산발한 채 들어와 격렬한 몸짓을 하며 방해했던 것이다. 이 불청객에게도 아까와 같은 말이 떨어졌다. "메리, 제발 규칙 제6조를 기억하게." 여자 역시 평정을 되찾았고, 사과하면서 물러났다. 이러한 상황이 세 번째 연출되자 방문국 총리가 주최국 총리에게 말했다. "총리님, 지금까지 살면서 많은 일을 겪었지만 이처럼 놀라운 광경은 처음입니다. 규칙 제6조의 비밀을 알려주시겠습니까?" 주최국 총리가 대답했다. "아주 간단합니다. 규칙 제6조는 '제발 스스로를 너무 심각하게 생각하지 말라'입니다." "아, 그것참 괜찮은 규칙입니다." 방문국 총리는 잠시 생각하더니 다시 물었다. "그러면 다른 규칙들은 무엇인가요?"

"다른 규칙은 없습니다."

살면서 스트레스나 압박, 불안을 마주했을 때, 스스로 스트레스를 주는 생각을 하고 있음을 깨닫는 순간 '규칙 제6조'를 기억하라. 스트레스를 유발하는 내면의 언어를 알아차리자마자 멈춘다면, 스트레스가 육체적 증상으로 나타나는 것을 예방할 수 있다. 스트레스를 일으키는 내면의 생각은 무엇일까? '나는 주변 사람들보다 더 중요한 사람이야. 내가 기대한 것들이 충족되지 않고 있어. 기다릴 수는 없어, 나는 너무 중요한 사람이니까. 나는 여기 고객이니 주의를 기울여 줬으면 해. 이런 압박감을 받는 건 나쁜이야.' 이는 자아의 속임수 주머니에서 끝없는 생각과 함께 나오는 것들이다.

당신은 당신이 하는 일이나 성과, 재산, 집, 가족 등 당신과 관련한 어떤 것도 아니다. 당신은 의도의 힘의 한 측면으로, 지구에서의 삶을 즐기며 살도록 의도된 인간의 몸을 입고 있는 존재이다. 이것이 바로 스트레스가 있는 곳에 끌어와야 할 의도이다.

스트레스가 있는 곳에 의도를 끌어오라

어느 때든, 의도의 힘을 가져와 스트레스의 가능성을 제거함으로써 '규칙 제6조'를 실행할 기회는 굉장히 많다. 내가 어떻게 이 전략을 사용했는지 몇 가지 예를 들어보겠다. 각각의 상황에서 나는 보편적 의도의 영역과 진동의 조화를 이루는 내면의 생각을 활성화했고, 그렇게 함으로써 평온해지고자 하는 나의 의도를 이뤘다. 다음에 예로 든 상황들은 평범한 날 세 시간 동안 발생한 일들이다. 스트레스와 불안은, 우리 삶을 침범하려고 기다리고 있는 실체가 아니라 사건을 처리하는 과정에서 우리가 하는 선택임을 상기시키고자 한다.

처방전을 가지고 약국에 갔는데, 내 앞에 줄 선 사람이 약사에게 무의미해 보이는 질문을 연달아 하고 있었다. 스트레스를 유발하는 나의 자아는, 이 모든 것이 고의로 나를 지체시키고 짜증 나게 하려고 의도된 것이라고 말하고 있었다. 나의 내면의 언어는 다음과 같았다. '나는 부당하게 피해를 보고 있어! 항상 내가 선 줄 앞에 있는 사람은 돈을 더듬어 찾는다거나 필요한 보험 서류 같은 것을 못 찾고, 계획적으로 바보 같은 질문들을 해서 내가 처방전을 내밀지도 못하게 방해해.'

나는 이러한 생각을 내면의 언어를 바꿀 신호로 여긴다. '웨인, 너무 심각하게 생각하지 마!' 나는 잔뜩 화가 난 상태에서 행복한 상태로 즉시 나를 바꾼다. 내게서 초점을 돌리고, 동시에 스트레스 없이 평온하게 살려는 의도에 대한 저항을 없앤다. 그러고는 앞에 선 사람을 내가 의도에 다시 연결되도록 도와주는 천사로 여긴다. 평가를 멈추면 느긋하고 신중한 몸짓에서 정말로 아름다움이 보인다. 나는 이 천사를 진심으로 친절히 대한다. 적의에서 사랑으로 마음을 바꾸자, 나의 감정이 불편함에서 편안함으로 바뀌었다. 이런 순간에 스트레스가 발생하기란 불가능하다.

열일곱 살 난 딸이 학교에서 교사가 친구들에게 취한 행동이 부당하다는 이야기를 해주었다. 그때가 토요일 오전이었는데 월요일까지 아무것도 할 수 없었다. 어떤 선택을 해야 할까? 이틀 동안 딸의 이야기를 세세히 곱씹으며 괴로워하고 스트레스를 품은 채 주말을 보내야 할까? 아니면 딸에게 기분 좋아지는 생각을 작동시킬 방법을 알려줄까? 나는 딸에게 지금 느끼는 감정을 설명해 보라고 했다. 딸은 화가 나고 속이 상하며 상처를 입었다고 대답했다. 나는 '규칙 제6조'를 생각해 보라고 했다. 그러고 나서 다른 생각이 떠오르는지 물었다.

딸은 웃으면서 나를 괴짜 취급했다. 그러나 곧 인정했다. "하지만 주말 내내 마음 상해 있는 것은 정말 말이 안 돼요. 기분 나빠지는 생각은 그만할래요."

나는 딸에게 말했다. "월요일에 상황을 바로잡기 위해 할 수 있는 일을 해보자. 하지만 지금은 '규칙 제6조'를 적용해서, 스트레스나 불안, 압박감이 없는 의도의 영역에 합류하자."

이 장의 의도를 실현하려면, 즉 스트레스 없고 평온한 삶을 살려면 당신은 당신의 의도와 일치하는 사고 반응을 활성화해야 한다. 새로운 사고 반응이 습관이 되어, 스트레스를 유발하는 옛 습관을 대체할 것이다. 스트레스를 일으키는 사건들을 다시 살펴보며 항상 둘 중 하나를 선택할 수 있다. 내 안에서 스트레스를 유발하는 생각에 머물 것인가? 아니면 스트레스받지 못하게 하는 생각을 할 것인가? 다음은 불안과 스트레스를 선택하는 습관을 바꾸도록 도와주는 또 하나의 쉬운 방법이다.

마법의 다섯 단어: 나는 좋은 기분을 느끼고 싶다!

앞 장에서, 당신이 당신의 의도에 저항을 만드는지 아닌지를 감정이 어떻게 알려주는지 설명했다. 나쁜 느낌은 당신이 의도의 힘에 연결되어 있지 않다는 사실을 알게 해준다. 당신의 의도는 여기서 스트레스 없이 평온하게 사는 것이다. 좋은 느낌이 든다면, 당신은 주변에서 무슨 일이 일어나고 있든 타인이 당신의 기분을 어떻게 추측하든 상관없이 당신의 의도와 연결되어 있는 것이다. 전쟁이 벌어지고 있다 해도 당신은 여전히 기분 좋아지길 선택할 수 있다. 경기가 한없이 나빠진다 해도 당신은 기분이 좋아지기를 선택할 수 있다. 어떤 재난에도 당신은 기분 좋아질 수 있다. 기분이 좋아지는 것은 당신이 냉담하거나 무관심하거나 잔인하다는 지표가 아니다. 그것은 당신의 선택이다. 큰 소리로 말하라. "나는 좋은 기분을 느끼고 싶다!" 그다음에는 이렇게 바꿔서 말해보라. "나는 기분이 좋아지려 한다!" 스트레스가 느껴지면, 사랑을 보내고 의도의 일곱 얼굴을 존중하라. 의도의 일곱 얼굴이 미소 짓고, 당신이 나쁜 느낌이라고 규정한 것에 작별 인사를 할 것이다. 당신은 좋은 느낌을 원한다. 자아의 욕망에 대응하려면, 근원이 당신이듯 당신도 당신의 감정이어야 한다.

당신의 조건반사적으로 나쁜 기분을 느끼는 곳에서 많은 사건이 일어날 것이다. 이런 외부의 사건을 알아차리면, 마법의 다섯 단어를 말하라. "나는 좋은 기분을 느끼고 싶다." 그 순간에, 기분 나빠하는 것이 상황을 조금이라도 나아지게 하는지 자문하라. 외부 상황에 대해 기분 나빠하는 것은 오직 당신을 불안과 절망, 우울 그리고 당연하게도 스트레스에 빠지게 할 뿐임을 알게 될 것이다. 대신에 그 순간에 어떤 생각이 당신의 기분을 좋게 하는지 자문해 보라. 나쁜 느낌에 친절과 사랑으로 반응할 때 기분이 좋아짐을(나쁜 느낌에 빠져 있을 때와는 아주 다르다) 발견한다면, 감정 상태가 바뀌는 경험을 할 것이다. 의도의 힘은 오직 평화와 친절, 사랑만을 알기에, 이제 당신은 근원과 진동의 조화를 이루게 된다.

이렇게 새로 활성화한 생각이 아주 잠깐 동안만 좋은 기분을 유지시키고, 이내 다시 예전처럼 불쾌한 일을 처리할 수 있다. 옛 방식 또한 존중하고 사랑하며 이해하라. 그러나 자아는 당신이 위험을 감지하지 못하게 하려 한다는 사실을 기억하라. 모든 스트레스 신호는 당신에게 "나는 좋은 기분을 느끼고 싶다"라는 마법의 다섯 단어를 말하라고 경고한다. 스트레스는 당신의 관심을 원한다! 마법의 다섯 단어를 말하고, 나쁜 기분에 사랑을 보냄으로써 평온하고 스트레스 없이 살려는 의도를 실행하는 과정에 들어선다. 이제 당신은 가장 힘든 순간에 이러한 생각을 활성화할 수 있고, 오래 지나지 않아 성경의 욥기에서 전하는 다음의 메시지처럼 살게 될 것이다. "하는 일마다 다 잘되고, 빛이 네가 걷는 길을 비추어줄 것이다" 여기서의 '빛'은, 당신이 그 빛과 일치되기로 결정한다면 의도의 정신에게 도움을 받게 될 것을 의미한다.

기분 좋아지겠다는 결심은 보편적 정신에 연결되는 한 방법이다. 이는 일어난 사건에 무관심한 것이 아니다. 당신은 좋은 기분을 느낌으로써 평화의 수단이 되고, 그렇게 함으로써 문제를 뿌리 뽑는다. 나쁜 기분을 품고 있으면 긍정적 변화에 저항을 만드는 에너지장에 머물게 되고, 그 결과 스트레스와 불안을 겪는다. 문제라는 것들이 계속해서 당신 곁에 있게 된다. 그것들은 결코 사라지지 않을 것이다. 하나를 해결하면 다른 하나가 떠오를 것이다!

갈망은 결코 다 충족되지 못한다

6장에서 나는 당신이 가진 무한한 본성에 대해 이야기했다. 당신은 일시적으로 인간으로 가장한 무한한 영적 존재이므로, 무한에는 시작도 끝도 없다는 사실을 이해하는 것이 중요하다. 당신의 갈망과 목표, 희망, 꿈은 절대로 완성되지 못할 것이다. 절대로! 당신의 꿈 하나가 실현되면 분명히 또 다른 꿈이 나타날 것이다. 당신을 일시적인 물질적 존재로 내보낸 의도의 힘의 본성은 항상 만들고 주는 것이다. 게다가 끊임없이 커진다. 당신의 삶에 현시하고자 하는 갈망은 이러한 무한한 본성의 일부이다. 갈망하지 않으려는 것조차 하나의 갈망이다!

당신의 갈망이 절대로 다 충족되지 않으리라는 사실을 받아들이고, 당신이 가진 유일한 순간인 현재를 더욱 충실히 살아가기를 권한다. 스트레스와 압박감의 해로운 영향을 없애는 비결은 현재를 사는 것이다. 당신 자신과 당신에게 기꺼이 귀 기울이는 모든 사람에게 알려라. "나는 불완전한 존재이다. 나는 결코 완성되지 못할 것이므로 항상 불완전할 것이다. 따라서 나는 내 삶에 갈망하는 것들을 끌어당기면서 지금 이 순간 좋은 기분을 느끼기로 한다. 나는 나의 불완전함 안에서 완전하다!" 이렇게 선언하고 나면 모든 불안과 스트레스가 사라질 것이다. 정확히 이것이 이 장의 의도이다. 당신의 불완전함 속에서 완전함을 느낄 수 있을 때 모든 저항이 사라진다.

저항을 최소화하는 법

당신은 창조 과정에 무한한 기쁨의 가능성이 내재되어 있는 우주에서 살고 있다. 우리가 의도의 보편적 정신이라 부르는 당신의 근원은 상상 이상으로 당신을 좋아한다. 이와 같이 당신이 자신을 사랑하고, 의도의 영역과 조화를 이룬다면 저항이 없는 길을 선택하는 것이다. 아주 조금이라도 자아를 내세운다면 당신은 저항을 갖는다. 저항을 최소화하는 길을 가라.

당신이 하는 생각의 모양과 양이 저항의 총량을 결정한다. 나쁜 감정을 일으키는 생각은 저항하는 생각이다. 당신이 갖기를 원하는 것과 그것을 삶에 끌어당기는 능력 사이에 장애물을 놓는 것이 저항이다. 당신의 의도는 스트레스나 불안 없이 평온한 삶을 사는 것이다. 당신도 알듯이 세계에는 스트레스란 존재하지 않고, 단지 스트레스 가득한 생각을 하는 사람들만 존재한다. 스트레스 가득한 생각 자체가 저항의 한 형태이다. 스트레스 가득한 저항의 생각이 당신이 세계에 반응하는 습관적 방식이 되지 않았으면 한다. 최소한의 저항을 일으키는 생각을 연습하면 그것이 당신의 자연스러운 반응 방식이 되고, 결국에 당신은 당신이 바라는 평온한 사람, 즉 스트레스로 인한 몸의 '불편함'에서 자유롭고 스트레스 없는 사람이 될 것이다. 스트레스 가득한 생각은 그 자체로, 당신이 의도의 힘에 연결되는 것을 방해하는 저항이다.

우리는 불안한 이유를 선전하고 홍보하는 세상에서 살고 있다. 이토록 많은 고통이 존재하는 세상에서 행복해하는 것은 비도덕적인 자세를 취하는 것이라고 배웠다. 경기가 안 좋거나 전쟁이 벌어졌거나 불확실성이나 죽음에 직면하거나 세계 어딘가에 재난이 발생했을 때 행복해지겠다고 하는 것은 어리석고 부적절하다고 설득당했다. 그러한 상황이 세계 어느 곳에서든 항상 벌어질 것이므로 당신은 늘 기뻐하면 착한 사람이 될 수 없다고 믿는다. 이러한 생각들이 저항을 일으킨다.

다음은 저항의 길 위에 있는 몇 가지 문장들의 예시이다. 그다음은 최소 저항의 길에 있는 문장으로 바꾼 것이다.

경제 상황이 불안하다. 이미 너무 많은 돈을 잃었다.

→ 나는 풍요로운 우주에 살고 있다. 그러므로 내가 가진 것과 괜찮아질 것에 대해 생각하기로 한다. 우주가 줄 것이다.

할 일이 너무 많아 다 따라잡을 수가 없다.

→ 나는 이 순간 평화롭다. 나는 지금 하고 있는 한 가지 일만 생각할 것이다. 나는 평화로운 생각을 할 것이다.

나는 이 일에서 결코 성공할 수 없다.

→ 나는 지금 하고 있는 일에 감사하기로 한다. 그리고 더 큰 기회를 끌어당길 것이다.

내 건강이 큰 문제이다. 나는 늙어서 병들고 남에게 의존하게 될까 봐 걱정된다.

→ 나는 건강하고, 건강한 생각을 한다. 나는 치유를 끌어당기는 우주에서 산다. 그래서 미리부터 걱정하기를 거부한다.

가족들이 내게 불안과 두려움을 느끼게 한다.

→ 나는 좋은 느낌을 주는 생각을 하기로 선택한다. 이러한 생각은 도움이 필요한 가족에게 희망을 줄 것이다.

많은 사람이 고통을 겪고 있으니 나는 기분이 좋아져서는 안 된다.

→ 나는 모든 사람이 같은 경험을 하는 세계에 살고 있지 않다. 나는 행복해질 것이고, 행복을 느낌으로써 다른 사람들의 고통을 없애는 데 도움을 줄 것이다.

내가 정말로 아끼는 사람이 다른 사람을 사랑하고 나를 버린다면 행복할 수 없을 것이다.

→ 기분 나빠한다고 해서 이러한 상황이 바뀌지 않는다. 사랑의 근원과 조화를 이룬다면 내 삶에 사랑이 돌아올 것이라고 믿는다. 나는 지금 행복해지고, 놓친 것이 아니라 가진 것에 초점을 맞추기로 선택한다.

스트레스 가득한 생각은 당신이 없애고 싶어 하는 저항의 형태를 띤다. 당신의 감정을 주시하고, 불안이 아닌 기쁨을 선택하면서 그러한 생각을 바꿔라. 그러면 의도의 힘에 닿을 것이다.

의도를 현실로 만들어라

다음은 스트레스 없는 평온한 삶을 위한 10단계다.

1단계: 기쁜 상태가 자연스러운 상태임을 명심하라.

당신은 기쁨과 사랑의 결과물이다. 그러므로 이러한 감정을 느끼는 것이 자연스럽다. 당신은 특히 주변 사람들과 사건이 낮은 에너지 상태일 때 기분 나빠하고 불안해하거나 심지어 우울함을 느끼는 것이 자연스럽다고 믿어왔다. 필요할 때마다 자주 이런 말을 떠올려라. "나는 평화와 기쁨에서부터 왔다. 나는 꿈과 갈망을 실현하기 위해서 내가 유래된 의도와 조화를 이뤄야 한다. 나는 나의 자연스러운 상태에 머물기로 한다." 불안하고 스트레스를 받고 우울하고 두려워할 때마다 당신은 자연스러운 상태를 포기하는 것이다.

2단계: 세상이 아니라 당신이 하는 생각이 스트레스를 일으킨다.

당신의 생각이 몸에 스트레스 반응을 활성화한다. 스트레스로

가득한 생각들은 당신이 삶에서 창조하기를 원하는 기쁨과 행복, 풍부함에 저항을 만든다. 저항을 만드는 생각들은 다음과 같다. '나는 할 수 없다. 너무 혹사당하고 있다. 나는 걱정되고 두렵다. 나는 보잘것없다. 그런 일은 절대 일어나지 않을 것이다. 나는 충분히 영리하지 못하다. 나는 나이가 너무 많다(적다), 등등.' 이러한 생각들은 평온하고 스트레스 없는 삶에 저항하는 것과 같다. 그리고 당신의 갈망이 현시되지 못하게 막는다.

3단계: 당신은 어느 때라도 스트레스를 일으키는 생각을 바꿀 수 있고, 그러면 불안은 사라진다.

걱정하지 않겠다고 의식적으로 결심한다면, 당신은 스트레스를 줄이는 과정을 시작하고 동시에 만물을 창조하는 의도의 영역에 다시 연결된다. 평온하고 고요한 장소에서 당신은 신과 공동 창조자가 된다. 근원에 연결되는 동시에 스트레스를 받는 일은 불가능하다. 이 둘은 상호 배타적인 관계에 있기 때문이다. 당신의 근원은 불안한 상태에서 창조하지 않으며, 항우울제를 복용할 필요도 없다. 스트레스 가득한 생각을 버리지 않으면 갈망을 현시할 능력을 영원히 갖지 못한다.

4단계: 지금 바로 당신의 감정 상태를 확인해 스트레스를 일으키

는 생각을 관리하라.

스스로에게 물어보아라. "지금 나는 좋은 느낌을 받고 있는가?" 대답이 '아니오'라면 마법의 다섯 단어를 말해보라. "나는 좋은 기분을 느끼고 싶다." 이어서 바꿔 말해보라. "나는 좋은 기분을 느끼려고 한다." 당신의 감정을 관찰하여 당신이 스트레스와 불안을 일으키는 생각들을 얼마나 많이 하고 있는지 알아내라. 이러한 관찰을 통해 당신이 저항을 최소화하고 있는지 아니면 다른 방향으로 가고 있는지 알 수 있다.

5단계: 좋은 감정을 활성화하는 생각을 의식적으로 선택하라.

생각을 선택할 때 인기나 광고가 아니라 오직 당신에게 어떤 느낌을 주는가에 중점을 두기를 권한다. 다음과 같이 자문해 보라. "이 새로운 생각은 내게 좋은 느낌을 주는가? 아니라고? 그렇다면 이 생각은 어떤가? 아니라고? 그렇다면 또 다른 생각은 어떤가?" 결국, 잠깐일지라도 좋은 느낌이 드는 생각을 찾아낼 것이다. 아름다운 저녁노을일 수도, 사랑하는 누군가의 표정일 수도, 황홀한 경험일 수도 있다. 무엇이든 오직 중요한 것은 그것이 당신의 내면에서 정서적, 육체적으로 좋은 느낌으로 울려 퍼지느냐이다.

불안하고 스트레스 가득한 생각이 드는 순간, 당신이 선택한 좋은 느낌이 드는 생각으로 바꿔라. 그 생각에 연결하라. 그런 생각을 하고, 할 수 있다면 몸으로 느껴라. 당신에게 좋은 느낌을 주는 새로운 생각에 감사하게 될 것이다. 그것은 사랑과 아름다움, 행복을 받아들이는 것이며, 내가 이 책 초반부터 계속 말해온 의도의 일곱 얼굴과 완벽하게 일치하는 것이다.

6단계: 때때로 아기들을 관찰하고 아기들이 기뻐하는 모습을 따라 하라.

당신은 고통과 불안과 두려움, 스트레스, 우울을 겪기 위해 이 세상에 태어나지 않았다. 기쁨이라는 신의 의식에서 나왔다. 어린 아기들을 관찰해 보라. 아기들은 아무것도 하지 않아도 그토록 행복해한다. 아기들은 일하지 않고, 기저귀를 찬 채로 똥을 누고, 커지고 자라고 이 놀라운 세상을 탐험하는 것 외에 다른 목표가 없다. 아기들은 모든 사람을 사랑하고, 플라스틱병이나 우스꽝스러운 얼굴에 즐거워하고, 항상 사랑의 상태에 있다. 이도 머리카락도 나지 않았고, 통통하다. 아기들은 어떻게 그처럼 즐거워하고 쉽게 기뻐할 수 있을까? 아기들은 그들을 이 세상에 태어나도록 의도한 근원과 조화를 이루고 있고, 즐거워하는 것에 대한 저항이 없기 때문이다. 즐거움에 관한 한 아기처럼 되라. 행복해지는 데 이유는 필요하지 않다. 행복해지고자 하는 당신의 바람이면 충분하다.

7단계: '규칙 제6조'를 명심하라

이 말은 당신을 의도에서 분리시키는 자아의 요구를 멈추라는 뜻이다. 당신이 올바름이나 친절함 가운데 하나를 선택해야 한다면 친절함을 선택하고, 자아의 요구를 밀어내라. 당신은 친절함에서 유래했다. 따라서 옳은 사람이 되기보다 친절을 베풂으로써 스트레스를 받을 가능성을 없앨 수 있다. 누군가로 인해 조바심이 난다면, '규칙 제6조'라고 말하라. 그러면 당신은 바로 일등이 되고, 더 빠르고, 우선시되며 남보다 더 대우받기를 원하는 시시한 자아를 웃어넘기게 될 것이다.

8단계: 의도라는 당신의 근원이 주는 안내를 받아들여라.

당신은 신처럼 되어야 신을 알게 될 것이다. 마찬가지로 의도처럼 되어야 의도의 영역이 주는 안내를 받을 수 있다. 스트레스와 불안, 우울함은 당신을 창조한 힘의 도움으로 사라질 것이다. 그 힘이 무에서 세계를, 무에서 당신을 창조할 수 있었다면, 확실히 스트레스를 없애는 것쯤이야 별로 큰일도 아니다. 신은 당신이 기쁨을 알뿐만 아니라 기쁨 자체가 되길 바랐으리라고 나는 믿는다.

9단계: 고요히 명상하는 연습을 하라.

고요와 명상만큼 스트레스와 우울감, 불안 등 낮은 에너지의 감정을 덜어주는 것은 없다. 고요히 명상하며 당신은 근원과 의식적으로 접촉하고, 의도와의 연결 고리를 정화한다. 날마다 시간을 내 조용히 명상하라. 이러한 명상을 스트레스를 줄이는 의식의 일부로 만들어라.

10단계: 항상 감사하고 경외하라.

당신이 갖고 되고 보는 모든 것에 대해 기뻐하며 감사하라. 감사는 당신의 의도를 이루기 위한 모든 10단계 프로그램에서 10번째에 해당한다. 왜냐하면 감사는 근원의 기쁨과 완전함에서 당신을 떨어뜨리는 내면의 언어를 멈추는 확실한 방법이기 때문이다. 스트레스와 감사하는 마음을 동시에 가질 수 없다.

* * *

평온한 삶에 이르고자 하는 의도에 관한 이 장을 인도의 유명한 시인이자 내가 가장 좋아하는 영적 스승 가운데 한 명인 라빈드라나트 타고르Rabindranath Tagore의 시로 마무리하겠다.

> 나는 잠들어 인생은 기쁨임을 꿈꾸었다
>
> 나는 잠에서 깨어 인생은 봉사임을 보았다

나는 행동했고, 봉사가 기쁨임을 보았다

당신의 내면세계에서는 모든 것이 기쁨이 될 수 있다. 잠들어 기쁨을 꿈꾸어라. 그리고 무엇보다도 이 사실을 기억하라. 당신이 행복한 것은 세상이 옳기 때문이 아니다. 당신이 행복하기 때문에 세상이 옳은 것이다.

12
이상적인 사람들과 신성한 관계를 끌어당겨라

"우리가 확실하게 몰두하는 순간, 신의 섭리도 움직인다.
신의 섭리가 아니라면 일어나지 않았을 온갖 일들이 일어나 그를 돕는다……
아무도 꿈꾸지 못했을 방식으로 뜻밖의 사건과 만남, 물질적 지원이 온다."

요한 볼프강 폰 괴테 Johann Wolfgang von Goethe

1989년에 개봉한 영화《꿈의 구장Field of Dreams》을 보았다면, 아마도 꿈을 추구할 때 성공할 것이라는(또는 "노력하면 그들이 올 것이다."라는) 개념을 기억할 것이다. 나는 이 장을 쓰기 시작하면서 이 개념을 생각했다. 당신이 의도의 영역과 조화를 이루는 데 헌신한다면 의도를 달성하는 데 필요하거나 당신이 원하는 모든 사람이 나타날 것이라고 이야기할 것이기 때문이다. 어떻게 그럴 수 있을까? 인류 역사상 가장 뛰어난 재능을 가진 학자이자 성취가 중 하나인 괴테는 앞의 인용문을 통해 그 답을 준다. 당신이 의도의 힘의 일부가 되고자 확실하게 몰두하는 순간 "신의 섭리도 움직"이고, 뜻밖의 도움이 찾아온다.

딱 맞는 사람들이 삶의 모든 방면에서 당신을 돕기 위해 나타날 것이다. 직장에서 당신을 도와줄 사람들이 나타나고, 완벽한 가정을 이루도록 도와줄 사람들이 나타나며, 당신이 바라는 무엇이든 할 수 있도록 자금을 마련할 사람들이 나타나고, 당신을 공항으로 데려다줄 운전사가 대기하고 있을 것이며, 당신이 존경하던 디자이너가 함께 일하고 싶어 할 것이고, 휴가 중이던 당신에게 응급 상황이 생겼을 때 필요한 치과의사가 당신이 있는 곳에 있게 될 것이며, 당신과 영적으로 마음이 통하는 사람이 당신을 발견할 것이다.

이 목록은 끝나지 않는다. 왜냐하면 우리는 모두 서로 관계를 맺고 있고, 같은 근원에서 나왔으며, 똑같은 신성한 의도의 에너지를 공유하고 있기 때문이다. 이 보편적 정신이 존재하지 않는 곳은 없다. 따라서 당신은 당신의 삶에 끌어당기는 모든 사람과 보편적 정신을 공유한다.

당신은 적절한 사람들을 끌어들이는 능력에 대한 저항을 포기해야 한다. 그러지 않으면 그들이 당신의 일상에 나타나도 알아차리지 못한다. 처음에는 저항을 알아차리기가 어려울 것이다. 왜냐하면 저항은 당신의 생각과 감정, 에너지 수준과 비슷한 형태를 띠기 때문이다. 만일 당신이 알맞은 사람들을 전혀 끌어들일 수 없다는 생각이 든다면, 당신은 무력감을 끌어당기고 있는 것이다. 잘못된 사람들과 붙어 있다거나 곁에 사람이 전혀 없다는 생각이 든다면 당신의 에너지가 의도의 힘과 일치하지 않고, 저항에 지배받고 있는 것이다. 의도의 영역은 선택하지 않고 다만 당신이 바라는 것을 더 많이 보낸다. 거듭 말하는데, 의도의 보편적 정신을 믿고 신뢰하라. 그렇게 함으로써 적절한 사람들이 적절한 시간에 당신의 삶의 공간에 들어오도록 허락하라.

허락으로 저항을 없애라

여기서 당신의 의도는 정말로 분명하다. 당신은 당신의 삶의 일부가 되도록 의도된 사람들을 끌어당기고 싶어 하고, 행복하고 만족스러운 정신적 관계를 맺기를 원한다. 만물을 창조하는 보편적 영역은 이미 당신의 의도와 협력하고 있다. 바로 그러한 사람들이 이미 여기에 분명히 있다. 만약 그렇지 않다면 당신은 만들어낼 수 없는 것을 원하는 것이다. 여기에 맞는 사람들이 있다. 그뿐만 아니라, 당신은 그들과 함께 신성한 생명의 근원을 공유한다. 모든 사람이 그 근원에서 나오기 때문이다. 어떤 보이지 않는 방법으로 당신은 이미 당신에게 완벽한 사람들과 정신적으로 연결되어 있다. 그런데 왜 그들을 볼 수도 만질 수도 잡을 수도 없고, 당신이 필요로

할 때 그들이 그곳에 없을까?

당신에게 맞는 사람들은 오직 당신이 그들을 기꺼이 받아들일 의지가 있을 때만 나타난다. 그들은 항상 그 자리에 있었고 지금도 거기에 있다. 그들은 언제나 그곳에 있을 것이다. 당신은 이렇게 자문해야 한다. '나는 준비되어 있는가? 내게 의지가 있는가? 그 의지가 얼마나 되는가?' 당신이 갈망이 실현되는 것을 경험할 준비가 되어 있고 기꺼이 그럴 의지가 있다면, 당신은 그 사람들을 단지 영혼을 가진 육체가 아닌 고유한 육체를 입은 정신적 존재로 보게 될 것이다. 당신은 우리 모두의 상태인 무한한 영혼들을 볼 것이다. 여기서 '무한하다'는 것은 항상, 모든 곳에 존재함을 의미한다. 그리고 '모든 곳'에 있다는 것은 당신이 바란다면 지금 바로 당신과 함께 있음을 의미한다.

당신이 끌어당기길 원하는 것을 줘라

지금 삶에 나타나게 하려는 사람을 마음속에 그렸다면, 그리고 그들이 당신을 대하는 방법과 그들의 모습을 알고 있다면, 당신은 당신이 추구하는 모습이 되어 있을 것이다. 이것이 끌어당기는 힘과 에너지의 세계이다. 당신이 신뢰성 없고 이기적이며 남을 평가하고 거만하게 생각하고 행동한다면, 신뢰할 만하고 관대하며 평가하지 않는 친절한 사람을 끌어당기길 바랄 수 없다. 그리고 그런 사람이 나타나기를 기대할 수도 없다. 이것이 많은 사람이 적당한 때에 맞는 사람을 끌어당기지 못하는 이유이다.

약 30년 전 나는 내 책 《행복한 이기주의자Your Erroneous Zones》를 출판하기 위해 출판사를 끌어당기고 싶었다. 당시에 나는 무명 작가였으므로 나와 거래하는 출판사는 이해심이 있어야 했고, 나에 대한 의심을 버리고 기꺼이 위험을 감수해야 했다.

나의 저작권 대리인이 뉴욕의 한 대형 출판사 편집장과 만나게 해주었다. 앞으로 그를 조지라 부를 것이다. 그와 대화하기 위해 자리에 앉았는데, 그가 정신적으로 혼란스러워하고 있다는 것이 내 눈에 확연히 보였다. 나는 무슨 문제가 있는지 물었고, 그 후 약 서너 시간 동안 우리는 전날 밤 그에게 일어났던 충격적인 문제에 대해 이야기를 나눴다. 조지의 아내가 이혼을 통보했고, 그 소식에 그는 마치 무방비한 상태에서 기습당한 듯한 느낌을 받았다고 했다. 나는 내 책을 출판하고 싶다는 이야기를 하려는 갈망을 버리고, 내가 찾던 바로 그 사람이 되었다. 즉 이해심 있고 신뢰할 만하며 위험을 감수하는 사람 말이다. 나는 그런 사람이 되어 나의 자아 중심적인 갈망을 버림으로써 그날 오후 조지를 도울 수 있었다. 그날을 결코 잊지 못한다.

그날 나는 나의 책에 대해서는 아무런 제안도 하지 못한 채 조지의 사무실을 나왔다. 그 이야기를 저작권 대리인에게 하자, 그는 내가 책에 대해 강력하게 선전하지 못해 대형 출판사에서 책을 출간할 기회를 날려버렸다고 했다. 그러나 다음 날 조지는 저작권 대리인에게 전화해서 이렇게 말했다. "사실 저는 다이어 씨의 책 제안서를 보지도 못했지만 그분이 우리 출판사의 저자가 되기를 원합니다."

당시에 나는 무슨 일이 일어나고 있는지 깨닫지 못했다. 정신세계를 탐구하며 살아온 지 25년이 된 지금은 아주 분명히 안다. 당신이 필요할 때, 그리고 당신이 조화를 이룰 수 있는 바로 그때 딱 맞는 사람들이 나타난다. 당신 자신이 만나고 싶어 하는 바로 그 사람이 되어야 한다. 당신이 바라는 그 사람이 되었을 때, 당신은 의도를 외부로 발산함으로써 타인을 끌어당긴다. 당신은 의도의 힘과 조화를 이루고, 이상적인 사람들과 신성한 관계를 끌어당기려는 의도를 실현할 능력이 있다.

정신적 협력 관계를 끌어당겨라

사랑이 없는 사람은 아무리 애인을 못 찾겠다고 한탄해도 소용없다. 그들은 완벽한 상대가 나타나도 알아차리지 못하기 때문에 끝없이 좌절한다. 그들을 좋아하는 사람이 바로 지금 여기에 있어도 저항 때문에 보지 못한다. 사랑이 없는 사람은 사랑의 관계를 맺지 못하게 하는 외부 요인 또는 불운만 계속 탓한다.

사랑은 오직 사랑에 의해서만 끌리고 돌아올 수 있다. 정신적 협력 관계를 끌어들이고 유지하는 것에 관해 내가 줄 수 있는 최선의 조언은 당신이 추구하는 바로 그 상태가 되라는 것이다. 관계가 유지되지 못하는 경우는 대부분 한쪽 또는 양쪽 파트너 모두 자신들의 자유가 어느 정도 타협의 결과라 느끼기 때문이다. 정신적 협력 관계라는 말은 두 사람을 결합하는 에너지가 의도의 에너지와 긴밀하게 조화를 이룬다는 것을 의미한다.

이것은 협력을 통해 허락의 원리가 흐른다는 뜻이고, 그러면 당신은 당신의 목적에 대한 내적 깨달음을 실현하기 위해 자유를 포기할 필요가 전혀 없다. 마치 각자가 상대에게 조용히 이렇게 속삭이는 것과 같다. "당신은 물질적인 몸 안에 있는 근원 에너지야. 그래서 당신이 기분 좋아할수록 다정하고 친절하며 아름답고 수용적인 에너지, 풍부하고 확장하며 창조하는 에너지가 당신을 통해 더 많이 흐르지. 나는 이 근원의 에너지를 존중하고, 당신과도 공유해. 우리 중 누가 실망한다면, 의도의 에너지의 흐름이 줄어든 거야. 보편적 정신이 허락하지 않는 것은 아무것도 없다는 사실을 항상 기억해야 해. 우리의 행복을 허락하지 않는 것은 무엇이든 받아들이지 않을 거야. 나는 이 의도의 에너지장에 머물고, 미끄러지진 않는지 스스로를 지켜보는 데 집중해. 바로 이 근원이 우리를 연결시켰어. 그래서 나는 근원과 계속 조화를 이루기 위해 노력할 거야." 이러한 내면의 약속이 바로 괴테가 앞의 인용문에서 말하고자 한 것이다. 이것이 신의 섭리를 움직이게 하고, "아무도 일어나리라고 꿈꾸지 못했을" 일이 일어나도록 돕는다.

당신은 연결되고자 하는 사람들과 이미 연결되어 있다. 그러므로 연결된 듯이 행동하라.

영적으로 말하자면, 당신과 타인 사이의 차이점은 없다. 아마 기이하게 들리겠지만 그래도 타당한 개념이다. 따라서 당신이 남에게 상처를 입히면 자신 또한 상처를 입고, 남을 도우려면 자기 자신을 도와야 한다. 당신은 근원 에너지를 다른 모든 사람과 공유하고 있다. 그러므로 이런 인식을 반영해 생각하고 행동해야 한다. 알맞은 사람이 나타나야 할 필요를 느낀다면, 이 인식을 반영하도록 내면의 언어를 바꿔라. "틀에 박힌 삶에서 벗어나야 하므로 적절한 사람이 나타나길 원한다"라고 말하지 말고, 당신의 연결성을 반영하는 생각을 활성화하라. 다음과 같이 말이다. "나는 적절한 사람이 신성한 질서 속에서 완벽한 시간에 딱 맞게 올 것을 안다."

이제 당신은 이러한 내면의 생각에 따라 행동할 것이다. 끝에서부터 생각하고, 이런 일이 오기를 기대할 것이다. 기대감이 당신의 주의를 끌 것이다. 당신은 당신의 에너지 수준을 모든 사람과 모든 것을 이곳에 존재하도록 의도한 힘과 동일한 수준으로 바꿨다. 높은 에너지 수준에 도달하면 당신은 높은 정보에 접근한다. 그러면 당신의 직관이 켜지고, 당신이 원하는 사람들의 존재를 느낄 수 있다. 이제 당신은 정상 궤도에 올랐음을 깊이 자각하고는 직관에 따라, 이 새로운 인식에 따라 행동할 것이다. 당신은 공동 창조자가 되고, 새로운 통찰력이 당신의 내부에서도 활성화된다. 당신은 창조자의 얼굴을 보고, 공동 창조하는 당신 자신을 보게 된다. 당신은 누구를 부르고, 어디를 바라보며, 언제 믿고, 무엇을 해야 할지를 깨달을 것이다. 당신은 자신이 창조한 것에 연결되도록 인도받을 것이다.

만일 우정이나 협력 관계에서 당신의 수준 높은 본성과 존엄성을 굴복시키길 요구당한다면, 그것은 그야말로 잘못된 것이다. 당신은 근원의 사랑을 받는 존재다. 사랑이 무엇인지 정말로 알게 되면 무시당하거나 거부당했던 과거의 고통을 앞으로는 겪지 않을 것이다. 그것은 한 친구와 관계를 끊기로 선택한 여성의 경험을 그린 다음의 이야기와 비슷할 것이다. "나는 마음이 아팠지만 어떤 열린 공간에 갇힌 느낌이었다. 내면에서 느낀 사랑을 찾기 위해 관계를 끊은 바로 그 순간, 내가 바라는 방식대로 날 사랑할 수 없었던 그 사람에게로 사랑이 흘러가는 것을 느꼈다. 상심의 고통과 동시에 열려 있음을 느끼는 경험은 낯설었다. 나는 '마음이 상하고 깨졌다.'라고 계속 생각했다. 나는 완전히 새로운 단계의 사랑에 들어갔다. 내가 꿈꾸던 관계가 18개월 후에 이루어졌다!"

당신은 사랑이다. 순수한 사랑에서부터 나왔다. 그리고 언제나 사랑의 근원과 연결되어 있다. 이런 식으로 생각하고 느껴라. 그러면 곧 이런 식으로 행동하게 될 것이다. 그리고 당신이 생각하고 느끼고 행하는 모든 것이 정확히 같은 방식으로 화답할 것이다. 당신이 믿건 안 믿건, 알맞은 사람이 나타나는 이 원리는 영원히 작동할 것이다. 그것을 명확히 보지 못하게 막는 것은 오직 당신의 자아뿐이다.

모든 것은 신성한 질서 속에서 펼쳐진다

지금쯤 당신은 당신의 삶에 필요한 모든 사람이 나타나고, 그 사람들이 모든 면에서 완벽하리라고 단언할 것이다. 게다가 그들은 정확히 딱 맞는 순간에 나타날 것이다. 당신이 속한 이 지적 체계에서는 보이지 않는 무한한 생명력이 만물을 통해 흐르는 의도의 영역, 그곳에서 모든 것이 온다. 여기에는 당신과 모든 사람이 포함된다. 보이지 않는 생명력과, 만물의 존재를 의도하는 창조의 정신을 신뢰하라.

삶이라는 연극에 등장한 모든 사람에게 관심을 갖고 이들을 주의 깊게 살펴라. 모든 것이 완벽했다. 당신의 전 배우자는 딱 맞는 시기에, 당신이 그토록 사랑하는 자녀를 만들기 위해 필요한 때 나타났다. 아버지는 당신이 자기 의존을 배울 수 있도록 바로 그때 떠나갔다. 당신을 버린 연인도 이 완벽함의 한 부분이다. 당신 곁에 남아 있는 연인 역시 근원의 영향을 받은 것이다. 좋은 시절과 갈등, 눈물, 학대, 이 모든 것에 당신의 삶 속으로 들어오고 떠나는 사람들이 포함된다. 그리고 당신의 눈물은 그중 한 단어도 씻어내지 않을 것이고 씻을 수도 없다.

그것은 당신의 과거이다. 그리고 당시에 당신의 에너지 수준이 어땠고 무엇을 원했든, 당신이 삶의 어느 지점에 있었든 당신은 그때의 당신에게 맞는 사람들과 사건을 끌어당겼다. 당신은 필요할 때 사람들이 나타나지 않아 혼자였고 곁에 아무도 없었다고 느낄지 모른다. 그러나 신성한 질서 속에 있는 모든 생명체의 관점에서 보라. 당신에게 아무도 나타나지 않았다면, 그것은 당시에 당신이 뭔가를 혼자 해야 했고, 따라서 당신이 아무도 끌어당기지 않았기 때문이다. 과거를, 모든 등장인물의 등장과 퇴장을 의도가 대본을 쓰고 당신이 끌어당긴 한 편의 연극으로 보자. 그러면 죄책감이나 후회, 심지어 복수라는 낮은 에너지에서 자유로워진다.

결과적으로 당신은 제작자나 감독 역할을 하는 타인들에게 영향을 받는 배우에서, 작가나 제작자, 감독, 영예로운 당신의 삶의 스타로 바뀔 것이다. 또한 당신은 당신이 선택하는 누구든 오디션을 볼 능력을 지닌 배역 담당자도 될 것이다. 저항 없는 길을 가겠다고 다짐하라. 이 전체적인 드라마의 최종 제작자인, 만물을 창조하는 의도의 보편적 정신과 조화를 이루겠다고 선택하라.

인내에 관하여

《기적 수업》에는 대단히 역설적인 문장이 있다.

"무한한 인내가 즉각적인 결과를 낳는다."

무한한 인내가 있다는 것은 당신을 이곳에 존재하도록 의도한 만물을 창조하는 힘과 당신이 진동의 조화를 이루고 있음을 내면에서 확실히 안다는 뜻이다. 실제로 당신은 당신 삶의 공동 창조자이다. 신이 정한 일정에 따라 적합한 사람이 나타날 것을 당신은 안다. 당신의 시간표에 따라 일정을 앞당기려는 시도는 지금 당장 꽃이 필요하다고 우기면서 이제 막 나오는 튤립 순을 잡아당기는 것과 같다. 창조는 당신의 계획표에 따라서가 아니라 서서히 비밀을 드러낸다. 무한한 인내로 당신은 곧바로 깊은 평온함을 얻는다. 당신은 창조 과정의 사랑을 느끼고, 끊임없이 요구하기를 멈추며 딱 맞는 사람을 찾기 위해 타인을 세심히 살피기 시작할 것이다.

나는 즉각적인 결과를 낳는 무한한 인내의 개념을 가지고 이 글을 쓰고 있다. 여기 앉아 글을 쓰고 있는 내가 혼자가 아니라는 것을 안다. 내게 필요한 격려와 자료를 제공하기 위해 알맞은 사람이 신비롭게 나타날 것을 안다. 나는 이 과정을 전적으로 신뢰하며, 나의 근원과 조화를 이룬 상태에 머물고 있다. 전화벨이 울린다. 누군가 내가 좋아하리라 생각하는 테이프를 가지고 있다. 2주 전에는 그것이 내게 의미가 없었겠지만 지금 나는 운동을 하면서 그 테이프의 음악을 듣고 있고, 그것은 내게 필요한 것을 준다. 나는 산책 중에 어떤 사람들을 만나 대화를 나눈다. 그들은 내가 좋아할 것이라 확신하는 책에 대해 이야기해 준다. 나는 책 제목을 적고 찾아본다. 그리고 정말로 내게 필요한 것을 얻는다.

이런 일은 내가 나의 자아 정신을 의도의 보편적 정신에 굴복시키고, 알맞은 사람이 나의 개인적 의도를 실현하는 일을 돕도록 허락하면 날마다 어떤 방식으로든 일어난다. 무한한 인내의 즉각적인 결과는, 내게 누군가를 보내주거나 나 스스로 해내도록 홀로 남겨둘 '시니어 파트너'가 있다는 사실을 알 때 찾아오는 내면의 평화이다. 이것이 실제적인 믿음이다. 나는 당신이 이러한 믿음을 갖고 무한히 인내하며, 당신의 삶에 알맞은 사람이 신비롭게 나타날 때마다 깊이 감사하고 경외하는 태도를 갖기를 바란다.

의도를 현실로 만들어라

다음은 이 장의 의도를 실현하기 위한 10단계다.

1단계: 당신의 삶에 걸맞은 사람(들)이 나타나기를 희망하고 바라며 기도하고 간청하는 방법을 바꿔라.

이 우주는 에너지와 끌어당김에 근거해 작동한다는 사실을 인식하라. 자아 지배적인 에너지에서 벗어나 모든 것을 주는 의도의 근원과 조화를 이루면 어떤 갈망이든 이루도록 도와줄 사람을 끌어당기는 능력. 그 능력이 당신에게 있음을 명심하라. 이 첫 단계가 매우 중요하다. 도움이 되고 창조적이며 사랑스러운 사람들을 끌어당기는 능력을 계속해서 의심한다면 나머지 아홉 단계가 소용없을 것이기 때문이다. 이상적인 사람들과 신성한 협력자들을 끌어들이려는 의도는 그 일이 일어날 수도 있는 것이 아니라 일어날 것임을 아는 데서부터 시작한다.

2단계: 당신이 끌어당기고 싶은 사람들과 보이지 않게 연결되어 있음을 생각하라.

당신의 육체와 당신의 소유물이 같다는 생각을 버려라. 대신에 당신의 육체 기능을 지휘하며 생명을 유지하는, 당신 안의 보이지 않는 에너지와 일체감을 가져라. 이제 그 동일한 에너지 근원이 삶에서 놓쳤다고 생각하는 사람들을 통해 흐르고 있음을 인식하라. 그런 다음 그 사람(들)과 당신을 생각 속에서 일치시켜라. 의도의 힘이 당신을 그들과 연결시킨다는 사실을 내면에서 깨달아라. 당신과 타인 사이의 통합에 대한 생각 또한 보편적인 의도의 영역에서 나온다.

3단계: 당신이 협력하고 싶은 사람(들)과의 만남을 마음속으로 그려라.

현시는 당신의 갈망과 진동의 조화를 이룬 정신적 의도의 기능이다. 구체적으로 바라되, 이러한 시각화 기술을 누구와도 공유하지 말라. 왜냐하면 이를 설명하고 변호하는 과정에서 필연적으로 발생할 의심의 낮은 에너지를 상대해야 할 것이기 때문이다. 이것은 당신과 신 사이에서 행하는 사적인 행위이다. 절대로 당신의 상상을 부정성과 의심으로 흐리지 말고 좀먹게 하지 말라. 어떤 장애물이 나타나더라도 이 상상을 꼭 붙잡고, 늘 확장하고 무한히 이해하는 의도의 근원과 사랑스럽고 친절하며 창조적이고 평화로운 조화 속에 머물라.

4단계: 내면의 상상에 따라 행동하라.

당신이 만나는 모든 사람이 마치 당신의 삶에 이상적인 사람들을 끌어들이려는 의도의 일부인 것처럼 행동하라. 당신의 욕구와 갈망을 다른 사람들과 공유하되, 당신의 정신적 방법론에 관해서는 상세히 이야기하지 말라. 도움을 줄 수 있는 전문가들에게 당신의 갈망을 말하라. 당신을 돕고자 할 것이다. 직장이든, 대학 입학이든, 재정적 후원이든, 자가용을 수리하는 일이든 당신에게 알맞은 사람을 끌어들이는 일을 다른 사람이 해줄 거라 기대하지 말라. 상황을 주도하고, 동시성을 알리는 신호에 주의하며, 절대로 그 신호를 무시하지 말라. 만일 지나가는 트럭에 당신이 필요로 하는 전화번호 광고판이 있다면 그 번호를 적어 전화하라. 당신 주변에서 일어나는 기이한 우연의 일치들을 근원에서 오는 메시지로 여기고, 즉시 그것들에 반응해 움직여라. 장담하는데, 그런 일이 반복적으로 일어날 것이다.

5단계: 저항을 최소화하라.

다음과 같은 생각들은 당신의 의도가 현시되는 것을 막아선다. '이 물건은 실용적이지 않아. 생각만으로 내 이상형을 나타나게 할 수는 없어. 왜 내가 딱 맞는 배우자를 기다리는 다른 사람보다 더 나은 대우를 받아야 하지? 전에도 기다려 봤지만 진짜 얼간이가 나타났어.' 이는 근원이 당신에게 누군가를 보내는 바로 그 길에 당신이 놓는 저항의 생각들이다. 저항은 낮아진 에너지이다. 근원은 창조적이며 확장하는 높은 에너지이다. 당신의 생각이 낮은 에너지 진동이라면 당신은 원하고 갈망하는 높은 에너지의 사람들을 절대로 끌어당길 수 없다. 심지어 그들이 몰려들어 "나 여기 있어요. 어떻게 하면 당신을 도울 수 있을까요. 나는 기꺼이 도울 의향이 있고 능력이 있어요."라고 알리며, "나는 당신의 것"이라는 신호를 보내도 당신은 알아보지도 못하고, 믿으려 하지도 않을 것이다. 당신은 가질 수 없고 자격이 없는 것을 더 많이 끌어당기느라 바쁠 것이다.

6단계: 당신이 끌어당기기를 원하는 바로 그 친절한 사람이 되라.

앞에서 다뤘듯 무조건적인 사랑을 받기를 원한다면, 그런 무조건적인 사랑을 실천하라. 만일 다른 사람들의 도움을 받길 원한다면, 기회가 될 때마다 어디서든 도움을 베풀어라. 후한 대접을 받고 싶다면, 가능한 한 자주, 많이 관용을 베풀어라. 이것이 의도의 힘을 끌어당기는 가장 간단하고 효과적인 방법이다. 만물이 유래된 보편적 정신이 외부로 확장하며 다가올 때 그것과 조화를 이뤄라. 그러면 당신이 현시하고자 하는 모든 것을 끌어당길 것이다.

7단계: 결과에 연연하지 말고, 무한한 인내를 실천하라.

믿음에서 이 단계는 매우 중요하다. 당신의 작은 자아나 계획표에 따라 의도의 성패를 평가하는 실수를 저지르지 말라. 당신의 의도를 공개하고 이 책에 적힌 모든 것을 실천하라. 그런 다음 내버려두라. 내면의 깨달음을 불러일으키고, 의도의 보편적 정신이 세부적인 일을 처리하게 하라.

8단계: 이상적인 사람들을 끌어당기고 신성한 관계를 맺기 위해 명상, 특히 자파 명상을 실천하라.

신의 이름을 되뇌면서 마음의 눈으로 당신이 발산하는 에너지를 보고, 당신이 원하는 사람들을 삶 속으로 끌어당겨라. 결과에 놀랄 것이다. 자파 명상을 실천하는 것이 마법처럼 꿈을 현시하는 데 얼마나 도움이 되는지 이 책 곳곳에 예시를 제시하였다.

9단계: 당신의 삶에 어떤 역할이든 한 사람을 모두 당신의 이익을 위해 보내진 사람으로 여겨라.

창조적이고 신성하며 체계적인 지능, 즉 의도의 힘에 의해 채워진 우주에는 우연이란 결코 없다. 삶의 자취는 배가 남긴 항적 같다. 뒤에 남는 흔적 외에 아무것도 없다. 배가 지나간 흔적이 배를 이끌지 않는다. 마찬가지로 과거의 흔적이 당신의 삶을 이끌지 않는다. 당신 삶의 이력 속 모든 것과 모든 사람은 그때 그 자리에 있어야 했다. 그렇다면 그 증거는 무엇인가? '그들은 거기에 있었다!' 이것만 알면 된다. 흔적에서 새어 나오는 것이나 과거 흔적에 나타나는 잘못된 사람들을, 당신이 오늘 알맞은 사람들을 끌어당기지 못하는 이유로 삼지 말라. 그것은 과거이다. 뒤에 남긴 자국 이외에 아무것도 아니다.

10단계: 늘, 영원히 감사하라.

당신에게 아픔과 고통을 주는 사람들에 대해서도 감사하라. 그들을 보내준 근원에게, 그리고 그들을 당신에게 끌어당긴 당신 자신에게 감사하라. 그들 모두에게 배울 것이 있다. 이제 하나님이 당신의 삶의 길에 보내준 모든 사람에게 감사하라. 공동 창조자로서 높고 다정한 의도의 에너지와 공명하라. 그리고 활기 넘치는 사람들과 함께할지 아니면 그들을 조용히 축복하고 고맙다고 하면서 상냥히 거절할지는 모두 당신에게 달려 있음을 깨달아라. 여기서 '고맙다'고 하는 데 강조점이 있다. 그 행동에 진정한 감사가 있기 때문이다.

* * *

린 맥태가트Lynne McTaggart는 자신의 책《필드: 우주 비밀의 힘을 찾아서The Field: The Quest for the Secret Force of the Universe》에서 내가 이 장에 쓴 내용에 대한 과학적 관점을 제공한다. "우리의 자연스러운 존재 상태는 관계이자 탱고이며 타인에게 끊임없이 영향을 주는 상태이다. 우리를 구성하는 아원자 입자들이 주변 공간과 입자에서 분리될 수 없는 것처럼, 살아 있는 존재들도 서로 분리될 수 없다…… 우리는 관찰과 의도라는 행위를 통해 세계로 일종의 초방

사super-radiance를 퍼트리는 능력을 갖는다."

우리는 타인과의 관계를 통해, 그리고 의도의 힘을 사용해 원하는 것을 끌어당기는 데 필요한 모든 에너지를 외부로 방출한다. 이제 당신이 〈꿈의 구장〉의 농부처럼 "내면의 꿈을 꾸면 확실히 실현될 것"을 인식하고 마음으로 깨닫기를 바란다.

13
치유하고 치유받는 능력을 극대화하라

"아무도 다른 사람에게 나으라고 요구할 수 없다.
그러나 자기 자신은 치유할 수 있고,
이와 같이 자신이 받은 것을 다른 사람에게 줄 수 있다.
누가 자신이 갖고 있지 않은 것을 다른 사람에게 줄 수 있겠는가?
그리고 누가 스스로 부정하는 것을 다른 사람과 나눌 수 있겠는가?"

《기적 수업》에서

지구 상의 모든 사람은 자기 안에 치료자로서의 잠재력을 갖고 있다. 당신 안에 있는 치유력과 의식적으로 접촉하기 위해서는 먼저 자기 자신이 치유될 결심을 해야 한다.《기적 수업》에서 일깨우듯이 "치유된 사람들이 치유의 도구"가 되며 "치유하는 유일한 방법은 자신이 치유되는" 것이다. 따라서 치유되고자 하는 의도에는 이중의 장점이 있다. 자신을 치유하는 능력을 받아들이고 건강을 키우면, 다른 사람들도 치유할 수 있는 사람이 된다.

데이비드 호킨스가 그의 책《의식 혁명》에서 주장한 흥미로운 발견 중 측정된 개인의 에너지 수준과 치유 능력 간의 관계에 대한 것이 있다. 의식 척도가 600 이상(계시와 최고의 깨달음을 나타내는 매우 높은 에너지 점수)으로 측정되는 사람들은 치유 에너지를 발산했다. 이렇게 높은 정신 에너지가 존재하는 곳에는 질병이 생길 수 없다. 나사렛 예수와 아시시의 성 프란치스코, 라마나 마하시의 기적적인 치유 능력이 이것으로 설명된다. 이들의 극히 높은 에너지는 질병을 상쇄시키기에 충분하다.

이 책을 읽는 동안 당신 역시 가장 높고 다정한 의도의 영적 에너지장에서부터 나왔고, 따라서 당신도 치유하는 능력을 갖고 있다는 사실을 명심하라. 이 장에서 다루는 의도를 실현하려면 당신은 간디가 앞의 인용문에 언급한 대로 "당신이 타인에게서 보고자 하는 바로 그 변화"가 되어야 한다. 자신의 치유에 초점을 맞춰야 다른 사람들에게 치유의 능력을 줄 수 있다. 근원에 다시 연결하고 진동의 조화를 이루는 지극히 행복한 깨달음의 수준에 이른다면 질병을 건강으로 바꾸는 에너지를 발산하기 시작할 것이다.

성 프란치스코는 강력한 기도를 통해 근원에게 청한다. "상처가 있는 곳에 제가 용서를 심게 하소서." 이 말은 "제가 사람들에게 치유 에너지를 가져다주는 사람이 되게 하소서"라는 뜻이다. 이러한 원리는 이 책 곳곳에서 반복된다. 질병의 낮은 에너지가 있는 곳에 높고 정신적인 에너지를 가져가라. 그러면 낮은 에너지가 효력을 잃을 뿐만 아니라 건강한 정신적 에너지로 바뀐다. 이러한 원리를 적용하는 에너지 의학 영역에서 종양은 매우 높은 레이저 에너지의 포격을 받아서 녹아 사라지고, 건강한 조직으로 바뀐다. 에너지 의학은 미래의 학문이면서도 "변화를 이루고" 먼저 자기 자신을 치유함으로써 타인을 치유하는 고대의 정신적 수행에 기댄다.

치유 그 자체가 되어라

당신이 건강하고 사랑이 충만한 완전함과 다시 연결되는 것은 자가 치유 과정에서 필요한 것을 간단명료하게 요약한다. 의도의 보편적 정신은 건강을 극대화하기 위해 당신에게 무엇이 필요한지 정확히 안다. 당신이 해야 할 일은 저항을 만들어 치유를, 즉 의도의 에너지가 흐르는 것을 방해하는 생각과 행동에 주의하는 것이다. 저항을 알아차리는 것은 전적으로 당신에게 달려 있다. 이러한 인식에 전념해야 순수한 치유의 의도로 이동할 수 있다.

나는 어제 헬스장 러닝머신에서 운동하면서 한 신사와 5분 동안 이야기를 나눴다. 그 짧은 시간 동안 남자는 사소한 질병, 외과 수술, 심장 수술, 관절 수술 등에 대해 잔뜩 이야기했다. 단 5분 동안 그 많은 얘기를 말이다! 이것이 그의 특기였다. 육체적 고통을 생각하고 반복해서 말하는 것은 치유 에너지에 대한 저항이다.

나는 러닝머신 위에서 남자의 불평을 듣다가 남자가 잠시만이라도 저항에서 벗어나 치유 에너지를 받을 수 있도록 그를 이동시키려고 시도했다. 그러나 그는 무기력을 명예의 훈장처럼 차고 자신의 한계를 열렬히 주장하면서 무기력에 빠져 있기로 확고히 결정한 듯했다. 자신의 나빠지는 육체에 대한 자기혐오를 소중히 여기고 그것에 집착하는 듯했다. 나는 운동을 하면서 그를 빛으로 에워싸기 위해 애를 썼고, 조용히 축복했으며, 러닝머신을 하는 그에게 찬사를 보냈다. 그러나 자기 육체에 관한 남자의 내적 중심이 얼마나 무질서와 부조화, 불편함에 맞춰져 있는가를 알고 충격을 받았다.

치유가 불가능한 질병에서 자연스럽게 회복된 사례에서 생각의 역할에 관한 글을 읽으면 황홀해진다. 《의식 혁명》에서 호킨스 박사는 다음과 같은 지혜를 준다. "희망 없고 치료할 수 없던 질병에서 회복된 사례에서 모두 의식의 큰 변화가 일어나 어트랙터 패턴이 질병을 더 이상 지배하지 못했다." 모든 사례에서 그랬다! 이 점을 생각해 보라. 그리고 '어트랙터 패턴'이라는 표현을 보라. 우리는 우리의 의식 수준을 통해서 삶 속으로 무언가를 끌어당기고, 우리가 끌어당기는 것을 바꿀 수 있다. 이것은 치유뿐만 아니라 우리의 바람과 열망, 개인적인 의도와 같은 모든 영역에서 의도의 힘에 접근하기 위한 매우 강력한 개념이자 기초가 된다. 호킨스 박사는 계속해서 이렇게 말한다. "자연스러운 치료에서는 치유의 요인으로서 사랑하는 능력과 사랑의 중요성에 대한 인식이 뚜렷이 증가하는 경우가 많다."

이 장에서 당신의 의도는 근원으로 돌아오고, 의도의 힘의 에너지와 조화를 이루며 더 많이 진동하는 더 큰 목표를 바라봄으로써 촉진된다. 근원은 잘못된 것이나 없는 것, 약한 것에 결코 집중하지 않는다. 진정한 치유는 당신을 근원으로 데려간다. 이러한 연결 외의 것은 어느 것이든 일시적인 해결책이다. 당신이 근원과의 연결고리를 닦을 때, 에너지의 어트랙터 패턴이 당신에게 끌려온다. 만일 그것이 가능함을 믿지 않는다면, 치유하고 치유되는 의도에 저항을 만들게 된다. 그러나 당신만 빼고 가능하다고 믿는다면 더 많은 저항을 만들어낸다. 그리고 당신이 허약함이라는 벌을 받고 있다고 생각한다면 그것 역시 저항을 만든다. 이처럼 당신이 치유력에 대해 품는 내면의 생각은 육체적 경험에 중요한 역할을 한다.

자기 자신을 치유함으로써 치료자가 되는 것은 또 한 번 상상의 재주넘기를 해서 상상할 수 없는 곳으로 들어가는 것과 같다. 그곳에서 당신은 똑바로 착지하고 생각의 균형을 잡으며 근원과 대면한다. 당신이 의도의 힘과 분리되어 있다고 확신하는 자아, 즉 정신을 버릴 때 근원과 하나가 된다는 사실을 처음으로 깨달을 것이다.

스스로를 치유함으로써 다른 사람들을 치유하라

앞에서 언급한 《필드》에서, 저자 린 맥태가트는 내가 '의도'라 부르는 영역에 관한 과거 20여 년간의 견고한 과학적 연구들을 시간과 노력을 들여 보고했다. 그는 이 책과 관련 있는 '치유 영역'이라는 장에서 수많은 연구 자료에 대해 설명한다. 그 연구들에서 의도와 치유에 대해 내린 흥미로운 결론 중 다섯 가지를 소개하겠다. 자신의 육체를 치유하는 잠재력뿐만 아니라 그에 따라 타인을 치유해 주는 필연적인 능력을 인식하도록 하기 위해서이다. (건강한 식습관과 합리적인 운동 습관이 필요하다는 것은 거듭 말하지 않았다. 그것에 대해서는 당신이 알고 있고 실천하고 있으리라 생각하기 때문이다. 현재 서점에는 그러한 목적의 건강 관련 전문 코너도 따로 마련되어 있다.)

치유에 관한 과학적 연구 결과

1. 의도를 통한 치유는 평범한 사람들에게도 가능하며, 치료자들은 의도의 영역에 접근하는 데 더 많은 경험이 있거나 재능을 타고났을 수 있다.

의도를 통해 치유할 수 있는 사람들은 양자 에너지를 끌어모아 치료가 필요한 사람들에게 전달할 때 훨씬 더 큰 응집력과 능력을 갖는다는 물리적 증거가 있다. 나는 이 과학적 증거를, 의도의 힘과 결합하는 데에 생명 에너지를 집중한다면 자신과 타인을 치유하는 능력을 갖게 된다는 의미로 해석한다. 이 말은 본질적으로 의식에 침투하는 두려움을 버린다는 뜻이다. 또한 그 두려움에 기초한 에너지가 대부분 건강관리 산업에 의해 촉진된 것임을 깨닫는다는 뜻이다. 의도의 영역 안에는 두려움이 없다. 어떤 질병이든 진행된다는 것은 뭔가가 잘못되었다는 증거이다. 질병에 관한 두려움은 마음에 뭔가 잘못된 것이 있다는 확실한 증거이다. 건강과 평안은 이를 방해하는 것이 사라진 자연스러운 상태이다. 연구 결과, 의도를 통한 치유, 즉 의도의 영역과의 연결을 통한 치유는 모든 사람에게 가능하다.

2. 진정한 치료자들은 자신의 의도를 내려놓고 뒤로 물러나 다른 치유하는 힘에 복종했으며, 마치 더 큰 것이 들어오도록 어떤 문을 연 것 같다고 말한다.

유능한 치료자들은 자신들의 역할이 희망을 주고 치유하는 근원이 흘러오도록 허락하는 것임을 잘 알고 보편적 근원에게 도움을 요청한다. 육체는 주인공이고, 생명력 자체가 치유를 행한다는 사실을 치료자는 안다. 자아를 제거하고 생명력이 자유롭게 흐르도록 한다면, 치유가 가능해진다. 그러나 의학 교육을 받은 전문가들은 종종 이러한 허락이나 격려와는 반대되는 행위를 한다. 그들은 자주 의술만으로 치료를 한다는 메시지를 전하고, 자신들이 규정한 절차 외의 것은 불신한다. 환자들은 격려받지도 희망을 얻지도 못한다. 진단과 예후는 대체로 두려움에 기반하며 법적 소송을 회피하기 위해 지나치게 비관적이다. "환자에게 최악을 말해주고 최선에 대한 희망을 주라."가 병원의 운영 철학이 되곤 한다.

자기 자신을 치유하는 능력은 정신의 힘에 대한 직관적인 앎을 지닌 사람들에게 존재하는 듯하다. 치유하는 내면의 언어는 긴장을 완화하는 것과 관계가 있다. 또한 저항의 생각을 없애고 빛과 사랑의 정신이 흐르게 하는 것과도 관계가 있다. 한번은 피지 섬의 강력한 치료자가 원주민 치료자들의 능력에 대해서 말해주었다. "깨달음이 질병에 대한 신념과 부딪히면 언제나 깨달음이 이깁니다." 깨달음은 의도의 힘에 대한 믿음이다. 또한 근원에 항상 연결되어 있음을 아는 것이다. 마지막으로 깨달음은 자아를 버리고, 전지전능하며 어디에나 있는 근원, 즉 모든 것의 근원인 의도의 힘에 순종한다는 것을 의미한다.

3. 치료자에게 환자를 치료하고자 하는 의도가 있는 한, 치료 방법은 중요하지 않아 보였다.

치료자들은 그리스도교의 상징이나 신비주의적 에너지 패턴, 아메리카 원주민의 영, 토템, 성인의 조각상, 치유하는 영에 닿는 주문이나 노래와 같이 매우 다양한 기법들을 사용한다. 치료자가 의도를 굳게 붙들고, 환자를 의도의 정신으로 치료할 수 있다는 것을 의심하지 않는다면 치료에 효과가 있다는 사실이 과학적으로 입증되었다.

당신 스스로를 치유하기 위해서는, 주변에서 온갖 일이 일어나고 다른 사람들이 당신을 실망시키고 '현실적'이 되라고 할지라도, 의도를 붙잡는 것이 매우 중요하다. 당신의 의도는 자아의 의도가 아닌 보편적 근원과 조화를 이루므로 강력하다. 그것은 치유하고 치유받기 위한 당신의 치유법에서 작용하는 신의 현현이다.

당신은 무한한 존재로서 당신의 죽음과 다른 모든 사람의 죽음이 당신이 유래한 에너지장 안에서 계획되어 있음을 안다. 당신의 모든 육체적 특성이 퓨처 풀에 의해 결정되었듯 당신의 죽음도 그렇다. 그러므로 죽음에 대한 두려움을 버리고, 당신을 형태 없는 세계에서 이곳에 존재하도록 의도한 힘과 같은 의도를 갖겠다고 결정하라. 당신은 자연스러운 행복의 상태에서 왔다. 그러므로 당신의 몸 안팎에서 무슨 일이 일어나든 진심으로 그곳에 있겠다는 의도를 가져라. 당신이 이 육체를 떠날 때까지 당신 자신을 위해 이 의도를 간직하고, 타인을 위해서도 이 보이지 않는 의도를 간직하라. 이것이 모든 치료자가 공유하는 한 가지 자질이다. 당신 역시 바로 지금, 여기서 그러한 것을 강조하기를 권하며, 어떤 사람이나 병에 대한 어떤 예측도 당신을 단념시키지 못하게 하라.

4. 이 연구는 의도가 스스로 치유하며, 치유는 치유하는 정신의 집단적 기억으로 모여 치유력을 가질 수 있음을 시사한다.

치유 자체는 사실 모든 인류가 사용할 수 있는 힘이 될 수 있다. 치유는 보편적인 의도의 정신이기 때문이다. 게다가 연구에 따르면, 개인과 집단이 이 집단 기억을 모아 그들 자신은 물론 전염병으로 고통받는 사람들에게 적용할 수 있다. 우리는 모두 의도와 연결되어 있고, 동일한 생명력을 공유하며, 동일한 신의 보편적 정신에서 유래되었다. 그러므로 이 에너지장을 이용해 치유력을 모으고 우리의 영역 안에 들어오는 모든 사람에게 그 힘을 펼친다는 가정은 그렇게 지나치지 않다. 이것은 성인들의 엄청난 집단 치유력을 설명하고, 에이즈나 천연두, 세계적인 유행성 감기에서부터 심지어 오늘날 우리가 겪고 있는 암 같은 질병을 박멸하기 위한 의지를 갖게 한다.

질병을 고립으로 본다면, 병은 보편적 영역의 집단 건강과 끊겨 있는 상태다. 여러 건의 연구에 따르면, 에이즈 바이러스는 어떤 사람이 공동체에서 배척당하고 격리되었을 때 느끼는 두려움을 먹고 사는 것 같다. 심장병 환자에 관한 연구에 따르면 가족과 공동체, 특히 정신적 공동체에서 분리되었다고 느끼는 사람들이 병에 걸리기가 훨씬 쉬웠다. 오래 사는 사람들은 정신적 신념이 강하고 공동체에 대한 소속감을 갖고 있음을 수명에 관한 여러 연구가 보여준다. 집단적인 치유 능력은 당신이 에너지 수준을 높이고 의도의 일곱 얼굴에 연결되면 얻을 수 있는 강력한 이점 가운데 하나이다.

5. 어떤 치료자든 질병과 정신적 충격으로 고통받는 사람들에게 줄 수 있는 가장 중요한 치료는 건강과 행복에 대한 희망이다.

치료자는 치유가 필요한 사람에게 집중하기에 앞서 자신의 의식 속에 무엇이 있는지 분석한다. 여기서 중요한 단어는 '희망'이다. 전달된 희망은 믿음으로 압축된다. 나는 그것을 깨달음, 즉 모든 것을 치유하는 근원과의 연결을 아는 깨달음이라 부르겠다. 이런 식으로 살 때 우리는 언제나 희망을 본다. 기적이 언제나 하나의 가능성임을 우리는 안다. 이러한 사고방식을 유지하면 두려움과 의심은 눈앞에서 사라진다. 만일 당신이 희망을 버린다면 삶의 에너지 수준을 바꿔 두려움과 의심의 수준에서 진동하는 것이다. 그러나 우리는 만물을 창조하는 의도의 근원이 두려움이나 의심을 알지 못한다는 것을 안다.

내가 매우 좋아하는 희망의 가치에 관한 미켈란젤로의 말을 인용하겠다. "우리 대부분에게 가장 큰 위험은 목표가 너무 높아 그것에 미치지 못하는 것이 아니다. 목표가 너무 낮아 그것에 닿는 것이다." 치료자의 의도와 그가 자신과 타인에게 갖는 희망이 의학이 제공하는 것보다 훨씬 중요할 수 있음을 생각해보라. 타인에 대한 적대감은 치유의 가능성을 방해한다. 정신의 치유 능력에 대한 불신은 치유 과정에 해로운 영향을 끼친다. 낮은 에너지의 생각을 품고 있다면 스스로를 치유하는 능력이 약화한다. 다양한 연구에 따른 이 다섯 가지 결론은 모든 것을 치유하는 의도의 영역에 연결되고 그것과 조화를 이루는 것에 관심을 두는 것이 중요함을 깨닫게 한다.

질병이 아닌 건강을 의도하라

당신은 아마 구약성경의 다음 문장에 익숙할 것이다. "하나님이 말씀하시기를 "빛이 생겨라!" 하시니, 빛이 생겼다." 영어-히브리어 사전을 찾아서 번역하면 "그리고 신이 의도하셨다……"로 읽을 수 있다. 창조한다는 결정은 무언가를 의도한다는 결정이다. 치유를 창조하기 위해서는 질병을 생각하거나 당신의 몸이 질병에 걸릴 것이라 예상해서는 안 된다. 당신이 그러한 생각을 하면 그런 병을 기대하는 것으로 여겨진다는 사실을 명심하라. 그러한 생각을 하는 빈도에 주의하라. 병에 관한 생각들이 당신의 정신을 많이 차지할수록 당신은 의도를 실현하는 데 더 많은 저항을 만들어낸다.

저항의 생각은 다음과 같다. '관절염은 어떻게 할 수 없어. 독감이 유행하는 계절이야. 지금은 괜찮지만 주말이 되면 나도 걸려서 열이 날 거야. 암이 발생하기 쉬운 세상이잖아. 모든 게 화학약품으로 가득해. 항상 너무 피곤하고.' 이러한 생각이 계속 이어진다. 이것들은 당신의 의도가 실현되는 것을 막는 거대한 장애물이다. 그리고 두려움에 기대어 번창하는 거대 제약 회사와 의료 업계의 질병에 관한 사고방식을 당신도 믿겠다고 결정하는 것이다.

그러나 당신이 신과 같다는 사실을 기억하는가? 당신은 의도의 보편적 정신의 한 부분이므로, 그런 식으로 생각할 필요가 없다. 주변의 모든 것이 다른 관점을 선전할지라도 당신의 에너지 수준을 높이는 생각을 선택할 수 있다. 다음과 같이 말하는 의도 안으로 들어가 그 의도를 품을 수도 있다. "나는 좋은 기분을 느끼고 싶고, 좋은 기분을 느끼기로 한다. 나의 근원으로 돌아갈 작정이다. 그리고 무질서와 불편함을 주는 다른 생각들은 허락하지 않겠다." 이것이 시작이다. 단지 이것만으로도 힘이 생기는 느낌을 받을 것이다. 이제는 기분이 좋지 않은 순간이 오면 당신을 치유해 주고 좋은 느낌을 주는 생각을 선택하라. 단 몇 초만에 바로 좋은 느낌으로 바뀔 것이다.

낮은 에너지 상태에서 살기를 거부하고 순간순간 당신의 의도를 지지하는 생각을 하려고 한다면, 당신은 건강이 당신의 선택이며, 스스로 치료자가 되는 것 또한 이러한 선택이라고 결정하는 것이다. 이때 창조의 바퀴가 움직이기 시작하고, 당신이 마음속으로 상상하고 창조한 것이 일상에서 구체화되기 시작한다.

당신이 어떤 종류든 낮은 에너지의 생각을 하고 있을 때 한번 저항해 보라. 의도의 근원과 조화를 이루지 않는 생각을 거부할 때 느낌이 얼마나 빨리, 또 어떻게 바뀌는지 적어보라. 그렇게 하는 것이 내게 도움이 되었다. 당신도 그렇게 해보기를 권한다. 나는 내가 질병이나 장애의 희생양이 틀림없다는 생각을 더 이상 하지 않을 것이고, 내 삶의 소중한 순간을 병에 대해 이야기하며 허비하지 않을 것이다. 나는 치료자이다. 나는 신과 함께 건강을 공동 창조함으로써 나 자신을 치유하고, 이 선물을 다른 사람들에게도 준다. 이것이 나의 의도이다.

병은 벌이 아니다

예정되어 있던 완벽한 건강에서 우리 스스로 떨어져 나온 순간 질병은 인간 조건의 한 구성요소가 되었다. 병에 걸리는 이유와 병의 근거를 지적으로 이해하려 하는 대신에 당신 자신이 치료의 대가가 될 잠재력이 있음을 생각하라. 모든 질병은 인간이 자신이 유래된 신성에 머물기보다 자아와 스스로를 동일시함으로써 초래한 것이라 생각해 보라. 이렇게 집단으로 자신을 자아와 동일시함으로써 두려움과 증오, 절망, 불안, 우울증을 비롯해 자아와 관련된 모든 문제가 일어났다. 자아는 이러한 감정을 바탕으로 커진다. 왜냐하면 이러한 감정은 우리를 이곳에 존재하도록 한 신의 힘과 분리된 하나의 개체로서의 정체성을 강요하기 때문이다. 사실상 인간 개개인이 분리와 자아 동일시의 개념을 끌어들였다. 그 결과 온갖 질병과 치유의 필요성이 인간의 영역으로 들어왔다.

그러나 여기에 얽매일 필요는 없다. 의도의 힘은 완벽함의 근원으로 돌아가는 것과 관련 있다. 치유하는 힘은 신성과 연결됨으로써 보호받고, 모든 생명의 근원은 고통과 곤란을 통해 숙명적으로 보복하거나 벌을 주지 않는다는 사실을 깨달아라. 당신은 나쁘거나 무지해서 또는 과거의 죄에 대한 응징을 받느라 치유가 필요한 것이 아니다. 이 여정에서 배워야 할 교훈이 있기에 어떤 것들을 경험하는 것이고, 인생의 여정은 모든 것을 주는 지성, 즉 의도가 조정하고 있다.

영원한 우주 안에서 당신은 당신 자신과 모든 타인을 무한의 관점에서 봐야 한다. 무한의 관점이란 당신이 무엇이든 공동 창조하여 물질적 형태로 드러내 보일 기회가 무한히 많음을 의미한다. 당신의 삶이나 다른 사람들에게 침투한 몸과 마음의 병을 우리가 사는 세계의 무한한 특성의 일부로 보라. 만일 기아와 전염병, 질병이 완전한 우주의 한 부분이라면, 그것들을 끝내고자 하는 당신의 의도 역시 완벽한 우주의 한 부분이다. 먼저 당신 삶의 의도, 그다음에 다른 사람들의 삶의 의도에 머물기로 결정하라. 당신의 의도는 자아나 분리에 대해서는 전혀 모르는 우주의 의도와 조화를 이룰 것이고, 징벌이나 숙명적인 보복으로서의 질병에 관한 생각 따위는 결코 하지 않을 것이다.

의도를 현실로 만들어라

다음은 치유하고 치유받는 능력을 극대화하는 이 장의 의도를 실행하기 위한 10단계다.

1단계: 당신은 자신을 치유한 뒤에야 다른 사람을 치유할 수 있다.

치유의 감각을 깨우기 위해서 근원과 협력하라. 당신의 육체적, 정서적 붕괴를 치유한 뒤 완벽히 건강해질 수 있다는 앎에 에너지를 집중하라. 사랑스럽고 친절하며 치유를 받아들이는 에너지와 연결하라. 이 에너지는 당신이 이곳에 존재하도록 의도한 영역이다. 당신이 모든 생명의 치유하는 에너지의 일부라는 사실을 기꺼이 인정하라. 베인 손가락을 치유하고 새살이 돋게 하는 치유하는 힘이, 당신의 손뿐 아니라 우주에도 존재한다. 당신이 그 힘이고, 그 힘이 당신이다. 둘은 서로 분리된 별개의 존재가 아니다. 이런 치유하는 에너지와 의식적으로 계속 접촉하라. 왜냐하면 자아로 인해 약해진 생각 때문이 아니라면 이 에너지와 분리되기란 결코 불가능하기 때문이다.

2단계: 당신이 항상 연결된 치유의 에너지는 타인에게 거저 주어야 하는 것이다.

치유 에너지를 대가 없이 줘라. 그리고 치유 과정에서 당신의 자아는 완전히 배제하라. 성 프란치스코가 자신의 질병을 치유하지 않은 이유에 대해 질문을 받고서 한 대답을 기억하라. 사실 그는 병으로 인해 45세에 죽었다. "치유를 행하시는 분은 하나님이라는 사실을 모든 사람이 알기 원합니다." 성 프란치스코는 자아의 지배에서 치유되었다. 그리고 그가 행하는 모든 기적적인 치유는 그를 통해 흐르는 하나님의 에너지임을 사람들에게 가르치기 위해 자신의 질환은 의도적으로 참아냈다.

3단계: 의도의 영역과 진동의 조화를 이루도록 당신의 에너지를 높임으로써 면역 체계를 강화하고 뇌의 행복 효소를 증가시킨다.

악의적이고 비관적이며, 분노하고 통명스러우며 불쾌한 성격을 열정적이고 낙관적이며, 친절하고 즐거워하며 이해심 있는 성격으로 바꾸는 것이 불치병에서 바로 회복된 기적의 비결이기도 하다.

4단계: 순종을 실천하라!

"애쓰지 말고 하나님께 맡겨라."는 회복 운동에서 중요한 주제이다. 또한 치유의 세계에서 놀라운 사실을 상기시키기도 한다. 당신은 복종함으로써 모든 것을 치유하는 근원을 존중하고, 그 근원과 교감할 수 있다. 의도의 영역은 치유 자체에 대해서는 아무것도 모른다는 사실을 기억하라. 왜냐하면 그것은 이미 영적으로 완전하고, 완전함의 관점에서 창조하기 때문이다. 이 세상에 무질서와 부조화, 질병을 만드는 것은 자아의식이다. 따라서 몸과 마음, 영혼의 조화가 실현되는 것은 영적인 완전함으로 돌아갈 때이다. 이러한 균형 또는 대칭이 회복되었을 때를 우리는 치유라 부르는데, 근원은 오직 완전한 건강만을 창조하기 때문에 치유에 대해서는 아무것도 모른다. 당신은 이 완전한 건강에 복종해야 한다.

5단계: 치유되기를 바라지 말라.

당신이 유래한 완전함으로 돌아가기를 바라라. 이 단계에서 당신은 당신 자신과 타인을 위해서 굽히지 않고 타협할 수 없는 방식으로 의도를 갖고자 한다. 당신이 치유하고 치유되기 위해 품은 의도를 아무것도 방해하지 못하게 하라. 부딪히는 모든 부정적인 것을 버려라. 당신의 몸 또는 결의를 약하게 만들 어떤 에너지도 받아들이지 말라. 이것을 다른 사람들에게도 전달하라. 당신은 근원에게 치유를 요청하는 것이 아님을 명심하라. 왜냐하면 그것은 당신의 삶에서 건강이 없다고 가정하기 때문이다. 그것은 결핍을 가정하는데, 근원은 오직 이미 존재하는 것만 알고 그것에 응답하며, 당신 역시 이러한 근원의 구성요소이다. 온전하고 완전한 근원에서 나오고, 질병에 관한 모든 생각을 버리며, 이러한 근원에 다시 연결됨으로써, 즉 당신 자신을 근원으로 채우고 타인에게 근원을 제공함으로써, 치유 그 자체가 된다는 사실을 깨달아라.

6단계: 당신이 사랑받고 있다는 사실을 알아라.

칭찬하고 행복해져야 할 이유를 찾아라. 기분과 컨디션을 나쁘게 만드는 생각이 들 때, 최선을 다해 기분 좋아지게 만드는 생각으로 바꾸라. 그것이 불가능할 것 같으면 최선을 다해 아무 말도 하지 말아라. 질병에 대해 말하지 않고, 회복과 좋은 기분과 완벽한 건강을 기대하는 생각을 활성화하라. 건강하고 몸에 불편함이 없는 당신의 모습을 그려보라. 다음과 같이 말할 기회를 집중해서 찾아라. "나는 기분이 좋다. 나는 좋은 기분을 더 많이 끌어당길 것이고, 그것이 필요한 사람 모두에게 그냥 주려고 한다."

7단계: 고요함을 찾고, 소중히 여겨라.

오랜 질병으로 고생하던 많은 사람이 자연스럽고 조용한 명상을 통해 근원으로 돌아올 수 있었다. 완벽하고 건강한 의도의 영역과 연결된 모습을 상상하면서 조용히 명상의 시간을 가져라. 선하고 건강한 모든 것의 근원과 교감하고, 이 높은 영적 에너지에 접근하며 당신의 모든 존재를 이 빛 속에 담가라.

명상은 언제나 날 치유해 준다. 피곤할 때 높고 사랑스럽고 친절한 진동에 접근해 몇 분간 고요 속에 머물면 활기가 채워진다. 기분이 언짢을 때면 몇 분 동안 조용히 신과 의식적으로 접촉한다. 그러면 내 기분이 좋아지는 데 필요한 것뿐만 아니라 다른 사람들을 도와줄 때 필요한 것도 모두 채워진다. 나는 이때 허먼 멜빌Herman Melville의 말을 늘 기억한다. "침묵은 신의 유일한 음성이다."

다음은 현재 와이오밍주 잭슨홀에 사는 다비 헤버트Darby Hebert가 보내온 편지에서 발췌한 글이다. 그녀는 20년 이상을 지친 느낌과 싸우는 동시에 악화하는 건강 상태를 지켜보면서 힘겹게 지냈다. 그러던 그녀는 자연과 침묵, 명상을 택했다. 그녀의 글을(허락을 받아) 직접 싣는다.

1년 동안 저는 빈집에서 마약에 취해 살았습니다. 그러다가 부정적인 에너지장과 평가하는 사람들의 멸시에서 벗어나려고 2,000마일 떨어진 잭슨홀로 이사했습니다. 이 아름답고 장엄하며 평화롭고, 성스럽고 매혹적인 지역은 즉시 효과를 발휘하기 시작했습니다. 저는 거의 2년간을 조용히 살았습니다. 명상과 감사가 제 삶의 방식이 되었지요. 당신의 도움으로 낮은 에너지를 버리고 높은 에너지장으로 이동한 것이 기적을 일으킨 것입니다. 매일 등산과 크로스컨트리 스키를 하면서 충혈된 눈과 내병변, 무균성 수막염, 심각한 근육통에서 벗어나 건강을 회복했습니다. 질병 때문에 손댔던 마약에서 서서히 벗어나고 있고, 제가 그렇게 할 수 있다는 것을 압니다. 당신이 제게 잘 사는 방법을 알려주었고, 저는 항상 감사드릴 것입니다. 웨인 박사님, 당신의 더없는 기쁨을 따르고 다른 사람들도 그 지복을 찾도록 돕는 일에 천배의 축복이 따를 것입니다. 제가 직접 감사를 표할 수 있는 때가 오기를 바랍니다. 그때까지 안녕히 계십시오.

8단계: 건강해지려면 당신 자신의 완전함에 전적으로 공감하라.

당신은 자신을 물리적 육체로 보지 않고, 절대적인 행복의 개념에 잠길 수 있다. 이것이 당신의 새로운 정체성이 될 것이다. 지금, 당신은 오로지 건강만을 호흡하고, 완벽한 건강만을 생각하며, 세상에 나타난 질병에서 분리되어 나온다. 그러면 곧 당신은 타인에게서 완전함만을 인식하게 된다. 당신은 진실 안에 굳건히 서서 오로지 행복에 관한 생각만 하고, 모든 질병을 한계 없이 치유할 가능성에 대해서만 말한다. 이것이 당신의 완전함에 걸맞는 정체성이며, 따라서 당신은 만물을 창조하는 근원과 하나가 된 듯이 살아가게 된다.

이것이 당신의 궁극적 진리이며, 당신은 이 완전함의 역동적인 기운이 당신의 생각에 충만하고 생기를 불어넣게 할 수 있다. 그래서 당신은 오직 그것만 줄 수 있게 된다. 이렇게 당신은 당신의 완전함에 대한 내적 깨달음과 신뢰로 치유된다.

9단계: 건강이 당신의 삶에 흘러들게 하라.

저항을 의식하라. 그것은 건강한 에너지가 당신에게 자연스럽게 흘러오는 것을 방해한다. 저항은 생각의 형태로 존재한다. 의도의 일곱 얼굴과 조화를 이루지 못하는 모든 생각은 저항하는 생각이다. 치유가 불가능하다는 생각은 모두 저항하는 생각이다. 의심이나 두려움의 생각은 모두 저항하는 생각이다. 이러한 생각들이 든다면 세심히 주의를 기울이고, 모든 것을 주는 의도의 근원과 진동의 조화를 이루는 활기찬 생각을 신중하게 활성화하라.

10단계: 항상 감사하라.

당신이 내쉬는 숨 하나하나에, 당신의 몸속에서 조화를 이루며 움직이는 모든 장기에, 당신의 몸의 완전함에, 당신의 혈관을 타고 흐르는 혈액에, 이 글을 이해하게 하는 뇌와 읽을 수 있게 하는 눈에 감사하라. 날마다 적어도 한 번 거울을 보면서, 쉬지 않고 계속 뛰는 심장과 그 심장 박동을 주관하는 보이지 않는 힘에 감사하라. 늘 감사하라. 이것이 당신의 연결 고리를 완벽히 건강하고 깨끗하며 순수하게 지키는 가장 확실한 방법이다.

* * *

예수가 주는 메시지 중 하나가 치유하는 의도에 관한 이 장에서 제시한 모든 것을 요약한다.

> 네 안에 있는 것을 열매 맺으면
> 네가 열매 맺은 것이 너를 구원할 것이다.
> 네 안에 있는 것을 열매 맺지 못하면
> 열매 맺지 못한 것이 너를 죽게 할 것이다.

당신 안에 있는 것이 바로 의도의 힘이다. 현미경이 그것을 보여주지는 못한다. 엑스레이 기술로 지휘 본부는 찾을 수 있지만 그 안에 있는 지휘관은 정교한 도구로 탐지할 수 없다. 당신이 그 지휘관이다. 당신은 만물의 최고 지휘관과 진동의 조화를 이루어야 하며, 황폐한 상태에 빠지지 말고 열매를 맺어 자신을 채워야 한다.

14
천재성을 인지하고 표현하라

"모든 사람이 천재로 태어난다.
하지만 삶의 과정에서 천재성을 잃는다."
버크민스터 풀러 Buckminster Fuller

모든 인간은 내면에 동일한 의식의 본질을 소유하고 있으며, 창조성과 천재성은 인간 의식의 특징임을 명심하라. 따라서 천재성은 당신과 모든 인간의 내면에 존재하는 잠재력이다. 사는 동안 천재성을 발휘할 순간은 많다. 바로 독특하고 뛰어난 아이디어를 내고 실행할 때이다. 그 아이디어가 굉장하다는 사실을 오직 당신만 안다고 해도 말이다. 어쩌면 당신 자신뿐만 아니라 누가 봐도 매우 놀라운 것을 만들어낼 수도 있다. 골프나 테니스 경기에서 정확한 샷을 치고, 자신이 해낸 일에 큰 기쁨을 느끼는 순간들도 있다. 당신은 천재이다.

스스로를 천재라 생각해 본 적이 한 번도 없을지 모른다. '천재'라는 말은 모차르트나 미켈란젤로, 아인슈타인, 퀴리 부인, 버지니아 울프, 스티븐 호킹 등 삶과 업적이 알려진 유명한 사람들에게 한정되었다고 생각했을 수도 있다. 그러나 그들도 당신과 동일한 의식의 본질을 공유한다는 사실을 명심하라. 그들도 당신과 같은 의도의 힘에서부터 나왔다. 그들도 모두 당신과 같은 생명력을 공유했다. 당신의 천재성이 바로 당신의 존재 속에서 발현될 적합한 환경을 기다리고 있다.

목적이 있는 이 우주에 행운이나 우연 같은 것은 없다. 만물이 서로 연결되어 있을 뿐만 아니라 그중 단 하나도 의도라 불리는 보편적 근원에서 배제되지 않는다. 그리고 천재성은 보편적 근원의 한 특징이므로 보편적이어야 한다. 이 말은 천재성이란 결코 한정되어 있지 않음을 뜻한다. 천재성은 모든 인간 개개인에게 적용된다. 우리 각 사람에게 분명히, 그것도 각기 다른 방식으로 나타난다. 당신 내면의 창조성과 천재성이 당신이 의도의 힘과 조화를 이루기로 결정하기를 기다리고 있다.

내면의 천재성에 접근하라

데이비드 호킨스는 계몽적인 저서《의식 혁명》에 이렇게 썼다. "천재성은 높은 에너지 어트랙터 패턴에 접근하는 능력이라 특징지을 수 있는 의식의 한 유형이다. 그것은 한 개인의 특성이 아니다. 한 개인이 가진 어떤 것이 아니며, 한 개인이 천재인 것도 아니다. 우리가 천재라 인정하는 사람들은 보통 자신들이 천재라는 사실을 부인한다. 천재의 보편적 특징은 겸손이다. 천재는 항상 자신의 통찰력을 어떤 높은 영향력의 덕으로 돌린다." 천재성은 모든 물질적 창조에 형태를 부여하는 창조적 힘(의도의 일곱 얼굴 가운데 첫 번째)의 특징이다.

햄릿 역을 연기한 로렌스 올리비에Laurence Olivier 경이나 농구 코트에서 우아하게 뛰어올라 덩크슛을 던진 마이클 조던Michael Jordan, 배심원에게 열변을 토하는 클래런스 대로Clarence Darrow, 프랑스 국민에게 애국심을 고취한 잔 다르크Jeanne d'Arc, 또는 내가 중학생 때 교실에서 생동감 있는 이야기를 해주신 선생님 등 천재로 여겨지는 누구도 그런 수준으로 발휘된 에너지가 어디에서 왔는지 설명하지 못한다. 로렌스 올리비에 경은 런던에서 이뤄진 햄릿 공연 중 가장 뛰어난 연기를 보여준 뒤 스스로 제정신이 아니었다고 말한다. 그는 우레와 같은 박수갈채를 받은 후 왜 그렇게 흥분했느냐는 질문에 이렇게 대답했다(의역한다).

"내가 한 최고의 연기였음을 알지만 어떻게 했는지, 어디서부터 그 연기가 왔는지는 모릅니다. 그리고 다시 그렇게 연기할 수 있을지도 모르겠습니다."

자아와 천재성은 상호 배제적이다. 천재성은 근원에 복종함으로써 또는 근원에 연결되었을 때 극적으로 기능하므로 자아는 사실상 최소화된다. 이것이 호킨스 박사가 말하는 "더 높은 에너지 패턴에 접근"하는 것이다.

더 높은 에너지는 빛의 에너지이며, 이는 정신적 에너지를 설명하는 하나의 방식이다. 의도의 일곱 얼굴은 이 정신적 에너지를 구성하는 요소이다. 당신이 생각과 감정, 삶의 활동들을 이 영역으로 옮기고 자아의 낮은 에너지를 멈추면, 당신 안에 있는 신적인 힘이 커지기 시작한다. 이러한 일은 매우 자동적이어서 당신의 생각보다 빠르게 움직인다. 그래서 당신이 어떻게 그 일을 했는지 몹시 어리둥절해지는 것이다.

더 높은 에너지는 사실상 생각을 초월해 근원인 의도의 에너지와 조화를 이루는 진동으로 이동한다. 당신은 자아 지배적인 생각(당신이 이런 놀라운 일을 하고, 이런 비상한 성취는 당신에게 책임이 있다고 확신시키는)을 놓아버릴 때 의도의 힘에 접촉한다. 바로 이곳이 진정으로 당신의 천재성이 머무는 곳이다.

많은 사람이 자신의 천재성이라는 내적 세계에 대해 전혀 알지 못하며, 천재성은 단지 지적이거나 예술적인 노력에서 측정된다고 생각한다. 천재성은 생각의 그늘에 머물면서 가끔 내면을 들여다볼 때는 눈에 띄지 않는다. 심지어 갇히고 묶여 있을 수도 있다! 만일 자신을 대단하다고 생각하지 않고 천재성이 소수의 선택받은 사람들에게만 예비된 것이라고 배웠다면, 당신은 아마도 이런 개념에 반대할 것이다. 실망하지 않으려면 당신의 운명을 받아들이고, 스스로를 하찮게 생각하며, 평범한 사람들에게 맞추려 애쓰고 너무 크게 목표를 세우지 말아야 한다고 생각한다면 당신의 천재적 측면을 인정하지 않아도 된다.

'천재는 인류의 수만큼 나올 수 있다'라는 과격한 견해가 어떤지 숙고해 보기를 바란다. 지금까지 어느 영역에서 누가 달성한 무엇이든 당신은 이를 공유한다. 당신은 지금까지 살아왔거나 앞으로 살아갈 모든 존재와 연결되어 있고, 아르키메데스Archimedes나 레오나르도 다빈치Leonardo da Vinci, 성모 마리아Maria, 조너스 소크Jonas Salk에게 흐른 의도의 에너지와 정확히 같은 에너지를 공유한다. 당신은 이 에너지에 접근할 수 있다. 가장 깊은 수준에서, 만물과 모든 사람은 우주 전체에 스며 있는 의도의 영역에서 조직된 진동으로 구성되어 있다. 당신은 이러한 진동을 공유하며, 이러한 영역 안에 있다.

출발점은 '천재성'이라는 창조성과 기능이 당신 안에 있다는 사실을 알고 이해하는 것이다. 그다음 당신의 역할에 대한 의심을 해체하라. 당신의 에너지 수준을 높여 의도의 영역과 진동의 조화를 이루는 데 전념하라. 당신의 자아와 다른 사람들의 자아가 당신을 단념시키려는 시도는 무시하라.

발레리 헌트Valerie Hunt 박사는 《무한한 정신: 인간 의식의 진동에 관한 연구Infinite Mind: Science of Human Vibrations of Consciousness》에서 이렇게 지적한다. "낮은 진동은 물질적 현실과, 높은 진동은 신비로운 현실과, 완전한 진동 스펙트럼은 확장된 현실과 함께 존재한다." 당신에게 있는 천재성을 인정하고 표출하려는 의도를 충족시키려면 당신은 이 "완전한 진동 스펙트럼"에 맞추기 위해 노력해야 한다. 이것은 확장된 개념으로, 당신의 진정한 가능성을 아는 데 있어 매우 중요하다. 또한 당신이 정신적 의도라는 무형의 세계로 떠날 때 이미 받아들인 개념이다. 당신은 거의 접근 불가능한 방에 가둬두었을지 모르는 내면의 천재성을 표현하기 위해 하나의 육체와 삶을 함께 창조했다.

현실을 확장하라

당신을 창조한 보편적 힘은 항상 확장하고 있고, 당신의 목적은 그 근원과 조화를 이루는 것이며, 그렇게 함으로써 의도의 힘을 되찾는 것이다. 그렇다면 당신이 헌트 박사가 언급한 신비로운 현실과 완전한 진동 스펙트럼까지 확장하는 것을 가로막는 것은 무엇인가? 나는 이에 대해서 현대 심리학의 아버지라 불리는 윌리엄 제임스William James의 다음 말로 답하고자 한다.

"천재성이란 비관습적인 방법으로 인식하는 능력이다."

현실을 확장해 만물을 창조하는 의도의 영역의 확장성과 일치시키려면, 당신의 오래된 사고 습관을 벗겨내야 한다. 당신의 옛 사고 습관은 당신에게 갖가지 꼬리표가 붙을 정도로 당신을 분류했다. 그 꼬리표들은 다양한 방식으로 당신을 규정한다.

대부분의 꼬리표는 당신의 본모습이 아닌 것을 설명하기 위해 다른 사람들이 붙여놓은 것이다. 그들은 "그녀는 절대로 예술적이지 못해. 그는 좀 서툴러서 운동선수가 될 수 없어. 수학은 결코 그녀의 강점이 아니었어."라며 있을 수 있는 일보다 있을 수 없는 일을 예측할 때 더 안전하게 느끼기 때문이다. 당신은 이런 말을 너무 오랫동안 들어왔기 때문에 믿게 되었다. 그들은 당신의 능력과 가능성에 대한 습관적인 사고방식을 가지고 있다. 윌리엄 제임스가 말했듯이, 천재성이란 생각을 바꿔 습관적인 사고방식을 버리고 위대함의 가능성을 향해 당신 자신을 여는 것이다.

나는 청년 시절부터 작가와 강연자에 대한 고정관념을 들어왔다. 작가는 내향적이어서 역동적인 강연자가 되지 못한다는 생각 말이다. 나는 이 틀에 박히고 상투적인 사고방식에서 벗어나, 내가 확언하고 의도한 어떤 것에서든 탁월해지겠다고 결심했다. 나는 경계와 형태가 있는 세계에 들어왔지만 내게는 제약이 없다고 믿기로 했다. 나는 한계나 꼬리표 따위는 전혀 모르는 의도의 에너지장에서부터 이곳으로 의도되었다. 나는 내향적인 작가이자 역동적이고 외향적인 강연자가 되기로 결심했다.

이와 유사하게 나는 사람들을 규정하기 위해 사회적으로 강요되는 습관적인 사고방식을 극복했다. 현대 심리학의 아버지의 말처럼 비관습적인 방식으로 인식하는 법을 배운다면 어느 영역에서든 천재가 될 수 있다. 감미로운 노래를 부르고, 감성적인 시를 지으며, 강렬한 그림을 그릴 수 있고, 동시에 어떤 스포츠 분야에서든 뛰어난 성취를 이루고, 멋진 가구를 만들며, 자동차를 수리하고, 내 아이들과 레슬링을 하거나 바다에서 서핑을 즐길 수 있다.

당신이 잠재적으로 가지고 있는 무한하고 다양한 가능성이 확장되도록 스스로에게 주의를 기울여라. 당신은 자동차 고치는 일과 바다에서 서핑하는 것이 당신에게는 즐거운 일이 아니라고 결정할 수 있다. 그러면 그 활동들을 버리고 다른 일을 하라. 당신에게 즐겁고 매력적인 일을 찾아 천재성을 발휘하라. 당신이 즐기면서 잘하는 일을 수행하는 데까지 현실을 확장하라. 신뢰와 낙관, 감사, 존경, 기쁨, 사랑의 높은 에너지 수준에 열중하라. 이 말은 당신이 하는 일을 사랑하고, 당신 자신을 사랑하며, 당신의 천재성을 사랑하라는 뜻이다. 그러면 당신은 어떤 활동에도 열중하며 그 일을 완전히 경험하는 과정을 즐기게 된다.

당신의 통찰력을 신뢰하라

당신의 천재성을 인정하는 과정에는, 내면에서 번득이는, 표현할 가치가 있는 빛과 같은 창조적 통찰력을 신뢰하는 것도 포함된다. 당신의 머릿속에서 노래가 작곡된다. 머릿속으로 줄곧 구상하는 기이한 이야기가 기막힌 영화가 될 것이다. 완두콩 씨와 당근 씨를 결합하고, 앵무새를 식물로 기르는 황당한 아이디어가 자란다. 당신이 늘 생각해 온 새로운 형태의 자동차, 유행이 될 패션 아이디어, 모든 어린이가 갖고 싶어 하는 장난감, 머릿속으로 구상한 뮤지컬 쇼 등의 수많은 아이디어는 당신의 내면에서 작용하는 창조적 천재성이다.

이러한 상상력 속의 아이디어는 신이 나누어준 것이다. 이런 아이디어들은 당신을 두려움과 의심으로 짓누르는 자아에서 나오지 않는다. 통찰력은 신에게서 영감 받은 것이다. 창조적 정신은 당신의 더 높은 자아가 의도의 영역과 조화를 이루며 진동하는 방식이다.

반짝이는 통찰력의 빛에 대한 의심을 버리면 다양한 아이디어가 표현되고, 그에 따라 행동하는 과정이 시작될 것이다. 아이디어가 있는데 썩 좋지 않다거나 실행해도 장점이 없다고 생각해서 억누른다면, 그것은 당신이 의도의 힘과 연결되어 있음을 부정하는 것이다. 의도와의 연결 고리가 있으면서도 자아의식의 평범한 수준에서 산다면 그 연결 고리가 약해지게끔 하는 것이다. 당신은 신의 한 부분이며, 당신의 상상력 안에서 보이는 천재적 섬광, 즉 직관적인 내면의 음성이 당신의 고유성을 상기시킴을 명심하라. 당신은 이러한 내면의 통찰력을 갖고 있다. 이것이 당신을 이 세상에 존재하게 한 천재성과 계속 연결되는 정확한 방법이기 때문이다. 앞에서 언급했듯이 자신을 신뢰한다는 것은 당신을 창조한 지혜를 신뢰한다는 것과 같은 뜻이다.

절대로, 당신이 지닌 창조적 생각이 내면에 있는 천재성의 가치 있는 잠재적 표현이 아니라고 여기지 말라. 여기서 주의해야 할 유일한 점은 창조적 생각은 의도의 일곱 얼굴과 조화를 이루어야 한다는 것이다. 증오나 분노, 두려움, 절망, 파괴의 생각은 창조적 통찰력을 촉진하지 못한다. 자아 지배적인 낮은 에너지의 생각은 의도의 힘으로 대체되고 바뀌어야 한다.

창조적인 충동은 실재하고 중요하며 가치가 있다. 그리고 표출되기를 열망한다. 당신이 창조적 충동을 품을 수 있다는 사실이 이것을 증명한다. 생각은 실재이다. 그것은 순수한 에너지로, 그것에 주의를 기울이고 당신이 평범하다거나 보통이라고 생각하는 수준과 다른 수준에서 삶으로써 완성되는 의도의 힘에 연결되라고 말하고 있다. 그 수준에 이르면 모든 사람이 천재가 된다.

타인의 천재성을 인정하라

당신이 교류하는 모든 사람이 자신의 창조성을 표현하는 방식을 인정받는 데서 기쁨을 느낄 것이다. 의도의 힘이 더욱 강력하게 흐르도록 하는 핵심적인 방법은 당신 자신을 위해 무언가 바라는 만큼 타인을 위해서도 원하는 것이다. 타인 안에 있는 천재성을 인정하면 유능한 에너지의 높은 수준이 당신에게로 이끌린다. 창조적 천재성을 알아보고 칭찬함으로써 의도의 영역에서 오는 창조적 에너지를 당신 안으로 받아들이는 통로를 연다.

나의 열다섯 살 난 아들 샌즈Sands는 다른 사람들과 다른 독특한 방식으로 서핑보드를 탄다. 나는 아들에게 자연스럽게 행동하고 그 방식을 자신감 있게 표현하라고 격려한다. 아들은 또한 나의 형 데이비드와 비슷하게 자신만의 독특한 언어를 개발했다. 그것을 친척과 아들의 가까운 친구들이 따라 한다. 말투를 만들어 다른 사람들이 사용하게 한다니 천재적이지 않은가! 나는 이 말을 아들에게, 그리고 나의 형에게도 해줬다. 형이 만들어낸 독특한 말투를 나는

50년 넘게 쓰고 있다. 나의 딸 스카이는 노래할 때 목소리가 탁월하다. 그 목소리를 나는 무척 좋아한다. 나는 이 얘기 또한 딸에게 해주면서 목소리는 그녀의 천재성의 표현이라고 말한다.

나의 자녀들과 마찬가지로 당신의 자녀는(당신의 내면에 있는 아이를 포함해서) 모두 자신을 표현하는 수많은 방식에서 비할 바 없는 특징들을 가지고 있다. 옷 입는 방식에서부터 작은 문신, 서명, 독특한 버릇, 어울리지 않는 개인적인 버릇까지 아이들의 천재성을 보여줄 수 있다. 당신 자신의 천재성 역시 주목하고 인정하라. 만일 당신이 다른 사람들과 똑같다면 당신은 타인에게 비슷한 것밖에 줄 수 없다.

당신이 만나는 모든 사람에게서 신의 얼굴을 보라. 타인에게서 칭찬할 거리를 찾고, 그들에게, 그리고 기꺼이 듣고자 하는 모든 사람에게 그것을 전달하라. 타인에게서 장점을 본다면, 당신은 곧 이러한 잠재력이 모든 인류에게 유용하다는 사실을 깨닫게 된다. 그 인류에는 명백히 당신도 포함된다. 자신의 천재성을 인식하는 것은 원동력의 필수 요소이다. 이를 호킨스 박사는《의식 혁명》에서 이렇게 언급했다.

"사람은 자기 안의 천재성을 인식하기 전까지는 타인 안에 있는 천재성을 인식하는 데 큰 어려움을 겪는다."

천재성과 단순성

당신의 삶을 가능한 한 단순화함으로써 이 장의 의도를 실현하라. 천재성은 사색적인 환경에서 잘 자란다. 매 순간 해야 할 일이나 충고를 하고 평범한 일에 지속적으로 참여하라고 요구하는 사람들로 채워져 있지 않은 환경에서 말이다. 당신 안에 있는 천재성은 타인의 확인을 구하지 않는다. 다만 그 아이디어를 꽃피우기 위한 조용한 공간을 찾는다. 천재성은 표준화된 검사에서 높은 점수를 받는 것이 아니다. 아이큐가 높다는 것은 단지 인간적인 노력의 어느 영역에서, 낡고 평범한 상식 수준이 매우 높다는 것을 의미할 뿐이기 때문이다.

여기서 말하는 천재는 전자기기를 몇 시간에 걸쳐 어설프게나마 고치려 애쓰면서도 아주 신나 하는 사람이고, 또한 한가로이 뜰을 가꾸거나 별이 빛나는 밤에 박쥐들의 의사소통 패턴을 주시하는 사람일 수 있다. 단순한 환경에서 소수의 방해만 허용하는 단순한 삶이, 당신의 창조적 천재성이 떠오르게 한다. 단순성은 의도의 힘과의 연결 고리를 만들고, 당신의 천재성을 피어나게 한다.

의도를 현실로 만들어라

당신 안의 천재성을 인정하고 표현하게 하려는 의도를 실현하기 위한 10단계다.

1단계: 스스로가 천재라고 선언하라!

이것은 사람들 앞에서 할 필요는 없지만 당신과 당신의 창조주 사이의 의도의 선언이어야 한다. 당신은 보편적 의도의 영역에서 나온 작품 중 하나라는 사실을 명심하라. 당신은 당신이 천재임을 증명할 필요도, 당신이 성취한 것을 타인의 성취와 비교할 필요도 없다. 당신은 이 세상에 줄 유일무이한 선물을 가지고 있으며, 창조의 역사에서 유일무이한 존재이다.

2단계: 이전에는 사소하고 무의미하다고 생각했더라도 앞으로는 당신의 통찰력에 좀 더 주의를 기울이겠다고 결심하라.

어리석고 주의를 기울일 가치가 없다고 여겼을지 모르는 생각이 당신을 의도의 영역과 연결한다. 이러한 생각이 계속 떠오르고 특히 새로운 활동과 모험과 관련 있다면 그것은 당신 마음에 우연히 생겨난 것이 아니다. 좀처럼 사라지지 않는 집요한 생각은 의도가 당신에게 이렇게 말하는 것으로 여겨야 한다. "너는 네 독특한 탁월함을 표현하겠다고 선언해 놓고, 왜 계속 스스로의 천재성을 무시하고 덜 중요한 것에 만족하는가?"

3단계: 내면의 직관을 실행할 수 있도록 건설적으로 행동하라.

당신의 창조적 충동을 표현하는 단계라면 어떤 종류라도 당신 안에 있는 천재성을 활성화하라. 예를 들면 지금까지 자신을 얼마나 의심했든 책을 쓰고 개요를 제출하거나 당신이 지은 시를 직접 읽어라. 또 노래를 불러 음반을 만들거나 이젤과 미술 도구를 사서 오후 시간에 그림을 그리거나 당신이 흥미를 갖는 분야의 전문가를 만나보라.

최근에 나의 사진을 찍은 사진가는 몇 년 전 세계적으로 유명한 사진가와의 만남을 계기로 자신이 좋아하는 일을 하게 되었다고 말해주었다. 내가 볼 때 이 사진가는 천재였다. 사진은 언제나 그에게 호기심을 불러일으켰다. 어린 시절에 받은 자극에 따라 행동함으로써 그는 자신 안에 있는 천재성을 인정했고, 그다음에 만난 사람은 그에게 강한 호기심을 믿고 그것을 그의 천재성으로 여기며 세상과 소통하는 수단으로 사용하라고 가르쳤다.

4단계: 당신의 기량이나 관심, 성향에 대해 당신이 품은 모든 생각이 타당하다는 사실을 깨달아라.

당신이 품은 생각의 타당성을 보강하려면 그 생각을 비밀로 해두라. 그 생각은 당신과 신 사이의 비밀이라고 자신에게 말하라. 당신이 그 생각을 영적 영역 안에 간직하고 있다면 그것을 당신의 자아나 주변 사람들의 자아에 알리고 내보일 필요가 없다. 다시 말해 그것을 다른 사람들에게 설명하고 옹호하며 타협할 필요가 전혀 없다.

5단계: 정신적 에너지와 조화를 이루는 것이 당신 안에 있는 천재성을 발견하고 전달하는 방법이라는 사실을 기억하라.

《의식 혁명》에서 데이비드 호킨스는 이렇게 결론지었다. "다양한 연구 결과에 따르면, 목표와 가치를 높은 에너지 어트랙터와 일치시키는 것이 천재성과 가장 밀접히 관련된 듯 보인다." 이것은 의도의 힘을 이해하고 실현하는 것과 완전히 같다. 당신의 에너지를 바꿔 근원의 에너지와 진동의 조화를 이루도록 하라. 삶에 감사하고, 증오나 불안, 분노, 판단의 생각을 거부하라. 당신 자신이 신의 일부임을 믿어라. 그러면 당신의 천재성이 피어날 것이다.

6단계: 철저히 겸손하라.

재능이나 지적 능력, 소질, 기량에 대한 공을 가로채지 말라. 늘 경외감과 놀라움을 가져라. 나는 지금도 손에 펜을 쥐고 앉아 단어들이 적히는 것을 보면 놀라움을 느낀다. 이 단어들은 어디에서 오는 것일까? 내 손은 어떻게 보이지 않는 나의 생각을 알아볼 수 있는 단어와 문장, 단락들로 옮기는 걸까? 이 단어들에 앞서는 생각은 어디에서 오는 것일까? 이것은 정말로 웨인 다이어가 쓰는 것일까? 혹은 웨인 다이어가 이 단어들을 종이에 기록하는 것을 내가 지켜보고 있는 것일까? 신이 나를 통해 이 책을 쓰고 있는 것일까? 나는 1940년 5월 10일 이 세상에 태어나기 전에 이러한 메신저가 되도록 의도되었을까? 이 글은 나의 일생을 초월해 존재할까? 나는 이 모든 것이 어리둥절하다. 내가 성취한 일들이 어디에서 비롯되었는지 알 수 없기에 겸손하다. 철저하게 겸손하라. 그리고 당신의 자아를 제외한 모든 것을 신뢰하라.

7단계: 당신의 천재성이 활성화되도록 저항을 없애라.

저항은 언제나 생각의 형태로 나타난다. 당신이 천재성을 생각하지 못하게 하고 당신의 능력을 의심하게 하는 생각들, 당신에게 재능이 부족하다는 믿음을 부추기는 생각들에 주의하라. 그러한 생각들은 모두 만물을 창조하는 보편적 의도의 영역과 조화를 이루지 못한다. 당신의 근원은 당신이 천재라는 사실을 안다. 이러한 개념에 이의를 제기하는 모든 생각은 저항이며, 당신의 의도를 실현하는 것을 방해한다.

8단계: 타인의 천재성을 발견하라.

가능한 한 많은 사람 안에서 보이는 탁월함에 집중하라. 처음에 그것을 발견할 수 없다면 좀 더 정신력을 기울여 찾아보라. 천재성에 대해 생각하는 데 관심을 많이 기울일수록 자신에게도 더욱 자연스럽게 같은 기준을 적용할 수 있다. 다른 사람들에게 그들의 천재성에 대해 말해주어라. 할 수 있는 한 칭찬하고, 진심으로 대하라. 그렇게 함으로써 당신은 다정하고 친절하며 풍부하고 창조적인 에너지를 발산할 것이다. 에너지와 인력으로 작용하는 우주에서 당신은 이런 유익한 특징들이 당신 자신에게 돌아오는 것을 알게 될 것이다.

9단계: 삶을 단순화하라.

당신의 삶에서 복잡한 것과 규칙, 의무, 마땅히 해야 하는 목록 등을 없애라. 삶을 단순화하고, 너무 많은 부분을 차지하는 사소한 것들을 제거하면 당신 안에 있는 천재성이 나올 통로가 열린다. 삶을 단순화하는 가장 효과적인 기법 중 하나는 매일 20분 정도 고요한 명상의 시간을 갖는 것이다. 당신의 근원과 의식적인 접촉을 많이 할수록 당신은 가장 높은 당신의 자기를 더 잘 인식하게 된다. 그리고 이 최고의 자기에서부터 당신의 천재성이 현시될 것이다.

10단계: 늘 감사하며 겸손하라.

당신에게 있는 천재성은 당신의 자아정신과는 아무 상관이 없다. 당신 안에 존재하는 천재성을 표현하도록 생명력을 제공하는 의도라는 근원에 언제나 감사하라. 자신의 영감이나 성공의 덕을 자아에 돌리는 사람들은 오래지 않아 능력을 잃거나, 타인의 인정이나 관심에 집중해 스스로 무너진다. 늘 겸손하고 감사하라. 그러면 당신이 계속 자라는 상태에 있는 한 천재성이 더욱더 표출될 것이다. 감사는 당신의 자아보다 더 큰 힘이 항상 작용하고 그 힘을 이용할 수 있다는 사실을 당신이 허락하고 아는 신성한 공간이다.

* * *

날마다 내게 영감을 주는 랄프 왈도 에머슨Ralph Waldo Emerson의 사진은 내가 글을 쓸 때와 마찬가지로 나를 돌아보게 한다. 그는 이렇게 말한다. "당신의 생각을 믿는 것, 당신이 마음속으로 진실이라 믿는 것이 모든 사람에게도 진실이라 믿는 것, 바로 그것이 천재성이다."

이것을 인식하고 당신의 삶에 적용하라. 또 한 명의 천재가 그렇게 하는 방법을 알려준다. 토머스 에디슨Thomas Edison은 말했다. "천재는 1퍼센트의 영감과 99퍼센트의 땀이다." 당신은 지금 땀을 흘리고 있는가?

3부

의도와의 연결

THE POWER OF INTENTION

"인간은 이 세계에 존재하지 않는 형태로 변하는 과정에 있다.
결국 형태가 없어져 위에서 순환하는 평면이 될 것이다.
빛과 하나가 되기 전 무형의 존재가 되어야 한다는 것을 깨달아라."

《토스의 에메랄드 태블릿The Emerald Tablets of Thoth》에서 번안

15
의도의 영역에 연결된 사람의 모습

"자기실현적인 사람들은 그들이 될 수 있는 사람이 된다."

에이브러햄 매슬로 Abraham Maslow

모든 생명의 근원과 조화를 이루며 살아가는 사람들도 평범한 사람들과 전혀 달라 보이지 않는다. 신성한 자질을 알려주는 특별한 옷을 입는 것도 아니고 후광도 없다. 그러나 그들이 모든 행운을 다 가진 사람들처럼 삶을 살아가는 것을 깨닫고 그들과 대화를 해보면, 그들이 평범한 수준의 인식을 갖고 사는 사람들과 비교할 때 얼마나 차이가 나는지 알게 된다. 의도의 힘과 연결된 사람들과 잠깐이라도 대화를 해보면, 그들이 얼마나 독특한지 알 수 있을 것이다.

의도의 영역과 조화롭게 연결되어 있음을 나타내기 위해 이 사람들을 '연결자'라 부르겠다. 이들은 스스로 성공을 가능하게 만든 사람들이다. 갈망을 성취하는 데 있어 그들을 비관적으로 생각하게 만들기란 불가능하다. 그들은 갈망이 실현되지 못할 것이라는 말을 하지 않고, 보편적 근원이 모든 것을 준다는 사실을 내적으로 깊이, 그리고 단순히 알고 확신하며 말한다.

그들은 "운이 좋아서 일이 잘되는 게 아니다."라고 말하지 않는다. 대신에 이렇게 말하는 것을 훨씬 많이 들을 것이다. "나는 이것을 만들 계획이고, 잘될 것을 알아." 당신이 낙관하지 말아야 할 온갖 이유를 들어가며 아무리 그들을 단념시키려 해도 그들은 현실은 확인하지 않고 더없이 행복하기만 한 것처럼 보인다. 그들은 마치 다른 세계, 일이 잘 안 풀리는 이유는 듣지 못하는 세계에서 사는 듯하다.

이에 대해 그들과 대화를 한다면 그들은 단순히 이렇게 말할 것이다. "나는 일어날 수 없는 것에 대해서는 생각하지 않습니다. 왜냐하면 나는 내가 생각하는 바로 그것을 끌어당길 것이기 때문입니다. 오직 일어날 것을 아는 것만 생각합니다." 그들에게는 이전에 무슨 일이 일어났는지는 중요하지 않다. 그들은 실패 또는 불가능이라는 말은 하지 않는다. 허세가 아니라 단지 비관적으로 생각할 여러 이유에 영향받지 않는 것이다. 그들은 스스로 성공을 가능하게 했고, 모든 것을 공급하는 보이지 않는 힘을 알며 그것을 신뢰한다. 그들은 모든 것을 공급하는 근원과 아주 잘 연결되어 있어서 마치 의도의 힘이 지닌 창조적 에너지와의 연결을 약화할 수 있는 것은 무엇이든 막는 기운을 타고난 것 같다.

연결자들은 원하지 않는 것을 생각하지 않는다. 왜냐하면 이렇게 말할 것이기 때문이다. "모든 것의 근원은 그것의 현재 상태대로만 응답할 수 있고, 근원은 무한히 공급하는 상태다. 그래서 결핍이나 일이 잘 풀리지 않는 상태에 대해서는 말할 수 없다. 근원은 그런 상태가 아니기 때문이다. 만일 내가 만물의 근원에게 '아마도 일이 잘 풀리지 않을 거야'라고 말한다면 나는 정확히 내가 한 말대로 돌려받을 것이다. 나는 나의 근원의 상태와 다른 것을 생각할 정도로 어리석지 않다."

미래에 대해 두려움을 갖는 보통 사람들에게 이 이야기는 전부 허튼소리로 들릴지도 모른다. 그들은 연결자에게 현실을 파악하고 세상을 현실적으로 보라고 충고할 것이다. 그러나 연결자들은 내면의 깨달음에서 주의를 돌리지 않는다. 당신이 듣고자 한다면 그들은 이렇게 말해줄 것이다. *이 세계는 에너지와 끌어당김의 우주이고, 그토록 많은 사람이 두려움과 결핍의 삶을 사는 이유는 그들이 자신들의 갈망을 충족시키기 위해 자아에 의존하기 때문이다. 그러나 간단하다. 그냥 당신의 근원에 다시 연결하라. 그리고 근원과 같*

이 되라. 그러면 당신의 의도는 모든 것을 공급하는 근원과 완벽하게 조화를 이룰 것이다.

연결자들에게는 모든 것이 아주 단순해 보인다. 생각을 당신이 창조하고자 하는 것에 고정하라. 의도의 영역과 계속 조화를 이루고, 그런 다음 당신이 만물을 창조하는 근원에게 바라는 것이 당신의 삶에 오고 있다는 증거를 기대하라. 연결자들에게는 단순한 우연이란 없다. 그들은 의미 없는 사소한 사건처럼 보이는 일들이 완벽한 조화 속에서 짜여 있음을 인식한다. 그리고 동시성을 믿기에, 어떤 상황에 맞는 완벽한 사람이 등장하거나 그들이 생각해 온 어떤 사람이 느닷없이 자신을 부를 때, 필요한 정보를 담은 책이 예상하지 못했는데 우편으로 올 때, 계획하고 있는 어떤 프로젝트에 들어갈 자금이 신비로운 방식으로 조달될 때에도 놀라지 않는다.

연결자들은 논쟁할 때 자신들의 관점에서 당신을 이기려 하지 않는다. 그들은 언쟁하거나 좌절하는 데 많은 에너지를 쏟을 만큼 어리석지 않다. 왜냐하면 그로 인해 자신들의 삶에 다툼과 좌절을 끌어당기게 된다는 것을 알기 때문이다. 그들은 자신들이 무엇을 아는지 알고, 자신들과 다른 식으로 사는 사람들처럼 저항력을 끌어들이지 않는다. 그리고 함께하려는 모든 사람에게 무한히 베풀고 항상 창조하는 근원인, 에너지라는 보이지 않는 힘이 존재하는 우주에는 우연이란 없다는 것을 인정한다. 만일 당신이 묻는다면 그들은 솔직하고 단순하게 대답할 것이다. "의도의 영역에 접근하기 위해 당신이 할 일은, 모든 것의 근원과 완벽한 조화를 이루는 것이다. 그리고 나는 내가 할 수 있는 한 가장 긴밀하게 그 근원과 조화를 이루기로 한다."

연결자들에게 삶에 나타나는 모든 것은, 의도의 힘이 존재하도록 의도했기 때문에 그곳에 있는 것이다. 그래서 그들은 항상 감사한다. 장애물처럼 보이는 것들을 포함해 모든 것에 감사한다. 일시적인 질병을 일종의 축복으로 볼 수 있고, 그렇게 보고자 한다. 그리고 차질이 생긴 듯한 곳에도 기회가 있음을 마음으로 알며, 그들이 보고자 하는 것이 삶에 그대로 나타난다는 사실을 안다. 그리고 근원에게 뭔가를 요구하기보다 감사함으로써 모든 가능성을 존중한다. 요구하는 것은 없는 것에 힘을 부여하는 것과 같기 때문이다. 그들은 삶에서 만나는 모든 것에 경건히 감사하면서 근원과 교감한다. 그렇게 함으로써 필요로 하는 것을 정확히 현시하도록 의도에 힘을 부여할 수 있다는 사실을 알기 때문이다.

연결자들은 늘 감사와 놀라움 속에서 산다고 한다. 당신은 그들이 불평하는 소리를 듣지 못할 것이다. 그들은 흠을 찾는 사람들이 아니다. 비가 오면 비를 즐긴다. 맑은 날에만 외출한다면 자신들이 원하는 곳에 가지 못할 것을 알기 때문이다. 이것이 모든 자연에 감사하고 조화롭게 반응하는 방법이다. 연결자들은 눈과 바람, 해, 자연의 소리와 같은 모든 것이 자연계의 일부라는 사실을 상기한다. 기온이나 바람의 세기와 상관없이 공기는 언제나 존경받는 생명의 숨결이다.

연결자들은 세계와 그 안의 만물에 감사한다. 그들이 자연과 연결된 것처럼, 이전에 살았던 사람들과 앞으로 살게 될 사람들을 포함해 만물과 연결된 느낌을 갖는다. 그들은 일체감을 의식하기 때문에 '그들 또는 다른 사람들'과 같은 구별을 하지 않는다. 연결자들에게는 모두가 '우리'에 속한다. 그들의 내면세계를 관찰하면, 다른 사람들이 겪는 아픔에 상처받는다는 것을 알 수 있다. 우리는 모두 동일한 신성한 근원에서 나왔음을 알기에 그들에게는 적이라는 개념이 없다. 그들은 다른 사람들의 외모나 관습에서 다른 점을 찾아 싫어하거나 비판하거나, 거기서 위협을 느끼지 않고 즐긴다. 그들이 타인과 연결된 것은 정신적인 특성에 속하지만, 사는 곳이나 외모, 관습의 차이와 상관없이 누구와도 그들 자신을 정신적으로 분리하지 않는다. 연결자들은 생명의 근원은 물론이고 모든 생명과 마음으로부터 친밀감을 느낀다.

바로 이러한 연결 고리로 인해 연결자들은 삶에서 의도를 달성하려 할 때 타인의 협력과 지원을 매우 능숙하게 끌어당긴다. 연결자들이 갖는 서로 연결되어 있다는 느낌은, 다시 말해 이 세상에는 영적인 의미로 이어지지 않은 것은 하나도 없음을 의미한다. 결과적으로 의도의 영역에서 산다면 우주 안의 전체 생명 체계는 연결자들이 주의를 기울이는 어떤 것에든 접근할 수 있다. 그들은 이미 이 생명을 주는 에너지 및 모든 창조물과 연결되어 있기 때문이다. 그들은 이러한 정신적인 연결에 감사하는 대신 멸시하거나 비판하는 데 에너지를 쓰지 않는다. 결코 생명을 주는 이 체계가 주는 도움에서 분리되어 있다고 느끼지 않는다.

따라서 연결자들은 동시성 또는 우연의 일치에 의해 그들의 의도가 결실을 맺는 것에 놀라지 않는다. 기적처럼 보이는 그 사건들이 그들의 삶에 곧장 일어난 것은 그들이 이미 연결되어 있기 때문임을 안다. 연결자들에게 그 일에 대해 묻는다면 이렇게 대답할 것이다. "물론 끌어당김의 법칙이 작용했기 때문입니다. 모든 생명의 근원과 조화를 유지하십시오. 그러면 여기에 있는 모든 사람과 의도의 영역의 모든 힘이 당신과 협력해 당신이 바라는 일을 실현할 것입니다." 그들은 이것이 우주가 작동하는 방식임을 안다. 다른 사람들은 단지 운이 좋았을 뿐이라고 주장할지 모르지만 의도의 힘을 즐기는 사람들은 다른 식으로 이해한다. 그들은 의도의 일곱 얼굴에 항상 연결되어 있다면 자신들이 관심을 두는 것이 무엇이든 협상할 수 있음을 안다.

연결자들은 자신들의 행운을 자랑하며 떠벌리지 않지만 늘 감사하며 철저히 겸손한 상태를 유지한다. 그들은 우주가 어떤 식으로 작동하는지 알기에, 도전하거나 흠을 찾으려 하지 않고 행복하게 조화를 이룬다. 이에 대해 그들에게 물으면, 역동적인 에너지 시스템의 한 부분이라고 말해줄 것이다. 그들은 설명한다. "더 빠르게 움직이는 에너지는 느리게 움직이는 에너지를 흩트리고 효과를 없앤다." 그들은 보이지 않는 정신적인 에너지와 조화를 이루기로 한다. 생각을 훈련해 더 높은 진동 수준으로 이동시키고, 그 결과 더 낮고, 더 느린 진동을 피할 수 있다.

연결자들은 더 낮은 에너지 수준에서 사는 사람들과 접촉하면 상승효과를 낸다. 그들의 평온함에 다른 사람들도 평온함과 안정감을 느낀다. 그들이 고요함과 평화의 에너지를 발산하기 때문이다. 그들은 논쟁에서 이기거나 자기편을 늘리는 데 관심이 없다. 자신들처럼 생각하도록 상대를 설득하려 하지 않고, 대신 발산하는 에너지를 통해 납득시킨다. 사람들은 연결자들에게 사랑받는 느낌을 받는다. 왜냐하면 그들은 사랑 자체인 모든 생명의 근원과 합일되어 있기 때문이다.

연결자들은 주변에서 무슨 일이 벌어지든 또는 다른 사람들이 그들을 어떻게 판단하든 좋은 기분을 느낄 것이라고 주저 없이 말한다. 기분 나빠하는 것은 선택이며, 그것은 세상의 불쾌한 상황을 바로잡는 일에 유용하지 않다는 것을 알기 때문이다. 그래서 그들은 감정을 의도의 힘과 조율하는 방식을 결정하는 안내 체계로 사용한다. 어떤 면에서든 안 좋은 느낌이 든다면 그 느낌을 자신들의 에너지 수준을 바꿔야 할 때를 알려주는 지침으로 여기고, 평화롭고 다정한 근원의 에너지와 조화를 이루게 한다. 자신에게 "나는 행복해지고 싶다."라고 되뇌인다. 그리고 이러한 바람과 조화를 이루는 생각을 한다.

가령 전쟁 중이라 해도 그들은 좋은 기분을 느끼기로 한다. 경기가 폭락해도 여전히 좋은 기분을 느끼기로 한다. 범죄율이 증가하고 세계 곳곳에서 허리케인이 맹위를 떨친다 해도, 좋은 기분을 느끼기로 한다. 세계 도처에서 나쁜 일들이 그토록 많이 벌어지는데도 왜 기분 나빠하지 않느냐고 묻는다면 그들은 미소 지으면서 이렇게 말할 것이다. "모든 것이 의도된 정신의 세계는 평화와 사랑, 조화, 친절, 풍부함으로 작용합니다. 그래서 나의 내면은 바로 그 세계에 머물기로 선택합니다. 내가 기분 나빠한다면 내 삶에 나쁜 기분만 더 많이 끌어당길 뿐입니다."

연결자들은 그들의 행복이 단순히 날씨나 지구 상 어느 곳에서 벌어지는 전쟁, 정치 상황, 경기, 특히, 낮은 에너지의 누군가의 결정과 같이 외부의 어떤 것에 좌우되는 것을 허락하지 않는다. 그들은 모든 것의 근원인 의도의 영역과 함께 일한다.

연결자들은 그들의 무한한 본성과 항상 접촉한다. 죽음을 두려워하지 않는다. 만일 질문을 받는다면, 그들은 자신들은 진정으로 태어난 것이 아니며 영원히 죽지 않을 것이라고 말할 것이다. 죽음을 하나의 옷을 벗는 것 또는 한 방에서 다른 방으로 이동하는 것, 즉 단순한 이행으로 본다. 그리고 보이지 않는 에너지가 만물을 존재하게 하는 것임을 암시하고, 그 에너지를 자신들의 진정한 자기로 본다. 연결자들은 우주의 모든 사람 및 사물과 항상 조화를 이루고 있다고 느끼기 때문에 다른 사람들과 또는 그들이 삶에 끌어당기고자 하는 것과 떨어진 기분을 느끼지 않는다. 그들이 연결되어 있는 것은 비가시적이고 비물질적이지만, 그 사실을 결코 의심하지 않는다. 결과적으로 그들은 만물에 스며든 보이지 않는 내적인 정신 에너지에 의지한다. 정신과 조화를 이루며 살고, 스스로를 분리된 별개의 존재로 보지 않는다. 이러한 인식이, 그들이 매일의 삶에 작용하는 의도의 힘을 보는 열쇠이다.

연결자들의 의도가 현시되지 못할 것이라고 설득하기는 어렵다. 왜냐하면 그들은 근원 에너지와 자신들이 연결되어 있음을 매우 강하게 믿기 때문이다. 그들은 당신에게 어떤 가능성과 조화를 이룰 것인지 선택하라고 하고, 원하는 일이 이미 이루어진 듯이 살아가라고 격려할 것이다. 당신이 그렇게 하지 못하고 걱정과 의심, 두려움에 갇혀 있다면, 그들은 당신이 잘되기를 바라겠지만 그들 자신은 계속 '끝에서 생각하기'를 실천할 것이다. 그들은 현시를 의도하는 일이 이미 이루어진 것처럼 상상할 수 있다. 왜냐하면 그들에게는 그들이 생각하는 것이 매우 현실적이고 이미 이루어진 것과 같기 때문이다. 그들은 솔직하고 담백하게 말할 것이다. "의도의 영역과 조화를 이루었을 때 제가 하는 생각은 신의 생각과 같습니다. 이것이 제가 생각하는 방법입니다." 그들을 매우 가까이 따라가 보면 그들은 의도한 일을 실현하는 데 특출나다는 사실을 알게 될 것이다.

연결자들은 매우 관대하다. 그들은 자신이 원하는 것을 타인도 갖기를 바란다. 주는 데서 큰 기쁨을 얻는다. 다른 사람들은 그들이 어떻게 자신들을 위해 뭔가를 모으는지 궁금해한다. 그러나 그들의 삶은 풍부하게 채워지고, 바라는 어떤 것도 부족하지 않아 보인다. 그들은 말할 것이다. "의도의 힘의 비밀은 만물을 창조하며 모든 것을 베푸는 근원과 똑같이 생각하고 행동하는 것입니다. 근원은 언제나 베풉니다. 그래서 저 역시 베풀기로 선택합니다. 저 자신과 제게 흘러오는 모든 것을 더 많이 베풀수록, 제게로 더 많이 돌아옵니다."

연결자들은 매우 크게 영감 받은 사람들이다. 그들은 육체보다 정신 안에서 더 많이 살아간다. 결과적으로 그들은 정보를 얻고 그것으로 가득 차는 것이 아니라 영감을 얻고 영감을 준다. 그들은 자신의 운명에 대한 감각이 뛰어나다. 자신이 왜 이 세상에 존재하는지 알고, 털과 피부로 감싸인 뼈와 피, 장기들이 압축된 육체 이상의 존재임을 안다. 그들은 목적을 갖고 살아가며, 자아의 갖가지 요구에 산만해지지 않으려 한다. 정신의 세계를 매우 존중하고, 근원과 교감함으로써 항상 영감을 받는다.

그들의 에너지 수준은 매우 높다. 그들을 연결자로 규정하는 것은 바로 에너지이다. 그것은 근원의 에너지이자 빠른 진동 주파수로서 증오가 있는 곳에 사랑을 가져오고, 증오를 사랑으로 변화시킨다. 혼돈과 부조화가 있는 곳에 평화의 얼굴을 끌어오며, 낮은 에너지를 평화의 높은 에너지로 바꾼다. 의도의 영역 안에 머무는 사람들과 같이 있으면 당신은 활기를 얻고 정화되며 더 건강해지고 영감을 얻는 느낌을 받을 것이다. 그들은 확실히 타인을 판단하지 않고, 타인의 생각이나 행동에 영향받지 않는다. 종종 무관심하고 냉담하다는 소리를 듣는데, 그것은 그들이 사소한 한담이나 남의 험담에 끌리지 않기 때문이다. 그들은 생명을 주는 것이 정신이며 지구상의 모든 사람은 내면에 선을 위한 전능한 힘인 이 정신을 가지고 있다고 말한다. 그들은 이 정신을 믿고, 이 정신으로 살아가며, 다른 사람들에게 영감을 준다.

그들은 또한 지진이나 화산 폭발, 기상 이변 같은 지구에서 일어나는 불균형 현상은 인간 의식에서 일어나는 집단 불균형의 결과라고 말한다. 그리고 인간의 몸은 지구와 같은 물질로 만들어졌고, 혈액의 98퍼센트를 이루는 액체는 한때 바닷물이었으며, 뼛속의 미네랄은 지구에 무한히 공급되는 광물과 같은 성분임을 상기시킨다. 그들은 스스로를 지구와 하나의 존재로 인식한다. 그리고 우리가 과도한 자아에 의지해 살 때 균형을 잃을 수 있는 우주의 여러 힘을 안정시키고, 의도의 영역과 균형 잡힌 조화를 유지해야 할 책임이 있다고 느낀다. 그들은 모든 생각과 느낌, 감정이 곧 진동이며, 이 진동들의 주파수가 우리뿐만 아니라 우리와 같은 물질로 만들어진 만물에 혼란을 초래할 수 있다고 말한다.

연결자들은 지구 전체에 대한 책임감을 갖고 근원과 항상 진동의 조화를 이룬 상태를 유지하라고 격려하며, 이것을 따라야 할 필수적인 기능으로 여긴다. 이것을 단지 지적인 관점에서만 생각하고 논의하는 것이 아니다. 내적으로 깊이 느끼고 날마다 열정적으로 실천한다.

이러한 연결자들을 관찰해 보면, 크고 작은 질병을 오래 앓지 않는다는 사실을 알아챌 것이다. 그들은 육체적으로 완벽히 건강한 듯 삶을 살아간다. 실제로 그들은 현재 어떤 질병도 존재하지 않는 것처럼 생각하고 느끼며, 스스로 이미 치유되었다고 믿는다. 그리고 새로운 치유의 결과를 끌어당기는데, 그 이유는 다른 사람들이라면 결과를 낼 수 없다고 여기는 조건을 포함해 주어진 어떤 조건에서라도 결과를 낼 수 있음을 알기 때문이다. 그들은 치유라는 결과의 가능성이 지금, 여기에 있고, 질병의 진행 과정은 그들 자신의 관점 문제라고 말한다. 그들은 외적 혼란이 우리의 평온함으로 잠잠해질 수 있다고 믿는다. 마찬가지로 관점은 내적 혼란을 잠재울 수 있는 하나의 가능성이다. 치유 능력에 대해 묻는다면 그들은 이렇게 대답할 것이다. "저는 이미 치유되었고, 오직 이러한 관점에서만 생각하고 느낍니다."

당신은 매우 높은 에너지를 지닌 연결자와 함께 있을 때 몸의 질병이나 불편함이 사라지는 것을 종종 느낄 것이다. 왜일까? 그것은 연결자들의 높은 정신 에너지가 질병의 낮은 에너지를 무효화하고 없애기 때문이다. 기쁨과 감사의 에너지를 발산하며 스며들게 하는 연결자들의 존재로 인해 당신의 기분이 훨씬 나아지듯이 육체 역시 이러한 에너지 영역 안에 있음으로써 치유된다.

연결자들은 낮은 에너지를 피해야 한다는 것을 안다. 시끄럽고 호전적이며 독선적인 사람들이 옆에 있다면 가만히 물러나면서 그들을 조용히 축복하고 신중하게 자리를 옮긴다. 그들은 폭력적인 텔레비전 쇼를 보거나 잔혹한 이야기와 전쟁 통계를 읽지 않는다. 유행하는 공포물이나 방송에 빠져 있는 사람들에게는 이런 태도가 유약하고 무관심해 보일 수 있다. 연결자들은 이기거나 옳다고 인정받거나 타인을 지배할 필요를 느끼지 않으므로, 그들의 힘은 함께 있는 다른 사람들의 정신을 고양시킨다. 그들은 근원의 창조적 에너지와 조화를 이룸으로써 자신들의 관점을 나눈다. 견해에 자아를 포함하지 않으므로 절대로 화내지 않는다.

연결자들은 의도의 영역과 진동이 일치하는 삶을 산다. 그들에게는 모든 것이 에너지이다. 그들은, 적대적이고 증오하며 어떤 형태로든 폭력을 포함한 낮은 에너지 활동을 믿으며 지지하는 사람들에게 화를 내는 일조차 세계를 쇠약하게 하는 활동에 기여할 뿐임을 안다.

연결자들은 직관적인 힘에 쉽게 접근하게 해주는 더 높고 빠른 에너지를 통해 살아간다. 그들은 앞으로 무슨 일이 일어날지를 내면으로 안다. 이것에 대해 묻는다면 이렇게 대답할 것이다. "설명할 수는 없어요. 그러나 내적으로 그것을 느끼기 때문에 그냥 알아요." 결과적으로 그들은 예측하고 의도한 일이 현시될 때 좀처럼 당황하지 않는다. 놀라는 대신 일이 잘 풀리기를 기대한다. 그들은 근원 에너지에 긴밀히 연결됨으로써 직관을 활성화하며 무엇이 가능하고, 어떻게 성취되게 만드는지 통찰할 수 있다. 내면의 통찰력이 무한한 인내를 발휘하게 하므로, 그들은 자신들의 의도가 현시되는 속도나 방식에 대해 결코 불만을 갖지 않는다.

연결자들은 이 책에 죽 써온 의도의 일곱 얼굴을 자주 비춘다. 당신은 비상하게 창의적인 사람들, 타인의 기대에 맞춰 어떤 일을 할 필요가 없는 사람들을 볼 것이다. 그들은 일을 할 때 독특한 개성을 발휘하며, 주의와 상상력을 기울이면 무엇이든 만들어낼 수 있다고 말할 것이다.

연결자들은 특히 친절하고 사랑을 베푸는 사람들이다. 그들은 근원 에너지와 조화를 이루는 것은 그들이 유래한 친절을 따라 하는 것임을 안다. 그러나 연결자들이 친절한 것은 노력에 따른 것은 아니다. 그들은 자신에게 오는 것에 항상 감사하고, 모든 생명과 지구에게 친절하게 대하는 것이 감사를 표현하는 방법임을 안다. 다른 사람들은 감사의 표시로 연결자들에게 호의를 되돌려주고 그들이 의도를 성취하려 할 때 도와주고자 한다. 연결자들은 무수한 사람들과 이어지는데, 그들은 모두 사랑과 친절, 관대함으로 충만하고, 서로 갈망을 실현하도록 돕는다.

당신은 또한 연결자들이 세계에서 어떻게 아름다움을 보는지 알아챌 것이다. 그들은 항상 감사할 뭔가를 찾아낸다. 별이 총총한 아름다운 밤하늘이나 수련 잎 위에 앉은 개구리를 넋을 놓고 바라볼 수도 있다. 그들은 아이들에게서 아름다움을 보고, 노인에게서 자연스러운 빛과 화려함을 발견한다. 그러나 낮은 에너지의 부정적인 말로 누구도 평가하려 하지 않는다. 그리고 모든 것을 창조하는 근원은 물질 형태에 오직 아름다움만 부여하므로 항상 그 아름다움을 사용할 수 있다는 것을 안다.

연결자들은 끝없이 알고 싶어 한다! 삶에 대한 호기심이 많고, 모든 활동에 끌린다. 인간적이고 창조적인 시도를 하는 모든 영역에서 즐길 무언가를 찾아낸다. 그래서 항상 지평을 확장한다. 이처럼 모든 것과 가능성에 열린 상태와, 항상 확장하는 자질이 갈망을 현시하는 데 능숙하게 만든다. 그들은 우주에 결코 '아니요'라고 말하지 않는다. 삶이 무엇을 주든 그들은 "감사합니다. 이것을 받음으로써 제가 무엇을 배우고 어떻게 성장할 수 있을까요?"라고 말한다. 그들은 근원이 보내준 누구든 또는 무엇이든 평가하기를 거부한다. 그리고 이렇게 늘 확장하는 태도로 스스로를 근원 에너지와 궁극적으로 일치시키고, 근원이 기꺼이 제공하는 모든 것을 받아들이도록 삶의 문을 연다. 그들은 열린 문으로, 가능성에 결코 문을 닫지 않는다. 이로써 그들은 항상 끊임없이 흘러오는 풍부함을 완전히 받아들인다.

연결자들에게서 보이는 이러한 태도가 그들이 아주 운 좋게 살아가는 듯 보이는 이유이다. 그들과 함께 있을 때 당신은 활력과 목적의식을 느끼고 영감 받고 소속된 느낌을 받는다. 당신은 그들이 활력을 주기 때문에 함께 어울리고 싶어 한다는 것을 알게 된다. 그리고 그들에게서 힘을 얻는 느낌을 받는다. 당신은 힘과 활력을 얻는 느낌일 때 풍요로운 근원 에너지의 흐름 속으로 스스로 나아가고, 자신도 모르게 다른 사람들도 똑같이 하도록 권한다. 우리는 단지 근원 에너지와만 연결되는 것이 아니라 우주 안의 다른 모든 사람과 모든 것과도 연결된다. 연결된 자들은 전 우주와 그 안에 있는 모든 입자와 조화를 이룬다. 이러한 연결이 의도의 무한한 힘을 가능하게 하고 유용하게 만든다.

이처럼 깨달음이 높은 사람들은 끝에서부터 생각하고, 의도한 것이 물리적으로 나타나기 전에 그것을 느낀다. 그들은 기분을 자신이 의도의 힘과 조화를 이루는지 그렇지 않은지 알아내는 척도로 활용한다. 기분이 좋다면 근원과 진동의 조화를 이루고 있음을 안다. 그러나 기분이 나쁘다면, 이 척도를 활용해 자신의 에너지를 더 높은 에너지 수준으로 조정한다. 마지막으로 그들은 이 의도의 생각과 좋은 기분에 따라서 마치 그들이 바라는 모든 것이 이미 이곳에 있는 것처럼 행동한다. 당신이 갈망을 이루기 위해 무엇을 할 수 있는지 묻는다면 그들은 주저 없이 조언할 것이다. 사물을 보는 방식을 바꾸면 당신이 보는 사물이 바뀔 것이라고 말이다.

나는 당신이 그들의 내면세계를 따라 하고, 한없이 아름다운 의도의 힘을 누리기를 권한다.

효과 있다. 내가 보장한다!

THE POWER OF

INTENTION

20년 동안 나의 개인 편집자가 되어 준 조애나 파일Joanna Pyle에게 감사를 표하고 싶다. 나의 아이디어와 일관성 없던 의식의 흐름이 당신 덕에 설득력 있는 체재를 갖추고 책이 되었다. 당신이 없었다면 나는 이 일을 하지 못했을 것이다. 당신의 사랑스러운 존재에 깊이 감사드린다.

나의 개인 매니저 마야 라보스Maya Labos는 거의 25년을 나와 함께해 주면서 "그건 제 일이 아닙니다."라고 말한 적이 한 번도 없었다. 다른 작가나 강연자들은 매년 25명의 조력자를 두는데, 나는 25년간 단 한 명으로 족했다. 감사하고 감사하다. 거듭 감사하다!

내 책을 출판해 준 출판사 헤이 하우스Hay House의 출판인이자 나의 친한 친구인 리드 트레이시Reid Tracy는 이 책을 처음 기획 단계에서부터 믿어주고, 이 글을 책으로 만들기 위해 해야 할 모든 일을 기꺼이 해주었다. 친구에게 고마움을 전한다. 리드, 자네와 자네의 용기를 사랑하고 존경하네.

에스더Esther와 제리 힉스Jerry Hicks를 통해 알게 된 에이브러햄Abraham의 가르침의 공로 또한 인정하고 싶다.

마지막으로, 이 책 전체를 집필하는 데 있어 내게 충실하게 영감을 준 엘런 베스 골드하Ellen Beth Goldhar에게 감사드린다. 우리 모두가 유래했으며, 우리가 다시 연결되기를 열망하는 의도에 대한 견해에 대해 영감 넘치는 제안과 엄밀한 분석을 제시해 주어 감사하다.

웨인 W. 다이어

저자에 관하여

팬들에게 "동기부여의 아버지"라는 애칭으로 불리는 웨인 다이어 박사는 전 세계적으로 명성 있는 저자이자 강연자이고 자기계발 분야의 선구자이다. 40여 년간 40권 이상의 책을 쓰고(그중 21권이 뉴욕타임스 베스트셀러 목록에 올랐다), 수많은 오디오와 비디오를 제작했으며, 수많은 텔레비전과 라디오 프로그램에 출연했다. 그의 책 《Manifest Your Destiny》《Wisdom of the Ages》《There's a Spiritual Solution to Every Problem》과 〈뉴욕타임스〉 베스트셀러인 《10 Secrets for Success and Inner Peace》《The Power of Intention》《Inspiration》《Change Your Thoughts—Change Your Life》《Excuses Begone!》《Wishes Fulfilled》《I Can See Clearly Now》는 모두 내셔널 퍼블릭 텔레비전 스페셜에 보도되었다.

웨인 주립 대학에서 교육 상담 박사 학위를 받은 저자는 뉴욕의 세인트존스 대학에서 부교수를 지냈으며, '더 높은 자기'를 찾고 배우는 일에 평생 헌신했다. 2015년 육체를 떠나 다음 모험을 시작하기 위해 무한한 근원으로 돌아갔다.

당신이 이미 가지고 있는 성공의 능력
의도의 힘

초판 1쇄 발행 2024년 8월 27일

지은이 웨인 다이어
옮긴이 박선주
펴낸이 최현준

편집 강서윤, 홍지회
디자인 Aleph design

펴낸곳 빌리버튼
출판등록 2022년 7월 27일 제 2016-000361호
주소 서울시 마포구 월드컵로 10길 28, 201호
전화 02-338-9271
팩스 02-338-9272
메일 contents@billybutton.co.kr

ISBN 979-11-92999-47-0 (03190)